全国硕士研究生招生考试

MBA/MPA/MPAcc 管理类联考

老吕综合密押6套卷

主　编◎吕建刚

北京理工大学出版社
BEIJING INSTITUTE OF TECHNOLOGY PRESS

笨鸟先飞诚可贵　笨鸟高飞要模考

拿到这一本书时，你应该已经跟我学过几本书的内容了。恭喜你通过了基础阶段、提高阶段的洗礼，终于要开始模考了。

那么，什么样的模考题才是好的模考题呢？老吕想，好的模考题应该是具有仿真性的，题目难度贴近真题，不出偏题、怪题，以重点题型为核心；还应该具有权威性，尤其是逻辑题，如果试卷中有很多争议题，那不但不能帮助大家模考，反而会打乱大家的备考思路。

所以，在写这本书时，老吕精心挑选和改编了一些贴近真题的数学题；将GMAT、GCT、公务员等大型考试的最新逻辑真题进行了改编和优化，同时也编写了一些原创题目；在写作材料的选取上，老吕尽量帮大家选取了最近一两年刚发生的新闻材料、社会现象等素材。这样，既能保证试卷的权威性，又能保证题目的新颖性，有助于真实地反映各位同学的水平。

现在，打开试卷，开始练兵吧！这是进战场之前最后的大练兵，也是最关键的一次大练兵，这个“兵”，应该如何练？老吕还得多交代几句。

1. 模考的目的

首先，通过模考，你要训练做题的节奏。由于管理类联考综合考试时间的紧张性，若要在联考中获胜，不能仅仅会做题，更要做得快、做得准。所以，做题的节奏很重要。题目简单了，应该用什么样的速度做题；题目难了，应该用什么样的速度做题；遇到难题，应该多久要跳过去；数学、逻辑、写作分别应该控制在多长时间；什么时间应该涂答题卡，等等，这些都应该通过模考来训练。

其次，通过模考查漏补缺，找到自己学习的难点和盲点，并加以改进。每一道错题，都反映了你对知识点掌握得不清晰、题型总结得不到位，或者命题陷阱没掌握清楚。所以，不要轻易放过任何一道错题，多总结、多分析，才能真正提高。

最后，请你不要因为一次模考的成绩好而得意忘形，也不要因为一次模考的成绩差而心灰意冷。一次模考成绩的好坏不算什么，通过模考使自己得到提高才是我们应该做的。

2. 模考题的用法

①这6套题你至少要做2遍。

②第1遍，限时训练，请以180分钟一套题的速度模考。

③模考后，对照答案速查，核对正确与否，切忌先看解析，要先自己分析错误题目。

④第2遍，归纳错误题目的所属题型，并总结此类题型的解法。

⑤如果你还不过瘾，可以打开老吕的“要点精编”或“母题800练”系列图书，找到对应

题型，再做一遍，并做总结。

3. 备考心理

很多人都在教你如何缓解紧张情绪，我个人认为，紧张情绪无须过多关注，也无须刻意缓解。大考之前心里紧张，这是正常人的反应，我们又不是“神仙”，紧张一点怎么了？老吕高考前一周没睡过一次“囫囵”觉，进考场之前紧张得眼前发黑，不照样考上了武汉大学吗。你要相信我，即使你考试的前夜一宿不睡，第二天进考场照样精神百倍。你不介意紧张，紧张就不会来干扰你。放心进考场，老吕“保佑”你。

4. 做题顺序

把做题顺序排列组合一下，无非有这样几种：数学→逻辑→写作、逻辑→数学→写作、写作→数学→逻辑、写作→逻辑→数学。

很多人推荐先写作文，再做选择题，老吕认为这样不可取。对大多数人来说，先写作文，意味着你会在审题立意和遣词造句上浪费太多时间，造成作文严重超时。而交卷前的5～10分钟，由于紧张，做选择题的准确率会严重下降。个别心理素质不好的同学，最后10分钟眼前都发黑了，还做啥题？

常规做题顺序，即“数学→逻辑→写作”，比较适合基础扎实的同学，这可能也是大多数同学考前练习的。在按照这样的顺序做题时，请不要在较难的选择题上浪费太多时间，一定要保证把作文写完。

老吕推荐你这样做题：“数学→论证有效性分析→逻辑→论说文”。一是因为，论证有效性分析考的也是逻辑，在做逻辑题之前做论证有效性分析，有助于进入逻辑思维状态，提高逻辑做题的正确率；二是因为，这样可以把两篇作文分开来写，防止连续一个小时写两篇作文导致手酸，进而字越写越难看——就像老吕的长相一样，变得奇丑无比了。另外，按照这样的顺序做题也会有风险——前面浪费了很多时间，导致论说文没写完。所以，老吕必须提醒你，请不要在较难的选择题上浪费太多时间！

不论选哪一种做题顺序，适合你才是最重要的，而且进考场之前你必须练过这个做题顺序，千万不要在进考场时临时改变做题顺序，因为做题习惯的改变，会影响分数。

5. 联系老吕

备考过程中有什么疑问，可以通过以下方式联系老吕。由于学员众多，老吕并不能保证100%回复。但老吕在力所能及的范围内，还是会做大量的回复的。

微博：老吕考研吕建刚

微信公众号：老吕考研（MPAcc、MAud、图书情报专用）

老吕教你考MBA（MBA、MPA、MEM专用）

微信：laolvmpacc laolvmba2018

2020备考QQ群：171675886　707256527　829241509

855686464　947986134　845082711

同学们，我们先飞过，我们巧飞过，现在，到了我们高飞的时刻了！我们绝对不是笨鸟，我们是翱翔天际的雄鹰，天空等着我们去征服！让我们一起努力，让我们一直努力！加油！

吕建刚

图书在版编目（CIP）数据

管理类联考·老吕综合密押6套卷/吕建刚主编．—5版．—北京：北京理工大学出版社，2019.8
ISBN 978-7-5682-7454-8

Ⅰ.①管…　Ⅱ.①吕…　Ⅲ.①管理学-研究生-入学考试-习题集　Ⅳ.①C93-44

中国版本图书馆CIP数据核字（2019）第177519号

出版发行／北京理工大学出版社有限责任公司
社　　址／北京市海淀区中关村南大街5号
邮　　编／100081
电　　话／（010）68914775（总编室）
　　　　　（010）82562903（教材售后服务热线）
　　　　　（010）68948351（其他图书服务热线）
网　　址／http：//www.bitpress.com.cn
经　　销／全国各地新华书店
印　　刷／保定市中画美凯印刷有限公司
开　　本／787毫米×1092毫米　1/16
印　　张／12.25
字　　数／288千字
版　　次／2019年8月第5版　2019年8月第1次印刷
定　　价／39.80元

责任编辑／王俊洁
文案编辑／王俊洁
责任校对／刘亚男
责任印制／李志强

图书出现印装质量问题，请拨打售后服务热线，本社负责调换

绝密★启用前

全国硕士研究生招生考试
管理类专业学位联考综合能力试题
密押卷 1

（科目代码：199）

考试时间：8：30—11：30

考生注意事项

1. 答题前，考生须在试题册指定位置上填写考生姓名和考生编号；在答题卡指定位置上填写报考单位、考生姓名和考生编号，并涂写考生编号信息点。
2. 选择题的答案必须涂写在答题卡相应题号的选项上，非选择题的答案必须书写在答题卡指定位置的边框区域内。超出答题区域书写的答案无效；在草稿纸、试题册上答题无效。
3. 填（书）写部分必须使用黑色字迹签字笔或者钢笔书写，字迹工整、笔迹清楚；涂写部分必须使用2B铅笔填涂。
4. 考试结束，将答题卡和试题册按规定交回。

考生编号															
考生姓名															

一、问题求解：第 1～15 小题，每小题 3 分，共 45 分。下列每题给出的 A、B、C、D、E 五个选项中，只有一项是符合试题要求的。请在答题卡上将所选项的字母涂黑。

1. 某玩具厂承接一批订单，共需加工 360 套产品．已知玩具厂有新旧两台设备，若第一小时由新设备做，第二小时由旧设备做，依次交替进行，则恰好整数个小时可以完成，若两台设备同时工作，则 3.6 个小时可以完成．那么新设备一小时可以加工(　　)套产品．

A. 40　　B. 50　　C. 60　　D. 70　　E. 80

2. 某超市的西瓜由于进价比原来便宜了 6.4%，售价不变，导致现在卖出的利润率比原来增加了 8%，那么原来超市出售西瓜的利润率为(　　)．

A. 14%　　B. 16%　　C. 17%　　D. 19%　　E. 20%

3. 若 $ab\neq1$，且有 $5a^2+2\ 015a+9=0$ 及 $9b^2+2\ 015b+5=0$，则 $\frac{a}{b}$ 的值是(　　)．

A. $\frac{9}{5}$　　B. $\frac{5}{9}$　　C. 5　　D. $-\frac{2\ 015}{9}$　　E. $-\frac{9}{5}$

4. 若 $|a-c|<|b|(abc\neq0)$，则下列不等式成立的是(　　)．

A. $a>c-b$　　B. $a<b+c$　　C. $|a|<|b|+|c|$

D. $|a|>|b|-|c|$　　E. $|a|>|b|+|c|$

5. 在等比数列 $\{a_n\}$ 中，若公比 $q=3$，且 $S_4=40$，则 $a_5-a_4=$(　　)．

A. 24　　B. 27　　C. 48　　D. 54　　E. 81

6. 设圆 C 的方程为 $(x-1)^2+(y-2)^2=4$，直线 l 的方程为 $2mx+x-my-1=0(m\in\mathbf{R})$，则圆 C 被直线 l 截得的弦长等于(　　)．

A. 2　　B. $2\sqrt{2}$　　C. 3　　D. $3\sqrt{2}$　　E. 4

7. 若 m，n 是两个不相等的实数，$m^2=n+2$，$n^2=m+2$，则 $m^3-2mn+n^3=$(　　)．

A. -2　　B. -1　　C. 0　　D. 1　　E. 2

8. 圆柱 A 的轴截面是正方形，若该圆柱的侧面积为 S，则该圆柱的体积为(　　)．

A. $\frac{S}{2}\sqrt{\frac{S}{\pi}}$　　B. $\frac{S}{3}\sqrt{\frac{S}{\pi}}$　　C. $\frac{S}{4}\sqrt{\frac{S}{\pi}}$　　D. $\sqrt{\frac{3S}{\pi}}$　　E. $\frac{S}{\sqrt{3\pi}}$

9. 从 5 对夫妻中选出 4 人，则选出的 4 人中至少有一对夫妻的概率为(　　)．

A. $\frac{4}{7}$　　B. $\frac{3}{7}$　　C. $\frac{8}{21}$　　D. $\frac{13}{21}$　　E. $\frac{3}{10}$

10. 已知 $abc\neq0$，并且 $\frac{a+b}{c}=\frac{b+c}{a}=\frac{c+a}{b}=k$，那么直线 $y=kx+k$ 一定通过(　　)．

A. 第一、二象限　　B. 第二、三象限　　C. 第三、四象限

D. 第一、四象限　　E. 第二、四象限

11. 某大学派出 6 名学生去 4 所学校支教，每所学校至少去 1 名学生，则共有(　　)种不同的人员派遣方案．

A. 1 560　　B. 1 600　　C. 1 800

D. 2 000　　E. 2 400

12. 圆 O 的方程是 $x^2+y^2=1$，动点 $P(n,\ m)$ 在圆 O 上运动，则 $\frac{m+1}{n+2}$ 的最大值为(　　).

A. 0　　B. $-\frac{4}{3}$　　C. $\frac{4}{3}$　　D. $\frac{10}{3}$　　E. $-\frac{10}{3}$

13. 等差数列 $\{a_n\}$ 的前 n 项和为 S_n，若 $S_{12}<0$，$S_{13}>0$，那么当 S_n 取最小值时，n 为(　　).

A. 5　　B. 6　　C. 7　　D. 12　　E. 13

14. 若曲线 $x=\sqrt{1-y^2}$ 与直线 $y=x+k$ 恰有一个公共点，则 k 的取值范围为(　　).

A. $k=-\sqrt{2}$ 或 $-1<k\leqslant 1$　　B. $-1<k\leqslant 1$　　C. $k=\pm\sqrt{2}$

D. $-\sqrt{2}<k<\sqrt{2}$　　E. $-1<k<1$

15. 从 1，2，…，20 这 20 个数中任取两个不同的数，使取出的两个数之和是 4 的倍数，则共有(　　)种不同的取法.

A. 24　　B. 30　　C. 36

D. 40　　E. 45

二、条件充分性判断：第 16～25 小题，每小题 3 分，共 30 分。要求判断每题给出的条件（1）和条件（2）能否充分支持题干所陈述的结论。A、B、C、D、E 五个选项为判断结果，请选择一项符合试题要求的判断，在答题卡上将所选项的字母涂黑。

A. 条件(1)充分，但条件(2)不充分.

B. 条件(2)充分，但条件(1)不充分.

C. 条件(1)和条件(2)单独都不充分，但条件(1)和条件(2)联合起来充分.

D. 条件(1)充分，条件(2)也充分.

E. 条件(1)和条件(2)单独都不充分，条件(1)和条件(2)联合起来也不充分.

16. 长方体的体积为 96.

(1)长方体的三棱长之比为 1∶3∶4.

(2)长方体的表面积为 152.

17. 直线 l 与圆 $x^2+y^2=4$ 交于 A，B 两点，则弦长 $|AB|=\sqrt{14}$.

(1)l：$x+y=1$.

(2)l：$x-y=1$.

18. 一元二次方程 $x^2+4x+m-1=0$ 的两实根分别为 a，b，则有 $m\geqslant 0$.

(1) $|a-b|=2\sqrt{2}$.

(2)$a^2+ab+b^2=1$.

19. 某生产线有 6 名男性员工和 4 名女性员工，其中有男、女组长各 1 位，现需要调派 5 名员工前往新生产线，总共有 191 种选派方案.

(1)至少选派 1 名组长.

(2)选派的人中至少有 1 名女性员工，也要有组长.

20. 现有一盒画笔分给某班的小朋友，已知若每人分 9 支笔，则差 3 支. 能确定幼儿园共有 23 名小朋友.

(1)若每人分 6 支，则这盒画笔恰好能够分给 34 名小朋友.

(2)若每人分 m 支，则多出 20 支．

21. 直线 l 与直线 $y+2x=5$ 关于 $x+y=0$ 对称．

(1)l：$x+2y+5=0$.

(2)l：$y+2x-5=0$.

22. 已知数列$\{a_n\}$满足 $a_1=1$，$|a_{n+1}-a_n|=p^n$，$n\in\mathbf{N}^*$，则 p 的取值能确定．

(1)$\{a_n\}$是递增数列．

(2)a_1，$2a_2$，$3a_3$ 成等差数列．

23. $n=20$.

(1)三行三列共 9 个点，以这些点为顶点可组成 n 个三角形．

(2)某人射击 8 枪，命中 4 枪，恰好有 3 枪连续命中，有 n 种不同的情况．

24. 侧面积相等的两个圆柱，它们的体积之比为 3∶2.

(1)圆柱底半径分别为 6 和 4.

(2)圆柱底半径分别为 3 和 2.

25. 直线 l：$x_0x+y_0y=1$ 和圆 C：$x^2+y^2=1$ 不相交．

(1)(x_0, y_0)在圆 C：$x^2+y^2=1$ 的内部．

(2)(x_0, y_0)在圆 C：$x^2+y^2=1$ 的外部．

三、逻辑推理：第 26～55 小题，每小题 2 分，共 60 分。下列每题给出的 A、B、C、D、E 五个选项中，只有一项是符合试题要求的。请在答题卡上将所选项的字母涂黑。

26. 研究显示，在 115 摄氏度下，将甜玉米分别加热 10 分钟、25 分钟和 50 分钟后发现，其抗自由基的活性分别升高了 22%、44%和 53%。因此，加热时间越长的玉米，抗衰老的作用越好。

以下各项如果为真，则无法削弱上述结论的是：

A. 加热 65 分钟后，玉米抗自由基的活性反而降低了。

B. 与甜玉米相比，糯玉米在加热相同时间后，其抗自由基的活性增高的幅度很小。

C. 甜玉米是玉米中比较少见的一种，不具有代表性。

D. 对于玉米来说，并不是抗自由基的活性越高，其抗衰老的作用越好。

E. 加热时间越长的玉米，其抗衰老的作用变差了。

27. 5 000 多年前某地是大汶口文化，但在距今约 4 400 年的时候，为龙山文化所替代。是什么原因导致这两种文化的更迭？考古人员发现，在距今约 4 400 年的时候，发生了一次严重的“冷事件”，环境由原来的温暖湿润转变为寒冷干燥，植被大量减少，藻类、水生植物基本绝迹了，大汶口文化向南迁移，而龙山文化由北迁到此地。他们据此认为，距今 4 400 年左右的极端气候变化，可能是导致这次文化变迁的主要原因。

以下哪项如果为真，则最能支持上述论证？

A. 大汶口文化有不断向南方迁移的传统。

B. 龙山文化刚迁来时，人口较多，但之后逐渐减少，在距今约 4 000 年的时候消失了。

C. 大汶口文化的族群以藻类和水生植物作为食物的主要来源。

D. 不同生存方式的族群对气候和环境都有相对稳定的需求。

E. 龙山文化的族群一直对此地虎视眈眈，所以，大汶口文化一迁移，龙山文化的族群就占领了此地。

28. 有研究表明，要成为男性至少需要拥有一条 Y 染色体。3 亿年前，男性特有的 Y 染色体在产生之际含有 1 438 个基因，但现在只剩下 45 个。按照这种速度，Y 染色体将在大约 1 000 万年内消失殆尽。因此，随着 Y 染色体的消亡，人类也将走向消亡。

如果以下各项为真，则最不能质疑上述论证的是：

A. 恒河猴 Y 染色体基因确实经历过早期高速丧失的过程，但在过去的 2 500 万年内则未丢失任何一个基因。

B. 男性即使失去 Y 染色体也有可能继续生存下去，因为其他染色体有类似基因可以分担 Y 染色体的功能。

C. 在人类进化过程中，可以找到单性繁殖或无性繁殖后代的方法，从而避免因基因缺失引发的繁殖风险。

D. Y 染色体存在独特的回文结构，该结构具有自我修复功能，可以保持丢失基因的信息，实现基因再生。

E. 人类现在留存的 Y 染色体与消失的染色体有本质性的区别，并不容易消失。

29. 某商店被窃。经过侦破，查明作案的人就是甲、乙、丙、丁这四个人中的一个人。审讯中，四人口供如下：

甲："乙就是罪犯。"

乙："丁才是罪犯。"

丙："我不是罪犯。"

丁："我也不是罪犯。"

现在知道，四人中说真话与说假话的人数不等，那么以下哪一项能判定真假？

A. 甲或乙是罪犯。

B. 甲或丙是罪犯。

C. 甲或丁是罪犯。

D. 乙或丁是罪犯。

E. 丙是罪犯。

30. 张珊、李思、王五、赵六四个人去购物，要么买了包包(钱包、背包)，要么买了首饰(项链、戒指)，每人只买一种。张珊和王五同时买首饰或包包，李思和赵六同时买首饰或包包。

已知下列条件：

(1)张珊没有买项链。

(2)李思没有买戒指。

(3)王五没有买钱包。

(4)赵六没有买背包。

根据以上陈述，可以推知以下哪项一定为真？

A. 赵六买了钱包。

B. 李思没有买项链。

C. 张珊没有买背包。

D. 张珊没有买戒指。

E. 王五没有买背包。

31. 小儿哮喘是儿科常见病，目前随着城市工业化环境的进展，大气污染及粉尘加剧，该病近年来在世界范围内呈上升趋势。气管炎为我国多发的细菌感染病，而小儿哮喘发病率在上升的同时却伴随着气管炎在儿童中发病率的下降。但是，气管炎仍在大量侵袭成年人，尤以已婚人士为最。

下面哪一项如果正确，则最能帮助解释儿童中气管炎发病率的下降？

A. 遗传因素部分决定了一个人易患气管炎的程度。

B. 在其他国家也发现了儿童疾病的增加伴随着气管炎的减少。

C. 抗生素能治疗和防止细菌感染，小儿哮喘经常被误诊为细菌感染而导致抗生素错用。

D. 儿童时期没有得过哮喘的人到成年时可能得哮喘，在这种情况下，疾病的后果一般会更加严重。

E. 那些得了气管炎的人得哮喘的危险增加了。

32. 有些语词所指的东西看不见、摸不着，孩子大都很难表达清楚这些语词的意思，但这并不妨碍他们用这些语词传递自己真实的感觉或情绪。这说明，理解一个语词并不非得能表达它的意思。

以下哪项如果成立，则最能加强上述论证？

A. 很难做到的事，并不意味着实际上做不到。

B. 能够准确表达一个词语的人一定理解这个词的意思。

C. 传递感觉、情绪的语词的意思一般难以表达清楚。

D. 能够恰当地运用一个语词传递某种信息的人一定理解这个词的意思。

E. 孩子对语词的理解和表达能力比成人弱。

33. 我国的佛教寺庙分布于全国各地，普济寺是我国的佛教寺庙，所以普济寺分布于我国各地。

下列选项中所犯逻辑错误与上述推理最为相似的是：

A. 父母酗酒的孩子爱冒险，小华爱冒险，所以小华的父母酗酒。

B. 文明公民都是遵纪守法的，有些大学生遵纪守法，所以有些大学生是文明公民。

C. 寒门学子上大学的机会减少，大学生小飞不是寒门学子，所以小飞上大学的机会不会减少。

D. 现在的独生子女娇生惯养，何况他还是三代单传的独苗呢。

E. 现在的农民都能接受新科技，能接受新科技的人都是积极向上的人，所以现在的农民都积极向上。

34. 某公司行政部人员的手机使用情况如下：

①小王拨打过行政部所有人的电话。

②小李曾经拨打过小赵的电话，但是小赵不曾拨打过其他人的电话。

③不曾接听来自行政部其他人电话的人也就不曾拨打过其他人的电话。

如果以上信息为真，则可以推出以下哪项？

A. 小赵不曾接听过来自小李的电话。

B. 小李曾经接听过来自小王的电话。

C. 行政部曾有人拨打过小王的电话。

D. 小王接听过来自行政部所有人的电话。

E. 小赵曾接听过来自小王的电话。

35. 通常人们不认为美国是一个有很多长尾鹦鹉爱好者的国家，然而，在对一批挑选出来进行比较的国家所做的一项调查中，美国以每 100 人中有 11 人养长尾鹦鹉而排名第二。由此可得出结论：美国人比大多数其他国家的人更喜欢养长尾鹦鹉。

知道以下哪项最有助于判断上述结论的可靠性?

A. 美国拥有长尾鹦鹉的人的数量。

B. 美国养长尾鹦鹉的人的数量。

C. 在调查中排名第一的国家每 100 人中养长尾鹦鹉的人的数量。

D. 美国养长尾鹦鹉的人数和美国养其他鸟类作为宠物的人数的比较。

E. 该调查中未包括的国家每 100 人中养长尾鹦鹉的人的数量。

36. 汉武大学有男同学参加了反对贸易战示威。除非汉武大学有同学参加了反对贸易战示威，否则任何同学都能申请奖学金。汉武大学的女同学不能申请奖学金。

如果上述断定都为真，则以下哪一项据此不能断定真假?

Ⅰ. 汉武大学的男同学都没有参加反对贸易战示威。

Ⅱ. 汉武大学的所有男同学都不能申请奖学金。

Ⅲ. 汉武大学的女同学都参加了反对贸易战示威。

A. 只有Ⅰ。　　B. 只有Ⅱ。　　C. 只有Ⅲ。

D. Ⅱ和Ⅲ。　　E. Ⅰ、Ⅱ和Ⅲ。

37. 李医生有三位助手甲、乙和丙。这三位助手在李医生的指导下，各自进行了三种药物的毒性实验。

甲说：第一种药有毒，第三种药无毒。

乙说：我认为第二种和第三种药无毒。

丙说：我认为第一种药有毒，第二种和第三种药中有一种无毒。

经过李医生判断，甲、乙、丙三人每人仅仅猜对了一半。

根据以上信息，可以推断以下哪一项为真?

A. 仅第二种药有毒。

B. 仅第三种药有毒。

C. 一共有两种药有毒。

D. 三种药全有毒。

E. 三种药全无毒。

38. 有人说，工作的时候，我们要将重要事务放在主要位置，重要事务是必要条件，关系着一件事情成功与否，重要的事务没做好，一定不成功。但是，细节也是很重要的，细节是成功的充分条件，同样也与一件事情成功与否相关。一个成功的人是能够协调好重要事务与细节的关系的。

如果以上信息为真，则能推出以下哪项?

A. 成功并不代表着所有细节都处理好了。

B. 如果不成功，则说明重要事务没有做好。

C. 成功的前提条件是既要做好重要事务，又要处理好细节。

D. 虽然处理好了细节，但没做好重要事务，也不一定成功。

E. 如果一个人做好了所有的重要事务，那么他一定会成功。

39. 伦敦某研究团队使用结构性磁共振成像技术，对18名16岁至21岁的吸烟青少年和此年龄段24名不吸烟的青少年的大脑进行了检测。结果发现，吸烟者的右脑岛体积比非吸烟者的右脑岛体积要小，脑岛周围被大脑皮层包裹，与大脑的记忆、意识和语言功能区彼此相连。研究者认为，吸烟改变了大脑的发育过程，这一改变将对青少年产生终身影响。

下列哪项最能质疑研究者的结论?

A. 右侧脑岛有大量尼古丁感受体，脑岛受到破坏后，烟瘾会戒除。

B. 吸烟的青少年其大脑发育明显受到激素水平的影响。

C. 先天右脑岛体积小的人，更容易对吸烟产生兴趣并导致依赖。

D. 青少年因好奇而吸烟，随着年龄增长会逐渐失去对烟草的兴趣。

E. 吸烟者对香烟产生的渴望程度与脑岛的活动情况之间有着强烈的关联。

40. 海洋考古学家最近在一个古地中海港口的水下发现了几百件陶器，大概是4 000年前留下的。尽管船只的任何木制框架的残迹早已腐烂了，但在最初的调查中发现的这些陶器的数量和多样性使考古学家假设：他们发现了一艘4 000年前的沉船残骸。

以下哪项如果为真，则对考古学家的假设给予了最强有力的支持?

A. 海洋考古学家已在另一个古地中海港口发现了一艘3 000年前的船只残骸。

B. 木头浸在水中腐烂的速度受木头质地的影响很大。

C. 在发现这些陶器的同一港口发现了两艘被探明的沉船残骸，它们分别具有3 500年和3 000年的历史。

D. 在该港口发现的陶器与在其他几个古地中海发现的陶器很相似。

E. 在陶器之间的海床上发现了铜制的船零件，大约有4 000年的历史。

41. 20世纪50年代以来，人类丢弃了多达10亿吨塑料，这种垃圾可能存在数百年甚至数千年。近日，一个科研小组在亚马孙雨林中发现了一种名为内生菌的真菌，它能降解普通的聚氨酯塑料。科研人员认为利用这种真菌的特性，将有望帮助人类消除塑料垃圾所带来的威胁。

科研人员的判断还需基于以下哪一项前提?

A. 塑料垃圾是人类活动产生的最主要的废弃物种类。

B. 内生菌在任何条件下都可以很好地降解塑料制品。

C. 目前绝大多数塑料垃圾都属于普通的聚氨酯塑料。

D. 这种真菌在地球上其他地区也能正常地存活生长。

E. 内生菌在降解塑料时会造成地下水的富营养化。

42. 学校应该教育孩子培养有利于健康的卫生习惯。例如，用棉花棒掏耳垢就是一种好习惯，它会防止耳垢的堆积影响听力。

以下哪项如果是真的，则能构成对上述建议的质疑?

Ⅰ. 有些有利于健康的好习惯很小的孩子就能接受，因此，良好习惯的培养应该从学龄前开始。

Ⅱ. 掏耳垢不慎容易损伤耳膜，引起感染。

Ⅲ. 清除了耳垢就使内耳通道暴露在外界脏物之下，容易引发炎症。

A. 仅Ⅰ。　　B. 仅Ⅱ。　　C. 仅Ⅲ。

D. 仅Ⅱ、Ⅲ。　　　　　　　　　　E. Ⅰ、Ⅱ和Ⅲ。

43. 2019年百度当选春晚红包互动平台，这也让春晚的红包合作方集齐了“BAT”。据百度统计，春晚期间，全球观众共参与百度App红包互动活动次数达208亿次；9亿元现金被分成大大小小的红包抵达千家万户。近3年来，春晚的收视率之所以这么高，不必然是节目受到所有人的喜欢，也许是支付宝、微信、百度等合作方的红包刺激的原因。

若以上信息为真，则以下哪一项也一定为真？

A. 春晚的节目可能受到有些人的喜欢。

B. 春晚的节目必然不是受到有些人的喜欢。

C. 春晚的节目必然不是受到所有人的喜欢。

D. 春晚的节目可能所有人都不喜欢。

E. 春晚的节目可能没有受到有些人的喜欢。

44. 调查显示，中国消费者对奢侈品品牌的忠诚度远远低于西方消费者。对许多中国消费者而言，高价格仍然很重要，物有所值仍然比品牌重要，而且在现阶段甚至比质量还重要。

如果以上信息为真，则最能推出以下哪项？

A. 中国消费者购买奢侈品时往往不会考虑价格因素。

B. 中国消费者喜欢购买价格高且物有所值的奢侈品。

C. 比起知名度来，奢侈品的价格更吸引中国消费者。

D. 中国消费者不甚关注知名奢侈品的价格及其质量。

E. 与部分欧洲国家的消费者相比，中国消费者对奢侈品品牌的忠诚度要高。

45. 张珊、李思、王伍、赵柳4人分别来自山东、山西、广东、广西。已知：李思比张珊高，王伍最矮，山东人比山西人高，广东人最高，广西人比赵柳高。

关于这4个人的籍贯，以下哪项说法正确？

A. 张珊是山东人，李思是广东人，王伍是山西人，赵柳是广西人。

B. 张珊是广东人，李思是广西人，王伍是山西人，赵柳是山东人。

C. 张珊是广西人，李思是广东人，王伍是山东人，赵柳是山西人。

D. 张珊是山西人，李思是广东人，王伍是广西人，赵柳是山东人。

E. 张珊是广西人，李思是广东人，王伍是山西人，赵柳是山东人。

46～48题基于以下题干：

5个学生H、L、P、R和S中的每一个人将在三月份恰好参观3座城市M、T和V中的一座城市。已知以下条件：

(1)S和P参观的城市互不相同。

(2)H和R参观同一座城市。

(3)L或者参观M或者参观T。

(4)若P参观V，则H和他一起参观V。

(5)每一个学生参观这3座城市中的某一座城市时，其他4个学生中至少有1个学生与他前往。

46. 关于三月份参观的城市，下面哪一项可能正确？

A. H、L、P参观T；R、S参观V。

B. H、L、P、R参观M；S参观V。

C. H、P、R参观T；L、S参观M。

D. H、R、S参观M；L、P参观V。

E. H、L、P参观M；R、S参观V。

47. 若H和S一起参观了某一座城市，则下面哪一项可能正确？

A. H和P参观了同一座城市。

B. L和R参观了同一座城市。

C. P参观V。

D. P参观T。

E. H和L参观了同一座城市。

48. 若S参观V，则关于三月份参观的城市下面哪一项一定正确？

A. H参观M。

B. L参观M。

C. P参观T。

D. L参观V。

E. L和P参观了同一座城市。

49. 台风是大自然最具破坏性的灾害之一。有研究表明：通过向空中喷洒海水水滴，增加台风形成区域上空云层对日光的反射，那么台风将不能聚集足够的能量，这一做法将有效阻止台风的前进，从而避免更大程度的破坏。

上述结论的成立需要补充以下哪项作为前提？

A. 喷洒到空中的水滴能够在云层之上重新聚集。

B. 人工制造的云层将会对邻近区域的降雨产生影响。

C. 台风经过时，常伴随着大风和暴雨等强对流天气。

D. 台风前进的动力来源于海水表面日光照射所产生的热量。

E. 除台风外，酸雨也是大自然最具破坏性的灾害之一。

50. 某市实行人才强市战略，2016年从国内外引进各类优秀人才1 000名，其中，管理类人才361人，非管理类不具有博士学位的人才250人，国外引进的非管理类人才206人，国内引进的具有博士学位的人才252人。

根据以上陈述，可以得出：

A. 国内引进的具有博士学位的管理类人才少于70人。

B. 国内引进的具有博士学位的管理类人才多于70人。

C. 国外引进的具有博士学位的管理类人才少于70人。

D. 国外引进的具有博士学位的管理类人才多于70人。

E. 国内引进的具有博士学位的非管理类人才少于70人。

51. 用ASP作为发甜剂来减少摄入热量的人们最终可能无法达到目的，因为研究显示，高浓度ASP会通过耗尽大脑显示对糖满足的化学物质来引起人们对糖的强烈需求。

从以上陈述中最能适当地得出以下哪项结论？

A. ASP可能比糖对人体的健康更为有害。

B. 不食用ASP的人不可能产生对糖的强烈需求。

C. 含糖量高的食品含的热量高。

D. 人们更趋向于喜欢甜食，而不是那些含有较多碳水化合物的食品。

E. 含ASP的食品通常含有较少的碳水化合物。

52. 人类与疟疾已经进行了几个世纪的斗争，但一直是“治标不治本”——无法阻断疟疾传染源。日前研究者培育出一种经过基因改造的蚊子，它具备了不再感染疟疾的能力，并且能妨碍野生蚊子繁衍，从而有效切断人与蚊子的疟疾传播途径，假以时日，就能根绝疟疾这个顽症。

以下哪项如果为真，则最能支持上述结论?

A. 转基因蚊子的体质比野生蚊子差，一旦被放到野外很容易死亡。

B. 转基因蚊子只在疟疾存在时才有生存优势，当生存环境中没有疟疾时，它们和野生蚊子的存活率是相同的。

C. 转基因蚊子的生殖能力在繁衍了九代后显著增加，可能带来野生蚊子种群的灭亡。

D. 转基因蚊子与野生蚊子交配产下的后代并不都具有抗疟疾基因，但在基因层面上都会产生突变，形成新型蚊子。

E. 目前，只有少数科学家能掌握转基因蚊子的批量培育技术。

53. 研究人员在观察开普勒太空望远镜发现的数千颗太阳系外行星后，发现银河系内拥有大量的行星，几乎每一颗恒星周围都存在行星，许多恒星系统内存在2～6颗行星，其中约1/3的行星处于宜居带上，行星表面的温度适合液态水存在，这可能意味着银河系内几乎处处有宜居的星球。

以下哪项如果为真，则最能支持上述结论?

A. 只要存在水资源，就有生命存在的可能性，但不一定能完成进化。

B. 许多宜居带行星与恒星之间的距离小于地球和太阳的间距，恒星释放的耀斑可能扼杀生命。

C. “恒星系统内存在2～6颗行星”这一结论是根据200多年前的提丢斯-波得定则推算而出，非实测结果。

D. 银河系内2 000亿～4 000亿颗恒星中80%是红矮星，超过一半的红矮星周围环绕的行星与地球类似，并存在水和大气层。

E. 人类需要多少年可以找到另一个宜居的星球尚未定论。

54. 某国际研究小组对从已灭绝的一种恐鸟骨骼化石中提取的DNA进行遗传物质衰变速率分析发现，虽然短DNA片段可能存在100万年，但30个或者更多碱基对序列在确定条件下的半衰期只有大约15.8万年。某位科学家据此认为，利用古代DNA再造恐龙等类似于电影《侏罗纪公园》中的故事不可能发生。

以下哪项如果为真，则最能反驳该科学家的观点?

A. 《侏罗纪公园》虽然是一部科幻电影，但也要有事实依据。

B. 上述研究的化石样本可能受到人类DNA的“污染”。

C. 环境因素会影响DNA等遗传物质的衰变速率。

D. 恐鸟与恐龙的碱基对序列排列顺序不同。

E. 该国际研究小组曾在考古研究中有重大发现。

55. 孔智、庄聪、孟慧三人是某单位的处长、副处长和科长。可以确定的是，庄聪至今尚未去过长江村调研；孟慧虽未去过长江村，但是他曾经就调研这件事和处长商量过；科长曾经去长江村调研多次，写过专门的调查报告。

据此，可以推断担任处长、副处长和科长职务的人依次是：

A. 孔智、孟慧和庄聪。　　B. 庄聪、孟慧和孔智。

C. 孟慧、庄聪和孔智。　　D. 孔智、庄聪和孟慧。

E. 庄聪、孔智和孟慧。

四、写作：第56～57小题，共65分。其中论证有效性分析30分，论说文35分。请答在答题纸相应的位置上。

56. 论证有效性分析：分析下述论证中存在的缺陷和漏洞，选择若干要点，写一篇600字左右的文章，对该论证的有效性进行分析和评论。(论证有效性分析的一般要点是：概念特别是核心概念的界定和使用是否准确并前后一致，有无各种明显的逻辑错误，论证的论据是否成立并支持结论，结论成立的条件是否充分等。)

某招聘公司根据春季招聘旺季的在线招聘数据，形成了一份大学生就业情况调查报告。调查报告结果列示如下：

首先，大学生的总体就业情况走低。因为调查结果显示，2019年全国公司招聘岗位数与应届大学生求职人数的比例为1.41，较2018年的1.54有走低趋势，这说明每个大学生面对1.41个招聘人数需求。其中，销售类岗位需要的人员是最多的，而科研类岗位的求职人数是最少的，这说明应聘销售类和科研类岗位的大学生更容易就业。

其次，“慢就业”现象加剧，很多应届毕业生在逃避就业挑战。因为80.22%的大学生选择毕业后直接就业，这一数据同2018年基本持平；但有8%的大学生选择“慢就业”——毕业后等待一段时间，这一数据较去年同期上升了1.01个百分点，这说明虽然绝大部分应届毕业生积极主动地投入求职大军当中，但越来越多的应届毕业生选择逃避就业压力。

再次，越来越多的应届毕业生有创业意愿。因为调研结果显示，45.24%的应届毕业生表示会接受创业公司的offer(入职邀请)，这一数据相比去年增长了20%。

最后，应届毕业生的平均签约月薪有了大幅度增长。从实际签约月薪来看，有七成2019年应届毕业生的签约月薪在5 000～6 000元，而2018年只有六成应届毕业生的签约月薪在5 000～6 000元，这说明应届毕业生的平均签约月薪大大提高，这个结果是值得欣慰的。

57. 论说文：根据下述材料，写一篇700字左右的论说文，题目自拟。

近日，美国政府先后打出两记绞杀中国高科技企业华为的“组合拳”。其中除了禁止所有美国企业购买华为设备的总统令外，美国商务部工业与安全局(BIS)还将华为列入了一份会威胁美国国家安全的“实体名单”中，从而禁止华为从美国企业那里购买技术或配件。

然而，华为对此早有准备。其中来自华为公司总裁办的一封邮件就指出，“公司在多年前就有所预计，并在研究开发、业务连续性等方面进行了大量投入和充分准备，能够保障在极端情况下，公司经营不受大的影响。”

答案速查

一、问题求解

1～5 CCACD 6～10 EACDB 11～15 ACBAE

二、条件充分性判断

16～20 CDABD 21～25 ACBDA

三、逻辑推理

26～30 BDACC 31～35 CDDCE 36～40 DAACE

41～45 CDEBE 46～50 CDEDA 51～55 CCDDB

四、写作

略

答案详解

一、问题求解

1. C

【解析】母题59·工程问题

已知两台设备同时工作，则3.6个小时可以完成.

因此，两台设备同时工作每小时加工360÷3.6=100(套).

在交替工作的情况下，可知两台设备工作三个循环后，剩下的产品由新设备单独工作一小时完成.

所以，新设备一小时可以加工60套产品.

2. C

【解析】母题62·利润问题

设原来西瓜进价为x，售价为y.

则降价前的利润率为$\frac{y-x}{x}\times 100\%$；降价后的利润率为$\frac{y-93.6\%x}{93.6\%x}\times 100\%$.

由题干得

$$\frac{y-x}{x}\times 100\%+8\%=\frac{y-93.6\%x}{93.6\%x}\times 100\%,$$

解得$y=1.17x$.

所以，原来超市出售西瓜的利润率为$\frac{1.17x-x}{x}\times 100\%=17\%$.

3. A

【解析】母题36·根的判别式问题+母题37·韦达定理问题

由 $9b^2+2\,015b+5=0$（显然 $b\neq0$）得 $5\frac{1}{b^2}+2\,015\frac{1}{b}+9=0$.

故 a 与 $\frac{1}{b}$ 都是方程 $5x^2+2\,015x+9=0$ 的根.

又 $ab\neq1$，即 $a\neq\frac{1}{b}$，且 $\Delta>0$，所以 a 与 $\frac{1}{b}$ 是此方程的互异实根，由韦达定理可得 $a\cdot\frac{1}{b}=\frac{9}{5}$.

4. C

【解析】母题 17 · 证明绝对值方程和不等式

由三角不等式可知 $|a-c|\geqslant|a|-|c|$，故有 $|b|>|a|-|c|$，整理得 $|a|<|b|+|c|$.

5. D

【解析】母题 50 · 等比数列基本问题

由等比数列前 n 项和公式，可得

$$S_4=\frac{a_1(1-q^4)}{1-q}=\frac{a_1(1-3^4)}{1-3}=40,$$

解得 $a_1=1$. 所以 $\{a_n\}$ 是首项为 1、公比为 3 的等比数列，则

$$a_5-a_4=a_1\cdot q^4-a_1\cdot q^3=3^4-3^3=54.$$

6. E

【解析】母题 76 · 直线与圆的位置关系

由题干知，直线 l 的方程可化为 $(2x-y)m+(x-1)=0$，恒过定点 $(1,2)$.

又已知圆 C 的圆心恰为 $(1,2)$，故直线过圆心，截得的弦长等于直径的长度 4.

7. A

【解析】母题 28 · 整式的化简求值问题

$m^2-n^2=(m+n)(m-n)=(n+2)-(m+2)=n-m$，故 $m+n=-1$.

因此，$m^3=m^2m=(n+2)m=mn+2m$，$n^3=n^2n=(m+2)n=mn+2n$.

故 $m^3-2mn+n^3=(mn+2m)-2mn+(mn+2n)=2(m+n)=-2$.

8. C

【解析】母题 71 · 立体几何基本问题

由圆柱 A 的轴截面是正方形，可知 $h=2r$. 则该圆柱的侧面积为

$$S=2\pi\cdot r\cdot h=4\pi\cdot r^2,$$

所以，半径 $r=\frac{1}{2}\sqrt{\frac{S}{\pi}}$. 故该圆柱的体积为

$$V=\pi\cdot r^2\cdot h=2\pi\cdot r^3=\frac{S}{4}\sqrt{\frac{S}{\pi}}.$$

9. D

【解析】母题 97 · 古典概型

正难则反：

4 人均不是夫妻：先从 5 对夫妻中任选 4 对，再从 4 对夫妻中各选 1 人，即 $C_5^4C_2^1C_2^1C_2^1C_2^1$.

故选出的 4 人中至少有一对夫妻的概率为 $P=1-\frac{C_5^4C_2^1C_2^1C_2^1C_2^1}{C_{10}^4}=\frac{13}{21}$.

10. B

【解析】母题 78 · 图像的判断

由条件得$\begin{cases}a+b=kc,\\b+c=ka,\\a+c=kb,\end{cases}$三式相加可得 $2(a+b+c)=k(a+b+c)$，所以 $k=2$ 或 $a+b+c=0$.

①当 $k=2$ 时，$y=2x+2$，则直线通过第一、二、三象限；

②当 $a+b+c=0$ 时，有 $a+b=-c$，于是 $k=\frac{a+b}{c}=-1(c\neq0)$，即 $y=-x-1$，则直线通过第二、三、四象限.

所以，直线一定通过第二、三象限.

11. A

【解析】母题 90 · 不同元素的分组与分配

①先分组：共有两种方案.

方案一：派往每所学校的人数为 2，2，1，1.

故该方案下共有$\frac{C_6^2C_4^2C_2^1C_1^1}{A_2^2A_2^2}=45$(种)不同的人员派遣方案.

方案二：派往每所学校的人数为 3，1，1，1.

故该方案下共有 $C_6^3=20$(种)不同的人员派遣方案.

②再分配：四组人分给四所学校有 A_4^4 种.

故，不同的人员派遣方案有$(45+20)\cdot A_4^4=1\ 560$(种).

12. C

【解析】母题 82 · 解析几何最值问题

令 $k=\frac{m+1}{n+2}=\frac{m-(-1)}{n-(-2)}$，其中$\frac{m+1}{n+2}$可以看作点$(-2,-1)$与圆上的点所在直线的斜率 k.

设直线 l 为 $y+1=k(x+2)$，即 $kx-y+2k-1=0$.

圆心到直线的距离小于等于半径，所以

$$\frac{|2k-1|}{\sqrt{k^2+(-1)^2}}\leqslant1\text{，解得 }0\leqslant k\leqslant\frac{4}{3}.$$

所以$\frac{m+1}{n+2}$的最大值为$\frac{4}{3}$.

13. B

【解析】母题 49 · 等差数列前 n 项和的最值

一元二次函数法，根据等差数列 S_n 的性质可知，S_n 的图像是一条抛物线，其对称轴在 6 与 6.5 之间，所以，当 $n=6$ 时，S_n 最小．

14. A

【解析】母题 76 · 直线与圆的位置关系

如图 1-1 所示，$x=\sqrt{1-y^2}$ 为圆 $x^2+y^2=1$ 的右半部分，k 为直线的截距，由图 1-1 可知，当 $-1<k\leqslant 1$ 时，直线与半圆有 1 个交点；当 $k=-\sqrt{2}$ 时，直线与半圆相切，也只有一个交点，故有 $-1<k\leqslant 1$ 或 $k=-\sqrt{2}$.

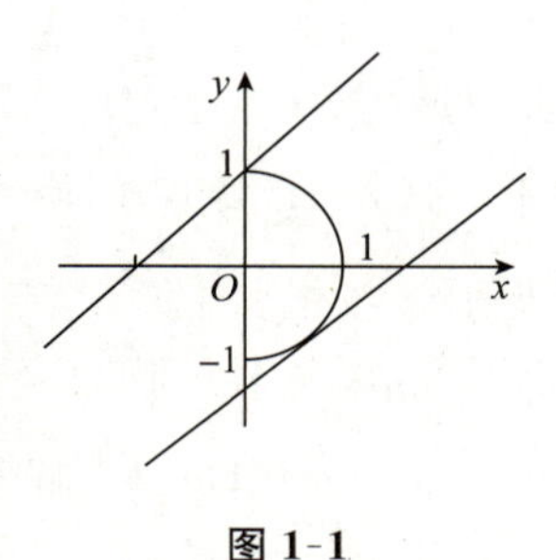

图 1-1

15. E

【解析】母题 87 · 数字问题

1，2，…，20 这 20 个数可分为四组：

①除以 4 余 1 的数有 5 个，分别为 1，5，9，13，17；

②除以 4 余 2 的数有 5 个，分别为 2，6，10，14，18；

③除以 4 余 3 的数有 5 个，分别为 3，7，11，15，19；

④能被 4 整除的数有 5 个，分别为 4，8，12，16，20.

要使取出的两个数之和是 4 的倍数，可分为三种情况：

从第①组和第③组分别选一个，共有 $C_5^1C_5^1$ 种取法．

从第②组中选两个，共有 C_5^2 种取法．

从第④组中选两个，共有 C_5^2 种取法．

所以，该条件下共有 $C_5^1C_5^1+2C_5^2=45$(种)不同的取法．

二、条件充分性判断

16. C

【解析】母题 71 · 立体几何基本问题

显然两个条件单独都不充分，考虑联立．

设长方体的三棱长分别为 a，$3a$，$4a$.

长方体的表面积 $S=2\cdot(a\cdot 3a+a\cdot 4a+3a\cdot 4a)=38a^2=152$，解得 $a=2$.

故长方体的体积 $V=2\times 6\times 8=96$.

所以，两个条件联立充分．

17. D

【解析】母题 76 · 直线与圆的位置关系

条件(1)：圆心到直线的距离为$\frac{|1|}{\sqrt{1^2+1^2}}=\frac{\sqrt{2}}{2}$，又圆的半径为 2，所以，弦长 $|AB|=2\times\sqrt{2^2-\left(\frac{\sqrt{2}}{2}\right)^2}=\sqrt{14}$，充分 .

同理，条件(2)也充分 .

18. A

【解析】母题 36 · 根的判别式问题＋母题 37 · 韦达定理问题

由题干可知方程有实根，则有 $\Delta=4^2-4(m-1)\geqslant0$，解得 $m\leqslant5$.

根据韦达定理有 $a+b=-4$，$ab=m-1$.

条件(1)：可得 $|a-b|=\sqrt{(a+b)^2-4ab}=\sqrt{16-4(m-1)}=2\sqrt{2}$，解得 $m=3$，充分 .

条件(2)：$a^2+ab+b^2=(a+b)^2-ab=16-(m-1)=1$，解得 $m=16$，又 $m\leqslant5$，不符合题干，不充分 .

19. B

【解析】母题 84 · 加法原理、乘法原理

条件(1)：分两种情况讨论：

①由 1 名组长 4 名组员构成，有 $C_2^1C_8^4$ 种；

②由 2 名组长 3 名组员构成，有 $C_2^2C_8^3$ 种 .

所以，共有 $C_2^1C_8^4+C_2^2C_8^3=196$(种)选法，条件(1)不充分 .

条件(2)：分两种情况讨论：

①女组长入选，其他人任选，共有 C_9^4 种；

②女组长没有入选，则男组长入选，剩下的人任选有 C_8^4 种选法，其中没有女性员工的选法共有 C_5^4 种，故至少有 1 名女性员工的选法有 $C_8^4-C_5^4$ 种 .

所以，不同的选派方案共有 $C_9^4+(C_8^4-C_5^4)=191$(种)，条件(2)充分.

20. D

【解析】母题 6 · 不定方程问题

设这个班级共有 x 人，则共有 $9x-3$ 支画笔 .

条件(1)：可知共有 $6\times34=204$(支)画笔，因此有 $9x-3=204$，解得 $x=23$，条件(1)充分 .

条件(2)：可知共有 $mx+20$ 支画笔，因此有 $mx+20=9x-3$，即 $x=\frac{23}{9-m}$.

由于 x 是整数，23 是质数，所以 $9-m=1$，$m=8$，因此 $x=23$，条件(2)也充分 .

21. A

【解析】母题 81 · 对称问题

定理：曲线 $f(x,y)=0$ 关于直线 $x+y+c=0$ 的对称曲线方程为 $f(-y-c,-x-c)=0$.

故，曲线 $f(x, y)=0$ 关于直线 $x+y=0$ 的对称曲线方程为 $f(-y, -x)=0$.

故，将直线方程中的 x 替换为 $-y$，y 替换为 $-x$，即可得到对称曲线为 $x+2y+5=0$.

综上，条件(1)充分，条件(2)不充分，选 A.

22. C

【解析】母题 55・数列与函数、方程综合题

条件(1)和条件(2)单独都不充分，考虑联立.

因为$\{a_n\}$是递增数列，所以 $|a_{n+1}-a_n|=a_{n+1}-a_n=p^n$，且 $a_1=1$，因此 $a_2=p+1$，$a_3=p^2+p+1$，又因为 a_1，$2a_2$，$3a_3$ 成等差数列，所以 $4a_2=a_1+3a_3$.

故 $4(p+1)=1+3(p^2+p+1)$，即 $3p^2-p=0$，解得 $p=\frac{1}{3}$ 或 $p=0$.

当 $p=0$ 时，与$\{a_n\}$是递增数列矛盾，所以，$p=\frac{1}{3}$.

故两条件联立起来充分.

23. B

【解析】母题 85・排队问题+母题 89・组合数公式与简单的组合问题

条件(1)：三角形的个数等于从这 9 个点任意取 3 个点的个数减去 3 个点在一条直线上的个数，故有 $n=C_9^3-8=76$，条件(1)不充分.

条件(2)：连续命中的三枪捆绑，它们不能与另外命中的一枪相邻，故使用插空法.

将另外 4 个没命中的排成一排，中间形成 5 个空，挑两个插空，故有 $A_5^2=20$，条件(2)充分.

24. D

【解析】母题 71・立体几何基本问题

设两圆柱的高分别为 h_1，h_2.

条件(1)：两圆柱的侧面积相等，故 $12\pi h_1=8\pi h_2$，即 $h_1=\frac{2}{3}h_2$，体积之比为$\frac{36\pi\cdot\frac{2}{3}h_2}{16\pi h_2}=\frac{3}{2}$，充分.

条件(2)：两圆柱的侧面积相等，故 $6\pi h_1=4\pi h_2$，即 $h_1=\frac{2}{3}h_2$，体积之比为$\frac{9\pi\cdot\frac{2}{3}h_2}{4\pi h_2}=\frac{3}{2}$，充分.

25. A

【解析】母题 76・点、直线与圆的位置关系

当圆心到直线的距离大于半径时，直线和圆不相交.

故圆心(0，0)到直线 l 的距离为$\frac{|0\cdot x_0+0\cdot y_0-1|}{\sqrt{x_0{}^2+y_0{}^2}}=\frac{1}{\sqrt{x_0{}^2+y_0{}^2}}>1$，解得 $x_0{}^2+y_0{}^2<1$，故 (x_0, y_0)在圆 C 的内部.

因此，条件(1)充分，条件(2)不充分.

三、逻辑推理

26. B

【解析】母题 13・论证型削弱题

题干：将甜玉米分别加热 10 分钟、25 分钟和 50 分钟后发现，其抗自由基的活性分别升高了 22%、44%和 53% $\xrightarrow[\text{证明}]{}$ 加热时间越长的玉米，抗衰老的作用越好。

A 项，提出反面论据，说明加热时间延长，但玉米抗自由基的活性降低了，可以削弱题干的结论。

B 项，虽然糯玉米在加热相同时间后抗自由基的活性增高的幅度很小，但是趋势依然是增高，支持题干的结论。

C 项，指出样本没有代表性，可以削弱题干的结论。

D 项，说明抗自由基的活性与抗衰老的作用二者无关，削弱了题干论证的隐含假设。

E 项，直接反驳题干的论点。

27. D

【解析】母题 21・因果关系型支持题

题干：距今 4 400 年左右的极端气候变化 $\xrightarrow[\text{导致}]{}$ 大汶口文化向南迁移，而龙山文化由北迁到此地。

A 项，说明大汶口文化南迁是由于有这样的传统，另有他因，削弱题干。

B 项，龙山文化迁来后的状况与迁移原因无关，无关选项。

C 项，说明气候的变化引起的食物主要来源的变化会影响大汶口文化的族群，可以支持题干中的论证，但是无法说明为什么龙山文化会迁移到此地，所以支持力度较弱。

D 项，说明气候和环境会影响族群生存，因果相关，可以支持题干中的论证。

E 项，说明龙山文化的迁移是因为其他原因，削弱题干。

28. A

【解析】母题 13・论证型削弱题

题干：3 亿年前，男性特有的 Y 染色体在产生之际含有 1 438 个基因，但现在只剩下 45 个。按照这种速度，Y 染色体将在大约 1 000 万年内消失殆尽 $\xrightarrow[\text{证明}]{}$ 随着 Y 染色体的消亡，人类也将走向消亡。

A 项，题干讨论的是人类，而此项讨论的是恒河猴，论证对象不一致，削弱力度弱。

B 项，提出反面论据，说明即使 Y 染色体消亡了，人类还可以继续生存下去。

C 项，说明人类实现繁殖不一定需要 Y 染色体，削弱隐含假设。

D 项，说明 Y 染色体最终不会消失，削弱论据。

E 项，直接反驳题干的论据，削弱题干的论证。

29. C

【解析】母题 10・简单命题的真假话问题

将题干信息符号化：

①乙。

②丁。

③¬丙。

④¬丁。

由题干可知，题干信息②与题干信息④矛盾，故必有一真一假。

由题干可知，“四人中说真话与说假话的人数不等”，故题干信息①和题干信息③全部为真，或者全部为假。

若题干信息②、①、③为真，则丁作案、乙作案、丙不作案，不符合题干中“作案的人为四人中的一人”；

若题干信息②为真，题干信息①、③为假，则丁作案、乙不作案、丙作案，不符合题干中“作案的人为四人中的一人”。

若题干信息④、①、③为真，则乙作案，丙、丁不作案；

若题干信息④为真，题干信息①、③为假，则丙作案，乙、丁不作案。

故作案者要么是乙要么是丙，即：乙∨丙，甲、丁不作案。

A项，甲∨乙，不能判断真假。

B项，甲∨丙，不能判断真假。

C项，甲∨丁，与甲、丁不作案矛盾，为假。

D项，乙∨丁，不能判断真假。

E项，丙，不能判断真假。

30. C

【解析】母题40·复杂匹配题

假设张珊和王五同时买首饰，则李思和赵六同时买包包，根据题干条件可得表1-1：

表1-1

姓名＼商品	项链	戒指	钱包	背包
张珊	×	√	×	×
李思	×	×	×	√
王五	√	×	×	×
赵六	×	×	√	×

假设张珊和王五同时买包包，则李思和赵六同时买首饰，根据题干条件可得表1-2：

表1-2

姓名＼商品	项链	戒指	钱包	背包
张珊	×	×	√	×
李思	√	×	×	×
王五	×	×	×	√
赵六	×	√	×	×

故A、B、D、E项都有可能为真，也有可能为假。

无论哪种情况，张珊都没有买背包，故C项正确。

31. C

【解析】母题28·解释题

待解释的现象：小儿哮喘发病率上升的同时却伴随着气管炎在儿童中发病率的下降。

A项，此项只能说明遗传因素会影响气管炎的发病率，但无法说明发病率的下降，不能解释。

B项，其他国家是否发现了类似的情况，与该情况发生的原因无关，不能解释。

C项，小儿哮喘发病率上升使得抗生素用得更多，从而降低了气管炎的发病率，可以解释。

D项，无关选项，题干不涉及成年以后的情况。

E项，题干仅涉及哮喘对气管炎的影响，不涉及气管炎对哮喘的影响，不能解释。

32. D

【解析】母题20·论证型支持题

题干：有些语词所指的东西看不见、摸不着，孩子大都很难表达清楚这些语词的意思，但这并不妨碍他们用这些语词传递自己真实的感觉或情绪 $\xrightarrow[\text{证明}]{}$ 理解一个语词并不非得能表达它的意思。

题干指出，孩子虽然无法“表达”清楚一些语词的意思，但他们能“使用”这些语词，这说明他们“理解”了这些语词。因此，要支持题干，需要搭桥，指出能“使用”则能“理解”。故D项正确。

A项，没有指出“表达”“使用”与“理解”的关系，不能支持题干。

B项，题干的意思是“不能清楚表达的语词，也可以被理解”，此项的意思是“能准确表达的，一定理解”，与题干不同，不能支持题干。

C项，没有指出“表达”“使用”与“理解”的关系，不能支持题干。

E项，题干不涉及孩子与成人的比较，无关选项。

33. D

【解析】母题36·论证逻辑型结构相似题

题干：我国的佛教寺庙→分布于全国各地，普济寺→我国的佛教寺庙，所以，普济寺→分布于我国各地。

第一个“我国的佛教寺庙”是集合概念，第二个“我国的佛教寺庙”是类概念，犯了偷换概念的逻辑错误。

A项，父母酗酒的孩子→爱冒险，小华→爱冒险，所以，小华→父母酗酒的孩子，与题干的逻辑错误不一致。

B项，文明公民→遵纪守法，有些大学生→遵纪守法，所以，有些大学生→文明公民，与题干的逻辑错误不一致。

C项，寒门学子→上大学的机会减少，小飞→┐寒门学子，所以，小飞→┐上大学的机会减少，与题干的逻辑错误不一致。

D项，可理解为，现在的独生子女娇生惯养，他是三代单传的独生子女，所以，他娇生惯养。即，独生子女→娇生惯养，他→独生子女(三代单传的独苗)，所以，他→娇生惯养，前后两个"独生子女"的概念性质不同，第一个是集合概念，第二个是类概念，犯了偷换概念的错误，与题干所犯逻辑错误相同。

E项，现在的农民→能接受新科技，能接受新科技→积极向上，所以，现在的农民→积极向上，无逻辑错误。

34. C

【解析】母题3·箭头的串联

将题干信息符号化：

①小王→拨打过行政部所有人的电话。

②小李→拨打过小赵的电话。

③小赵→┐拨打过其他人的电话。

④┐接听来自行政部其他人电话的人→┐拨打过其他人的电话。

题干信息④逆否得：⑤拨打过其他人的电话→接听来自行政部其他人电话的人。

A项，题干信息中"┐拨打过其他人的电话"后面没有箭头指向，所以无法推出小赵是否曾接听过其他人的电话。

B项，由题干信息①可知，小王拨打过小李的电话，但是不能得知小李是否曾接听过来自小王的电话，不能推出。

C项，由题干信息①、⑤可知，小王→拨打过行政部所有人的电话→拨打过其他人的电话→接听来自行政部其他人电话的人，可以推出。

D项，由题干信息③可知，小王没有接听过来自小赵的电话，因此，小王不可能接听过来自行政部所有人的电话，故此项为假。

E项，不能推出，理由同选项A。

35. E

【解析】母题33·评价题

题干：在对一批挑选出来进行比较的国家所做的一项调查中，美国以每100人中有11人养长尾鹦鹉而排名第二$\xrightarrow{\text{证明}}$美国人比大多数其他国家的人更喜欢养长尾鹦鹉。

E项，如果在该调查未包括的国家中，大多数国家每100人中养长尾鹦鹉的人的数量比美国多，则能削弱题干；反之，则加强题干。故E项对于判断题干结论的可靠性最为重要。

其余各项均为无关选项。

36. D

【解析】母题3·箭头的串联+母题8·对当关系

由题干已知下列信息：

①有男同学参加了反对贸易战示威。

②¬ 有的同学参加了反对贸易战示威→所有同学都能申请奖学金，等价于：所有同学都没参加反对贸易战示威→所有同学都能申请奖学金，逆否得：有的同学不能申请奖学金→有的同学参加了反对贸易战示威。

③女同学不能申请奖学金。

由题干信息②、③可知，④女同学不能申请奖学金→有的同学不能申请奖学金→有的同学参加了反对贸易战示威。

Ⅰ项，与题干信息①矛盾，为假。

Ⅱ项，由题干信息①知，可真可假。

Ⅲ项，由题干信息④知，可真可假。

故此题正确答案为D项。

37. A

【解析】母题10·简单命题的真假话问题

由题干已知下列信息：

甲：第一种药有毒，第三种药无毒。

乙：第二种药无毒，第三种药无毒。

丙：第一种药有毒，第二种和第三种药中有一种无毒。

①假设甲的第一句话正确，第二句话错误，即第一种药和第三种药全部有毒。

故乙的第二句话错误，为满足题干，乙的第一句话必须正确，即第二种药无毒。

那么，丙的两句话均正确，不符合题干。

②假设甲的第一句话错误，第二句话正确，即第一种药和第三种药全部无毒。

故乙的第二句话正确，为满足题干，乙的第一句话必须错误，即第二种药有毒。

那么，丙的第一句话错误，第二句话正确，符合题干。

故A项正确。

38. A

【解析】母题1·充分必要条件

将题干信息符号化：

①成功→做好重要事务。

②处理好细节→成功。

③成功的人→协调好重要事务与细节的关系。

将题干信息②、①串联得：④处理好细节→成功→做好重要事务。

A项，由题干信息④可知，“成功”后面没有箭头指向“处理好细节”，故“成功并不代表着所有细节都处理好了”正确。

B项，题干信息①逆否得：¬ 做好重要事务→¬ 成功，“¬ 成功”后面没有箭头指向，故不能推出此项。

C 项，由题干信息①、②可知，“成功”的前提条件是“做好重要事务”，故不能推出此项。

D 项，由题干信息②可知，“处理好细节”就一定可以“成功”，故此项错误。

E 项，由题干信息①可知，“做好重要事务”后面没有箭头指向，故不能推出此项。

39. C

【解析】母题 14 • 因果关系型削弱题

题干使用求异法，试图说明：吸烟改变了大脑的发育过程，这一改变将对青少年产生终身影响。

A 项，题干不涉及脑岛破坏和烟瘾戒除，无关选项。

B 项，不能削弱题干，因为此项并不能解释题干中吸烟者与不吸烟者之间的差异。

C 项，因果倒置，说明是右脑岛体积小导致了吸烟，而不是吸烟导致了右脑岛体积小，削弱题干中研究者的结论。

D 项，无关选项。

E 项，无关选项，题干涉及的是“脑岛的体积”而非“脑岛的活动”。

40. E

【解析】母题 20 • 论证型支持题

题干：海洋考古学家最近在一个古地中海港口的水下发现了几百件陶器，大概是 4 000 年前留下的 $\xrightarrow{证明}$ 他们发现了一艘 4 000 年前的沉船残骸。

A 项，无关选项，题干的论证与“另一个古地中海港口的船只残骸”无关。

B 项，无关选项，题干中结论的得出与木头的腐烂速度无关。

C 项，不能支持，由另外两艘分别具有 3 500 年和 3 000 年历史的沉船残骸无法得知题干中所述的沉船残骸有 4 000 年的历史。

D 项，不能支持，因为在其他古地中海中发现的陶器的年代未知。

E 项，提出新论据，通过大约有 4 000 年历史的船零件推测此沉船大约有 4 000 年的历史，支持题干。

41. C

【解析】母题 26 • 措施目的型假设题

题干：利用真菌能降解普通的聚氨酯塑料的特性 $\xrightarrow{以求}$ 帮助人类消除塑料垃圾所带来的威胁。

A 项，无关选项。

B 项，内生菌只需要有降解塑料的特性即可，不必假设发挥这种特性的条件。

C 项，必须假设，如果绝大多数塑料垃圾不属于普通的聚氨酯塑料，那么内生菌就无法帮助人类消除塑料垃圾造成的威胁。

D 项，无须假设，内生菌的生长区域与其发挥降解塑料的特性无关。

E 项，说明措施有恶果，削弱题干。

42. D

【解析】母题 13 • 论证型削弱题

题干：①学校应该教育孩子培养有利于健康的卫生习惯；②例如，用棉花棒掏耳垢就是一种好习惯，它会防止耳垢的堆积影响听力。

Ⅰ项，无关选项，题干不涉及良好习惯的培养年龄。

Ⅱ项，说明掏耳垢可能引发不良后果，削弱题干的例证②。

Ⅲ项，说明清除耳垢后容易引发炎症，削弱题干的例证②。

故D项正确。

43. E

【解析】母题9·简单命题的负命题

题干：不必然是节目受到所有人的喜欢，等价于：可能是节目没有受到有的人的喜欢。

故E项正确。

44. B

【解析】母题29·推论题

由题干已知下列信息：

①中国消费者对奢侈品品牌的忠诚度远远低于西方消费者。

②对许多中国消费者而言，高价格仍然很重要。

③物有所值比品牌重要，而且在现阶段甚至比质量还重要。

“对许多中国消费者而言，高价格仍然很重要”说明中国消费者喜欢价格高的奢侈品；“物有所值仍然比品牌重要”说明中国消费者喜欢物有所值的奢侈品。故可以推出中国消费者喜欢购买价格高和物有所值的奢侈品，即B项正确。

A项，与题干信息②矛盾，不能推出。

C项，题干没有对“价格”和“知名度”进行比较，不能推出。

D项，由题干信息②知，中国消费者关注价格；由题干信息③知，“物有所值比质量还重要”，但这并不代表质量不重要，故此项不能被推出。

E项，由题干信息①知，整体而言，中国消费者对奢侈品品牌的忠诚度远远低于西方消费者，但是否高于“部分”西方消费者则无法确定，故此项不能被推出。

45. E

【解析】母题40·综合推理题

由题干已知下列信息：

①李思>张珊。

②王伍最矮。

③山东人>山西人。

④广东人最高。

⑤广西人>赵柳。

由题干信息①、②可知：李思>张珊>王伍。

由题干信息“⑤广西人>赵柳”可知，赵柳不是最高的，故李思最高，是广东人，王伍最矮。

由题干信息③、④可知：广东人＞山东人＞山西人。

由题干信息“⑤广西人＞赵柳”可知，广西人不是最矮的，故山西人最矮，所以王伍是山西人。

由题干信息“⑤广西人＞赵柳”可知，赵柳不是广西人，故赵柳是山东人。

综上所述，李思——广东人，王伍——山西人，赵柳——山东人，张珊——广西人。

故E项正确。

46. C

【解析】母题40·综合推理题

根据条件“(2)H和R参观同一座城市”，排除选项A、E。

根据条件“(3)L或者参观M或者参观T”，排除选项D。

根据条件“(5)每一个学生参观这3座城市中的某一座城市时，其他4个学生中至少有1个学生与他前往”，排除选项B。

故C项可能正确。

47. D

【解析】母题40·综合推理题

若H和S一起参观了某一座城市，根据条件(1)、(2)、(5)可知，H、S、R参观同一座城市，L、P参观同一座城市。根据条件(3)可知，L、P参观的是M或者T。

故D项可能正确。

48. E

【解析】母题40·综合推理题

根据条件(5)可知，5个人只能分2组参观2座城市。

因为S参观V，根据条件(1)可知，P不跟S同组。

根据条件(3)可知，L不参观V，因此，S不跟L同组。

因此，P与L同组，故E项正确。

49. D

【解析】母题26·措施目的型假设题

题干：台风是大自然最具破坏性的灾害之一$\xrightarrow[\text{导致}]{}$向空中喷洒海水水滴$\xrightarrow[\text{以求}]{}$增加台风形成区域上空云层对日光的反射$\xrightarrow[\text{以求}]{}$台风将不能聚集足够的能量$\xrightarrow[\text{以求}]{}$有效阻止台风的前进，从而避免更大程度的破坏。

A项，无关选项，题干仅涉及“向空中喷洒海水水滴”，而不涉及“水滴能够重新聚集”。

B项，无关选项，题干中的措施只要能减小台风的危害即可，不必假设这一措施会“影响邻近区域的降雨”。

C项，显然不必假设。

D项，必须假设，说明措施可以达到阻止台风前进的目的。

E项，无关选项，题干不涉及“酸雨”。

50. A

【解析】母题 39 · 数字推理题

方法一：

国内博士管理类人才＝国内博士人才－国内博士非管理类人才

＝252－(博士非管理类人才－国外博士非管理类人才)

＝252－[(非管理类人才－非管理类非博士人才)－(国外非管理类人才－国外非博士非管理类人才)]

＝252－(国内非管理类人才－国内非博士非管理类人才)

＝252－433＋国内非博士非管理类人才

＝国内非博士非管理类人才－181。

因为国内非博士非管理类人才≤非博士非管理类人才＝250，故国内博士管理类人才≤250－181＝69，所以，A 项正确。

方法二：表格法。

非管理类人才＝总人才－管理类人才＝1 000－361＝639(人)，故有表 1-3：

表 1-3

人

总人数 1 000	管理类 361	非管理类 639
博士		639－250＝389
非博士		250

又有表 1-4、1-5：

表 1-4

人

非管理类 639	国外 206	国内 639－206＝433
博士	a	b
非博士	c	d

表 1-5

人

管理类 361	国外	国内
博士	m	n
非博士	p	q

又有：国内引进的具有博士学位的人才 252 人，即 $b+n=252$。

又有：$b+d=433$。

故有：$n=252-b=252-(433-d)=d-181$。

因为国内非博士非管理类人才 d≤非博士非管理类人才＝250，故国内博士管理类人才≤250－181＝69。

所以，A 项正确。

51. C

【解析】母题 29 · 推论题

题干：高浓度 ASP 会通过耗尽大脑显示对糖满足的化学物质来引起人们对糖的强烈需求$\xrightarrow[\text{证明}]{}$用 ASP 作为发甜剂不能达到减少摄入热量的目的。

由题干的论据可知，ASP 作为发甜剂不能减少人们对糖的需求，因此，不能达到减少摄入热量的目的，这说明含糖量高的食品含的热量高，即 C 项。

其余各项均不能被推出。

52. C

【解析】母题 20 · 论证型支持题

题干：一种经过基因改造的蚊子具备了不再感染疟疾的能力，并且能妨碍野生蚊子繁衍，从而有效切断人与蚊子的疟疾传播途径$\xrightarrow[\text{证明}]{}$假以时日，就能根绝疟疾这个顽症。

A 项，说明转基因蚊子不易存活，提出反面论据，削弱题干。

B 项，转基因蚊子在有疟疾时有生存优势，但不确定能否“妨碍野生蚊子的繁衍”，支持力度弱。

C 项，说明转基因蚊子可能带来野生蚊子的灭亡，支持论据。

D 项，说明转基因蚊子不一定会带来野生蚊子的灭亡，而且还会形成未知的新型蚊子，不能支持题干。

E 项，掌握转基因蚊子技术的科学家数量是多还是少，与这种技术是否有效无关，不能支持题干。

53. D

【解析】母题 20 · 论证型支持题

题干：银河系内拥有大量的行星，几乎每一颗恒星周围都存在行星，许多恒星系统内存在 2～6 颗行星，其中约 1/3 的行星处于宜居带上，行星表面的温度适合液态水存在$\xrightarrow[\text{证明}]{}$这可能意味着银河系内几乎处处有宜居的星球。

A 项，无关选项，题干不涉及“进化”。

B 项，说明一些处于宜居带上的行星并不适合居住，削弱题干。

C 项，说明题干中的论据“非实测结果”，论据存在缺陷，削弱题干。

D 项，提出新论据，说明银河系内确实存在大量宜居的星球，支持题干。

E 项，无关选项。

54. D

【解析】母题 13 · 论证型削弱题

题干：对从已灭绝的一种恐鸟骨骼化石中提取的 DNA 进行遗传物质衰变速率分析发现，虽然短 DNA 片段可能存在 100 万年，但 30 个或者更多碱基对序列在确定条件下的半衰期只有大约 15.8 万年$\xrightarrow[\text{证明}]{}$不可能利用古代 DNA 再造恐龙。

A 项，在题干中，《侏罗纪公园》仅仅是为了让论点更通俗易懂所举的例子，与题干的论证的成立性无关。

B项，无法确定“受到污染”对研究结论有什么影响，故此项不能很好地反驳科学家的观点。

C项，指出环境因素会影响DNA的衰变速率，但无法确定这种影响会使衰变速率变长还是变短，故此项不能很好地反驳科学家的观点。

D项，题干论据的研究对象是恐鸟，而结论是对恐龙的预测，此项指出二者并不相同，反驳科学家的观点。

E项，诉诸权威。

55. B

【解析】母题40·复杂匹配题

由题干已知下列信息：

①庄聪至今尚未去过长江村调研。

②孟慧虽未去过长江村，但是他曾经就调研这件事和处长商量过。

③科长曾经去长江村调研多次，写过专门的调查报告。

采用重复元素分析法：

根据题干信息①、②可知，庄聪和孟慧均未去过长江村，即去长江村的是孔智。

又根据题干信息③可知，孔智是科长。

根据题干信息②可知，孟慧不是处长，故孟慧是副处长。

因此，庄聪是处长。

综上所述，庄聪是处长，孟慧是副处长，孔智是科长。

故B项正确。

四、写作

56. 论证有效性分析

【谬误分析】

①材料得出结论的依据是“春季招聘旺季的在线招聘数据”，这一数据未必具有普遍的代表性。因为招聘形式除了在线招聘外，还有现场招聘；除了春季招聘外，还有其他季节的招聘。

②材料仅提供了“全国公司的招聘岗位数”，并未说明这些招聘岗位中有多大比例是针对大学生的岗位，因此，难以由此断定大学生就业的供需情况。

③材料依据“销售类岗位需要的人员是最多的”“科研类岗位的求职人数是最少的”，就得出应聘这两类岗位的大学生更容易就业，并不妥当。就业难易要看供需的比例，而不能仅看其中一方面。

④“慢就业”现象加剧，可能是由于更多的学生选择读研深造，抑或是由于更多的学生准备沉淀一段时间后再参与招聘，不能全归因于逃避就业压力。

⑤一个人接受创业公司的offer，意味着他将去一家创业公司上班，成为该公司的职员，而不是该公司的创业者，这与“创业”不是同一概念。

⑥要想判断应届毕业生平均签约月薪的变动情况，不能仅仅依据5 000～6 000元这一区间的情

况，而应该依据应届毕业生月薪的整体情况。

对大学生就业情况的判断合理吗？

上述论证，试图运用应届毕业生的部分数据得出2019年大学生的总体就业情况，看似有理，实则有失偏颇，分析如下：

首先，材料得出结论的依据是“春季招聘旺季的在线招聘数据”，这一数据未必具有普遍的代表性。因为招聘形式除了在线招聘外，还有现场招聘；除了春季招聘外，还有其他季节的招聘。而且，有一些在学校就直接签订了就业协议的学生，可能没有进入招聘会就解决了就业问题。

其次，材料依据“销售类岗位需要的人员是最多的”“科研类岗位的求职人数是最少的”，就得出应聘这两类岗位的大学生更容易就业，并不妥当。就业难易要看供需的比例，而不能仅看其中一方面。假如销售类岗位的应聘者数量庞大，供过于求，反而就业会很难。

再次，从“慢就业”的比例上升，并不能得出“越来越多的应届毕业生选择逃避就业压力”的结论。可能是由于更多的学生选择读研深造、出国留学、考公务员等，也可能是由于更多的学生准备沉淀一段时间后再参与招聘，不能全归因于逃避就业压力。

又次，一个人接受创业公司的offer，意味着他将去一家创业公司上班，成为该公司的职员，而不是该公司的创业者，这与“创业”不是同一概念。

最后，要想判断应届毕业生平均签约月薪的变动情况，不能仅仅依据5 000～6 000元这一区间的情况，而应该依据应届毕业生月薪的整体情况。

综上所述，上述论证存在诸多逻辑问题，难以得出2019年大学生的总体就业情况。

57. 论说文

做好预案，控制风险

美国政府的一纸销售禁令，让中兴陷入了前所未有的财务危机，而同为中国高科技企业的华为，在面临美国更为严厉的制裁时，却因为“备胎”的存在而仍可保持正常的经营。此类情形在当前经济背景下时有发生，而安然度过危机的公司无不有一个共同点——在危机发生前就已经做好了完备的应急预案。

市场竞争激烈，做好应急预案的企业才能更好地生存。在当前经济一体化的背景下，市场范围在不断扩大，企业间的距离也随之不断减小，因而公司、国家之间的利益冲突也变得前所未有的频繁。而处在竞争中的各方，为了追逐更高的利益，难免会使出极端手段，像美国这种公然动用国家力量来打击一家民营企业的行为，绝不会是最后一次。因此，在外部发生剧变时，有应急预案的企业可以更从容地应对危机，进而在激烈的竞争中存活。

市场纷争的核心即利益的争夺，而做好预案的本质实为控制整体风险。企业成立之初，是为了追求自身利益最大化而存在的，而在总体利益恒定的情况下，企业势必需要侵吞他方的利益，因此企业所面临的竞争风险是全方位的。而企业若想在这种环境中生存下去，必须通过预案来防备风险，提高公司自身的应急能力。远到李经纬痛失健力宝股权，近到华为“备胎转正”，不惧封杀，无不说明了这一道理——做好风险应急预案是企业生存的基石。

做好完备的风险应急预案不只是尽早制订风险计划，更要通过大量资金、技术的持续投入，来提升公司的“硬实力”。因为竞争的胜负实质上是企业自身实力的争锋，企业依靠外包固然可以低成本地取得更高的效益，然而当核心技术受制于人时，我们又如何确保技术提供方不会为了更大的利益而断绝我们的生存发展之路呢？

古语常云：“未雨绸缪，方能有备无患。”讲的正是这样的道理。当前的市场形势宛若海上雷霆暴雨，公司如果不能提前投入，做好防范的“雨伞”，最终怕也难免“被拍打入深海”的命运。

绝密★启用前

全国硕士研究生招生考试
管理类专业学位联考综合能力试题
密押卷 2

（科目代码：199）

考试时间：8：30—11：30

考生注意事项

1. 答题前，考生须在试题册指定位置上填写考生姓名和考生编号；在答题卡指定位置上填写报考单位、考生姓名和考生编号，并涂写考生编号信息点。
2. 选择题的答案必须涂写在答题卡相应题号的选项上，非选择题的答案必须书写在答题卡指定位置的边框区域内。超出答题区域书写的答案无效；在草稿纸、试题册上答题无效。
3. 填(书)写部分必须使用黑色字迹签字笔或者钢笔书写，字迹工整、笔迹清楚；涂写部分必须使用 2B 铅笔填涂。
4. 考试结束，将答题卡和试题册按规定交回。

考生编号															
考生姓名															

一、问题求解：第 1～15 小题，每小题 3 分，共 45 分。下列每题给出的 A、B、C、D、E 五个选项中，只有一项是符合试题要求的。请在答题卡上将所选项的字母涂黑。

1. 甲、乙两人在不同的城市，现在他们同时从自己的城市出发前往对方的城市，1 个小时后他们相遇，相遇后继续前行，乙到达 35 分钟后甲才到达目的地，则甲、乙的速度比为(　　).

A. $\frac{3}{4}$　　B. $\frac{3}{5}$　　C. $\frac{1}{2}$　　D. $\frac{4}{5}$　　E. $\frac{5}{6}$

2. 某商场售出一批衣服共 500 件，其中包括合格品和残次品，售出合格品的利润率为 50%，售出残次品则会亏损 10%，所有商品售出后的利润率为 39.2%，则合格品共有(　　)件.

A. 230　　B. 300　　C. 350
D. 380　　E. 410

3. 已知方程组$\begin{cases}mx+2ny=4,\\2mx-ny=3\end{cases}$的解为$\begin{cases}x=1,\\y=2,\end{cases}$则 $\log_m n+\log_n m$ 的值为(　　).

A. -3　　B. -2　　C. 0
D. 1　　E. 4

4. 王先生要在自己家装修一个水池(无盖)，要求这个水池 1 米深，容积为 4 立方米，已知底面的装修价格为每平方米 180 元，侧面的装修价格为每平方米 90 元，则该水池最低的装修成本为(　　)元.

A. 960　　B. 1 200　　C. 1 440
D. 1 500　　E. 1 620

5. 如图 2-1 所示，正方形 $ABCD$ 的边长为 8 厘米，EF、GH 分别为正方形的中位线，以 O 为圆心，以 OE 为半径作圆，得到扇形 OEG 和 OFH. 以 A 为圆心，以 AB 为半径作圆，得到扇形 ABD. 以 C 为圆心，以 BC 为半径作圆，得到扇形 BCD. 则图中阴影部分的面积为(　　)平方厘米.

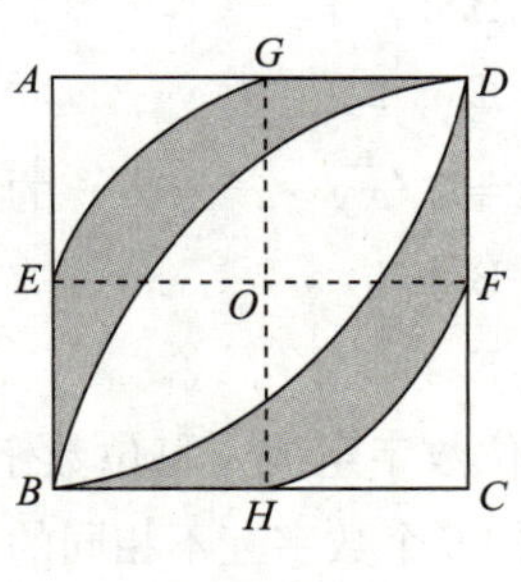

图 2-1

A. $48-12\pi$　　B. $96-24\pi$　　C. $112-28\pi$
D. $48+12\pi$　　E. $96+24\pi$

6. 已知 x_1，x_2 是方程 $x^2-x-6=0$ 的两个根，则$\frac{1}{x_1}+\frac{1}{x_2}=$(　　).

A. $\frac{1}{6}$　　B. -2　　C. 6
D. -6　　E. $-\frac{1}{6}$

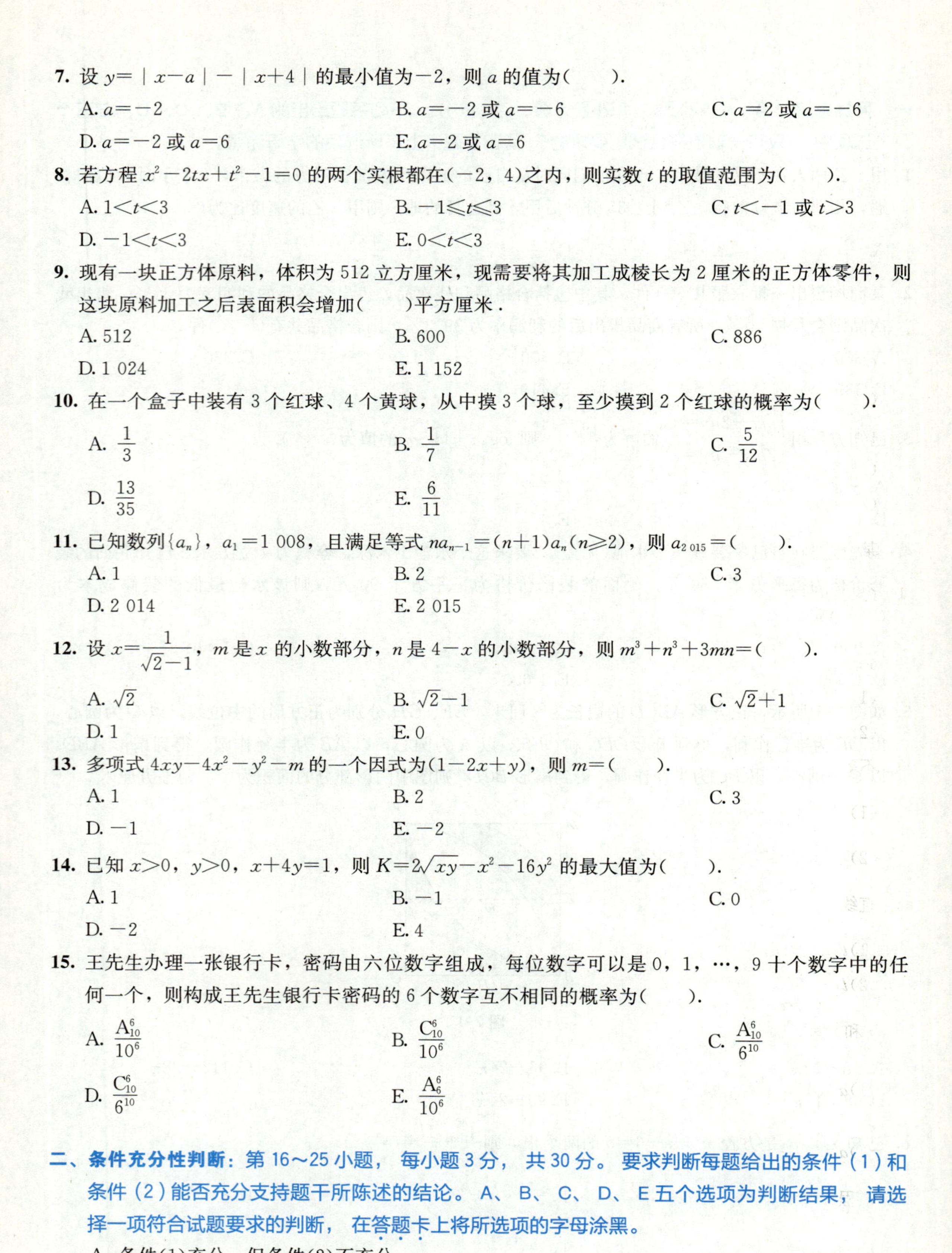

7. 设 $y=|x-a|-|x+4|$ 的最小值为 -2，则 a 的值为(　　).

A. $a=-2$　　B. $a=-2$ 或 $a=-6$　　C. $a=2$ 或 $a=-6$

D. $a=-2$ 或 $a=6$　　E. $a=2$ 或 $a=6$

8. 若方程 $x^2-2tx+t^2-1=0$ 的两个实根都在 $(-2,4)$ 之内，则实数 t 的取值范围为(　　).

A. $1<t<3$　　B. $-1\leqslant t\leqslant 3$　　C. $t<-1$ 或 $t>3$

D. $-1<t<3$　　E. $0<t<3$

9. 现有一块正方体原料，体积为 512 立方厘米，现需要将其加工成棱长为 2 厘米的正方体零件，则这块原料加工之后表面积会增加(　　)平方厘米.

A. 512　　B. 600　　C. 886

D. 1 024　　E. 1 152

10. 在一个盒子中装有 3 个红球、4 个黄球，从中摸 3 个球，至少摸到 2 个红球的概率为(　　).

A. $\frac{1}{3}$　　B. $\frac{1}{7}$　　C. $\frac{5}{12}$

D. $\frac{13}{35}$　　E. $\frac{6}{11}$

11. 已知数列 $\{a_n\}$，$a_1=1\ 008$，且满足等式 $na_{n-1}=(n+1)a_n(n\geqslant 2)$，则 $a_{2\,015}=$(　　).

A. 1　　B. 2　　C. 3

D. 2 014　　E. 2 015

12. 设 $x=\frac{1}{\sqrt{2}-1}$，m 是 x 的小数部分，n 是 $4-x$ 的小数部分，则 $m^3+n^3+3mn=$(　　).

A. $\sqrt{2}$　　B. $\sqrt{2}-1$　　C. $\sqrt{2}+1$

D. 1　　E. 0

13. 多项式 $4xy-4x^2-y^2-m$ 的一个因式为 $(1-2x+y)$，则 $m=$(　　).

A. 1　　B. 2　　C. 3

D. -1　　E. -2

14. 已知 $x>0$，$y>0$，$x+4y=1$，则 $K=2\sqrt{xy}-x^2-16y^2$ 的最大值为(　　).

A. 1　　B. -1　　C. 0

D. -2　　E. 4

15. 王先生办理一张银行卡，密码由六位数字组成，每位数字可以是 0，1，…，9 十个数字中的任何一个，则构成王先生银行卡密码的 6 个数字互不相同的概率为(　　).

A. $\frac{A_{10}^6}{10^6}$　　B. $\frac{C_{10}^6}{10^6}$　　C. $\frac{A_{10}^6}{6^{10}}$

D. $\frac{C_{10}^6}{6^{10}}$　　E. $\frac{A_6^6}{10^6}$

二、条件充分性判断：第 16～25 小题，每小题 3 分，共 30 分。要求判断每题给出的条件（1）和条件（2）能否充分支持题干所陈述的结论。A、B、C、D、E 五个选项为判断结果，请选择一项符合试题要求的判断，在答题卡上将所选项的字母涂黑。

A. 条件(1)充分，但条件(2)不充分.

B. 条件(2)充分，但条件(1)不充分．

C. 条件(1)和条件(2)单独都不充分，但条件(1)和条件(2)联合起来充分．

D. 条件(1)充分，条件(2)也充分．

E. 条件(1)和条件(2)单独都不充分，条件(1)和条件(2)联合起来也不充分．

16. $S_{\triangle ABC}=16$.

(1)在等腰直角$\triangle ABC$中，$\angle C=90°$，$AB=8$.

(2)在$\triangle ABC$中，$\angle C=90°$，$AB=10$，点C到AB的距离为4.

17. 方程$||x-3|-1|=|a|$有三个整数解．

(1)$a=1$.

(2)$a^2=1$.

18. 在平面直角坐标系中，曲线所围成的图形是正方形．

(1)曲线方程为$|xy|+1=|x|+|y|$.

(2)曲线方程为$|x-2|+|2y-1|=4$.

19. 某班共有a名学生，其中女生有b名，现选2名学生代表，至少有1名女生当选的概率为$\frac{27}{55}$.

(1)$a=10$，$b=2$.

(2)$a=11$，$b=3$.

20. 6名同学排成两排，每排3人，则共有72种排法．

(1)甲、乙两名同学左右相邻，且丙同学只能在每排的中间．

(2)甲、乙两名同学在同一排且不相邻，又与丙同学不在同一排．

21. 不等式的解集为$(-\infty,-7]\cup[5,+\infty)$.

(1)不等式为$\frac{x+7}{x-5}\geqslant 0$.

(2)不等式为$(x+7)(x-5)<0$.

22. 直线l与直线$y=\frac{1}{2}x$关于直线$x=1$对称．

(1)l：$x+2y-2=0$.

(2)l：$2x-y+3=0$.

23. a和b的算术平均值为$\frac{5}{2}$.

(1)a和b为不同的自然数，且$\frac{1}{a}$，$\frac{1}{b}$的几何平均值为$\frac{1}{\sqrt{6}}$.

(2)a和b为不同的自然数，且a^2，b^2的算术平均值为$\frac{13}{2}$.

24. 方程$x^2-3mx+m^2+1=0$的两根位于2的两侧．

(1)$-1<m<4$.

(2)$1<m<6$.

25. A，B两组数据的方差分别为S_1^2，S_2^2，则$S_1^2=S_2^2$.

(1)A：16，18，19，20，23；B：51，53，54，55，58.

(2)A：1，2，4，5，19；B：51，52，54，55，69.

三、逻辑推理：第26～55小题，每小题2分，共60分。下列每题给出的A、B、C、D、E五个选项中，只有一项是符合试题要求的。请在答题卡上将所选项的字母涂黑。

26. 现代企业在管理过程中发现，人力资源管理部门对于公司的发展虽然十分重要，但由于该部门并没有全程参与公司发展战略的决策，而且公司聘请的高级经理均由CEO决定，所以人力资源管理部门更多的时候起到的是支持和辅助的作用。

如果以下各项为真，则最能削弱上述论证的是：

A. 在世界500强的企业中，人力资源管理部门的员工一般都有丰富的经验。

B. 人力资源管理部门能为公司设计出人性化的薪酬体系，进而留住人才。

C. 在世界上最大的物流公司，人力资源管理部经理有权参加公司的最高决策会议。

D. 人力资源管理部门虽没有决定雇佣高级经理的权力，但有权雇佣中层管理者。

E. 公司未来的发展一般依靠技术研发部门和市场部门，而不是行政管理部门。

27. 在不同的语言中，数字的发音和写法都不一样。一些科学家认为，代表不同文化背景的语言，会对人们的大脑处理数学信息的方式产生影响。

以下哪项如果为真，则最能支持上述结论？

A. 相较于欧洲人，亚洲地区的人在进行数量大小比较时，大脑中个别区域的活跃程度有所不同。

B. 在同一国家，不同方言区的人在进行数学运算时，大脑语言区的神经传递路线并不十分一致。

C. 研究发现，以英语为母语的人在进行心算时主要依赖大脑的语言区，而以中文为母语的人在进行心算时主要动用了大脑的视觉信息识别区。

D. 研究发现，不同专业背景的人在计算数学题时会选择不同的思考方法，但都会不同程度地依赖大脑的语言区。

E. 通常说英语的人不太喜欢进行数学计算。

28. 生物处于污染条件下，可以通过结合固定、代谢解毒、分室作用等过程将污染物在体内富集、解毒。其中生物的解毒能力是生物抗性的基础，解毒能力强的生物都具有抗性，但解毒能力不是抗性的全部，抗性强的生物不一定解毒能力就强。

如果以上信息为真，则最能推出以下哪项？

A. 解毒能力不强的生物不具有抗性。

B. 具有抗性的生物一定具有较强的解毒能力。

C. 生物可将污染物富集、解毒，所以生物能在污染环境下生存。

D. 不具有抗性的生物解毒能力一定不强。

E. 解毒能力强的生物不一定具有抗性。

29. 传统记忆理论认为，记忆就像录像带，每一次回忆都是从大脑中找出相应时间内的某一段录像加以回放。场景构建理论对记忆给出了另一种解释：人脑在编码记忆时只是记录一些碎片，在需要的时候，人脑以合乎逻辑并与主体当前信念状态相吻合的方式，将这些碎片连贯起来并作出补充，以形成回忆。

下面列出的现象都是场景构建理论能解释而传统记忆理论不能解释的，除了：

A. 有些阿尔茨海默病患者会丧失记忆能力。

B. 人对于同一件往事的多次回忆，内容会发生变化。

C. 一项统计显示，目击证人在20%～25%的情况下会指认警方明知不正确的人。

D. 英国心理学家金佰利·韦伯通过给实验对象看一些合成的假照片，成功地给他(她)植入了关于童年生活的虚假记忆。

E. 夫妻吵架时，双方对吵架的原因的回忆往往是不同的。

30. 一位编辑正在考虑报纸理论版稿件的取舍问题。有 E、F、G、H、J、K 六篇论文可供选择。考虑到文章的内容、报纸的版面等因素，必须满足以下条件：

(1)如果采用论文 E，那么不能用论文 F，但要用论文 K。

(2)只有不用论文 J，才能用论文 G 或论文 H。

(3)如果不用论文 G，那么也不用论文 K。

(4)论文 E 是向名人约的稿件，不能不用。

以上断定如果为真，则下面哪一项也一定是真的？

A. 采用论文 E，但不用论文 H。

B. G 和 H 两篇论文都用。

C. 不用论文 J，但用论文 K。

D. G 和 J 两篇论文都不用。

E. 用论文 G，但不用论文 H。

31. 积极的财政政策用发行国债的办法来弥补财政赤字，旧债到期了，本息要还，发行的新债中有一部分要用来还旧债。随着时间的推移，旧债越来越多，新债中用来还旧债的也越来越多，用来投资的就越来越少，经济效益就越来越差。

以下哪项陈述是以上论证所依赖的假设？

A. 积极的财政政策所产生的经济效益是递减的。

B. 积极的财政政策所筹集的资金只能用于基础设施的建设。

C. 用发行国债的办法来弥补财政赤字的做法不能长期使用。

D. 国债在到期之前，其投资回报不足以用来偿还债务。

E. 政府应该采用其他办法来弥补财政赤字。

32. 统计表明，大多数汽车的交通事故发生在中速行驶中，很少的事故发生在150公里/小时以上的行驶速度，因此高速行驶比较安全。

以下哪项最能反驳上述论证？

A. 车速只是引起交通事故的一个因素。

B. 人们通常用中速驾驶汽车。

C. 人们通常以大于150公里/小时的速度驾驶汽车。

D. 大多数人驾驶汽车的速度是经常变化的。

E. 交通事故不是经常发生。

33. 统计数据显示，坚持常年打太极拳的人与从不打太极拳的人相比，平均寿命相同。由此可见，打太极拳并不能强身健体、延长寿命。

如果以下陈述为真，则哪一项能够最有力地削弱上述论证？

A. 有些运动员身体强健，但寿命却低于普通人。

B. 太极拳动作轻柔舒缓，常年坚持，能够舒筋活血、养气安神。

C. 坚持常年打太极拳的人中有很多体弱多病者。

D. 太极拳运动容易开展，对场地、运动者的身体素质没有什么要求。

E. 太极拳得到了广大年老体弱者的认可。

34. 北大百年校庆时，昔日学友甲、乙、丙会聚燕园。时光荏苒，他们都功成名就，分别成为作家、教授和省长。还知道：

Ⅰ. 他们分别毕业于哲学系、经济学系和中文系。

Ⅱ. 作家称赞中文系毕业生身体健康。

Ⅲ. 经济学系毕业生请教授写了一个条幅。

Ⅳ. 作家和经济学系毕业生在一个省工作。

Ⅴ. 乙向哲学系毕业生请教过哲学。

Ⅵ. 过去念书时，经济学系毕业生、乙都追求过丙。

根据上述条件可以断定，下列陈述中哪项是真的？

A. 丙是作家，甲是省长。

B. 乙毕业于哲学系。

C. 甲毕业于中文系。

D. 中文系毕业的是作家。

E. 经济学系毕业的是教授。

35. 某女士过生日，8人享用烛光晚餐祝贺，共喝了8瓶啤酒。其中，平均每位男士喝2瓶，每位女士喝1瓶，每3位孩童喝1瓶。

请问：参加烛光晚餐的女士共有几位？

A. 只有1位女士。　　B. 只有2位女士。　　C. 只有3位女士。

D. 只有4位女士。　　E. 只有5位女士。

36. 在某田径集训队里，所有的短跑运动员都是北京人，所有的女运动员都是上海人，所有会讲吴方言的人都是女运动员。

如果上述断定都是真的，那么以下哪项不可能是真的？

Ⅰ. 该田径集训队有一位北京的不会讲吴方言的男短跑运动员。

Ⅱ. 该田径集训队有一位短跑运动员可能会讲吴方言。

Ⅲ. 该田径集训队有一位上海的会讲吴方言的女运动员。

A. 仅仅Ⅰ。　　B. 仅仅Ⅱ。　　C. 仅仅Ⅲ。

D. 仅仅Ⅰ和Ⅱ。　　E. Ⅰ、Ⅱ和Ⅲ。

37. 历史证明，民族兴旺、国家发展的关键因素是国民素质的提高。因此，实现我国宏伟发展目标的关键措施是进一步增加教育投入。

上述断定基于以下哪项假设？

Ⅰ. 教育事业的发展是提高国民素质的主要条件。

Ⅱ. 增加教育投入是发展教育事业的重要条件。

Ⅲ. 我国目前的教育投入不能适应发展教育的需要。

A. 仅Ⅰ。　　B. 仅Ⅱ。　　C. 仅Ⅲ。

D. 仅Ⅰ和Ⅲ。　　E. Ⅰ、Ⅱ和Ⅲ。

38. 最近对北海班轮乘客的一项调查表明，在旅行前服用晕船药的旅客比没有服用晕船药的旅客有更多的人表现出了晕船的症状。显然，与药品公司的临床实验结果报告相反，不服用晕船药会更好。

以下哪项如果为真，则最强有力地削弱了上文的结论？

A. 在风浪极大的情况下，大多数乘客都会表现出晕船的症状。

B. 没有服用晕船药的乘客和服用了晕船药的乘客以相同的比例加入了调查。

C. 那些服用晕船药的乘客如果不服药，他们晕船的症状会更加严重。

D. 花钱买晕船药的乘客比没有花钱买晕船药的乘客更不愿意承认自己有晕船的症状。

E. 该班轮上有不少乘客由于在旅行前服用了晕船药，在整个旅行中都没有表现出任何晕船的症状。

39～40 题基于以下题干：

因工作需要，某单位决定从本单位的 3 位女性——赵、钱、孙和 5 位男性——李、周、吴、郑、王中选出 4 人组建谈判小组参与一次重要谈判。选择需满足以下条件：

(1)小组成员既要有女性，也要有男性。

(2)李与赵不能都入选。

(3)钱与孙不能都入选。

(4)如果选周，则不选吴。

39. 如果李一定要入选，则可以得出以下哪项？

A. 如果选吴，则选王。　　B. 如果选周，则选郑。

C. 要么选王，要么选郑。　　D. 要么选钱，要么选孙。

E. 要么选赵，要么选钱。

40. 如果赵和吴入选，则可以得出以下哪项？

A. 或者选王，或者选郑。　　B. 或者选钱，或者选孙。

C. 如果选钱，那么选李。　　D. 如果选孙，那么选周。

E. 如果选孙，那么选钱。

41. 在南极海域冰冷的海水中，有一种独特的鱼类，它们的血液和体液中具有一种防冻蛋白，因为该蛋白它们才得以存活并演化至今。时至今日，该种鱼类的生存却面临巨大挑战。有人认为这是海水升温导致的。

以下哪项如果为真，则最能支持上述观点？

A. 南极海水中的含氧量随气温上升而下降，缺氧导致防冻蛋白变性，易沉积于血管，导致供血不足，从而缩短鱼的寿命。

B. 防冻蛋白能够防止水分子凝结，从而保证南极鱼类正常的活动，气候变暖使得该蛋白变得可有可无。

C. 南极鱼类在低温稳定的海水中能够持续地演化，而温暖的海水不利于南极鱼类的多样性。

D. 并非所有南极物种都具有防冻蛋白，某些生活于副极地的物种并没有这种蛋白。

E. 南极海域海水升温使得更多鱼类进入，有利于南极鱼类的多样性。

42. 华为公司用人十分严格，所有人任职两年以上，才有继续升职的机会。大明、小磊、小妍三个朋友互相关心升职的情况。

大明：明年小妍不可能不升职，今年小磊不必然不升职。

小磊：今年我可能会升职，大明不必然不升职。

小妍：我同意你们的观点。

以下哪项与上述三位朋友的断定最为接近？

A. 大明今年可能升职，小磊今年可能升职，小妍今年必然不升职。

B. 大明今年不可能升职，小磊今年可能升职，小妍今年必然不升职。

C. 大明今年可能升职，小磊今年不可能升职，小妍今年必然不升职。

D. 大明今年可能升职，小磊今年不可能升职，小妍明年必然不升职。

E. 大明今年不可能升职，小磊今年可能升职，小妍今年必然升职。

43. 佩兰现任中国男子足球队教练，曾在2007—2008赛季率领法国里昂队赢得法甲冠军和法国杯冠军，但随即出人意料地离开了这支球队。当时他的信条是：要么绝对信任，要么不干，没有中间路线。

以下哪项陈述最为准确地表达了佩兰这一信条的意思？

A. 只要得到绝对信任就干，否则就不干。

B. 只要得到绝对信任就干，如果不干，就是没有得到绝对信任。

C. 除非得到绝对信任，否则干。

D. 如果得到绝对信任就干。

E. 要干就必须得到绝对信任，否则就不干。

44. “入幼儿园难，难于考公务员；入幼儿园贵，贵于大学收费。”这一说法虽稍嫌夸张，却也有某些事实根据。中国的一些城市目前确实存在公办幼儿园稀缺化、民办幼儿园两极化、收费贵族化、优质资源特权化等现象。

要从以上陈述推出“入幼儿园难，难于考研”的结论，需要增加以下哪项陈述作为前提？

A. 考研比考公务员更难。

B. 考研比考公务员容易。

C. 考研比考大学容易。

D. 考公务员和考研的难度无法比较。

E. 考研比考 MBA 容易。

45. 该不该让小孩玩电脑游戏？这是很多家长的困扰，因为有太多的声音指责游戏正摧毁着下一代。不过一项新的研究显示，玩游戏有益于提高小孩的阅读能力，甚至可帮助他们克服阅读障碍。

以下哪项如果为真，则最不能支持上述结论？

A. 研究发现，如果让孩子们玩体感游戏，即依靠肢体动作变化来操作的游戏，累计超过 12 小时，孩子的阅读速度和认字准确率会显著提高。

B. 长期玩游戏的儿童阅读游戏规则更容易，还会对游戏中出现的画面变得敏感，但对周围的事物表现出冷漠。

C. 相比玩单机版游戏的儿童，玩网络互动游戏的儿童会更加注重相互交流，因此他们的阅读能力提高得更快。

D. 儿童阅读障碍主要与神经发育迟缓或出现障碍有关，游戏只能暂时提高阅读速度，却无法克服阅读障碍。

E. 长期玩电脑游戏影响儿童视力发育，但有助于培养儿童阅读的兴趣。

46. 如果用户手机里安装了企业的手机客户端，那么就可以大大提高用户浏览手机时看到企业标识和名称的机会，进而达到宣传企业形象和品牌的目的，提高企业的知名度。

上述结论的假设前提是以下哪项？

A. 手机用户数量增长势头强劲。

B. 手机客户端是一项成熟的技术。

C. 手机用户有浏览手机的习惯。

D. 手机管制的时效强、成本低。

E. 手机价格低廉。

47. 研究发现，试管婴儿的出生缺陷率约为 9％，自然受孕婴儿的出生缺陷率约为 6.6％。这两种婴儿的眼部缺陷比例分别为 0.3％和 0.2％，心脏异常比例分别为 5％和 3％，生殖系统缺陷的比例分别为 1.5％和 1％。因而可以说明，试管婴儿技术导致试管婴儿比自然受孕婴儿的出生缺陷率高。

以下哪项如果为真，则最能质疑该结论?

A. 试管婴儿要经过体外受精和胚胎移植过程，人为操作都会加大受精卵受损的风险。

B. 选择试管婴儿技术的父母大都生殖系统功能异常，这些异常会令此技术的失败率增加。

C. 试管婴儿在体外受精阶段可以产生很多受精卵，只有最优质的才被拣选到母体进行孕育。

D. 试管婴儿的父母比自然受孕婴儿的父母年龄大很多，父母年龄越大，新生儿出生缺陷率越高。

E. 现在的试管婴儿技术已逐步成熟，婴儿出生缺陷率大大降低。

48. "荣誉谋杀"大多出现在信奉一些宗教的国家，是指那些确实背弃或者被怀疑背弃这些宗教贞节观的男女遭到家人或族人无情杀戮的现象。在这些地区，按照当地的习俗，如果男女确实背弃或被怀疑背弃宗教贞节观，就会遭受"荣誉谋杀"，除非该地区能严惩"荣誉谋杀"的凶手。

根据以上陈述，可以推断以下哪一项为真?

A. 如果该地区严惩"荣誉谋杀"的凶手，即使男女确实背弃或被怀疑背弃宗教贞节观，也不会遭受"荣誉谋杀"。

B. 或者不会遭受"荣誉谋杀"，或者该地区严惩"荣誉谋杀"的凶手，或者男女没有确实背弃或被怀疑背弃宗教贞节观。

C. 如果遭受"荣誉谋杀"，那么男女肯定确实背弃或被怀疑背弃宗教贞节观，该地区又没有严惩"荣誉谋杀"的凶手。

D. 除非遭受"荣誉谋杀"，否则或者男女没有确实背弃或被怀疑背弃宗教贞节观，或者该地区严惩"荣誉谋杀"的凶手。

E. 只有男女确实背弃或被怀疑背弃宗教贞节观并且该地区不严惩"荣誉谋杀"的凶手，才会遭受"荣誉谋杀"。

49. 最近实施的一项历史上最严格的禁止吸烟的法律，虽然尚未禁止人们在其家中吸烟，却禁止人们在一切公共场所和工作地点吸烟。如果这项法律得到严格执行，就会彻底保护上班人员免受二手烟的伤害。

以下哪项陈述如果为真，则能最强有力地削弱上述论证?

A. 上下班的人员吸入汽车尾气的危害要比吸二手烟的危害大得多。

B. 诸如家教、护工、小时工等人员都在雇主的家里上班。

C. 任何一项立法及其实施都不能完全实现立法者的意图。

D. 这项控制吸烟的法律过高地估计了吸二手烟的危害。

E. 有些人仍然不自觉地在办公场所的厕所中偷偷吸烟。

50. 有人从一手纸牌中选定一张牌，他把这张牌的花色告诉了 X 先生，而把点数告诉了 Y 先生。两位先生都知道这手纸牌是：黑桃 J、8、4、2，红心 A、Q、4，方块 A、5，草花 K、Q、5、4。X 先生和 Y 先生都很精通逻辑，很善于推理。他们之间有如下对话：

Y 先生："我不知道这张牌。"

X 先生："我知道你不知道这张牌。"

Y先生："现在我知道这张牌了。"

X先生："现在我也知道了。"

根据以上对话，你能推测出这是下面哪一张牌？

A. 方块A。　　B. 红心Q。　　C. 黑桃4。

D. 方块5。　　E. 草花5。

51. 在第三届XCTF联赛中，欧强的成绩超过了小米，而Gun神的成绩好于艾情却不如Solo。由此可以推出：

A. Solo的成绩比欧强好。

B. 小米的成绩超过艾情。

C. 欧强的成绩好于Gun神。

D. 在五个人中艾情最多名列第三。

E. 在五个人中Solo的成绩最好。

52～53题基于以下题干：

有6位经济分析师张、王、李、赵、孙、刘，坐在环绕圆桌连续等距排放的6张椅子上分析一种经济现象。每张椅子只坐1人，6张椅子的顺序编号依次为1、2、3、4、5、6。其中：

(1)刘和赵相邻。

(2)王和赵相邻或者王和李相邻。

(3)张和李不相邻。

(4)如果孙和刘相邻，则孙和李不相邻。

52. 如果王和刘相邻，那么以下哪两位也一定是相邻的？

A. 张和孙。　　B. 王和赵。　　C. 王和孙。

D. 李和刘。　　E. 孙和赵。

53. 如果赵和李相邻，那么张可能和哪两位相邻？

A. 王和李。　　B. 王和刘。　　C. 赵和刘。

D. 孙和刘。　　E. 李和赵。

54. 由于外科医生的数量比手术数量增加得快，同时，由于不开刀的药物治疗在越来越多地代替外科手术，近年来每个外科医生的年平均手术量下降了1/4。因此，如果这种趋势持续下去，外科医生的水平就会发生大幅度下降。

以下哪项是上述论证所必须假设的？

A. 一个外科医生的医术水平不可能适当地保持下去，除非他以一定的最小频率做手术。

B. 外科医生现在将他们的大部分时间用在完成不用开刀的药物治疗工作上。

C. 所有的医生，尤其是外科医生，在医学院所接受的训练比前些年差多了。

D. 每一个外科医生本人的医术水平近年来都有所下降。

E. 某些经验丰富的外科医生目前所做的手术比他们通常所做的量大得多。

55. 研究小组利用超级计算机模拟宇宙，并结合多种其他计算，证明了在我们这个加速膨胀的宇宙中，描述大尺度时空结构的因果关系网络曲线图，是一个具有显著聚类特征的幂函数曲线，和许多复杂网络如互联网、社交网、生物网络等惊人地相似。

如果以上信息为真，则最能推出以下哪项？

A. 人脑研究有助于了解宇宙的结构。

B. 宇宙就是一个大脑或一台计算机。

C. 宇宙万物的演化遵循同样的规律。

D. 复杂系统的演化存在某种相似法则。

E. 宇宙是一个复杂的系统，无法由人脑模拟。

四、写作：第56～57小题，共65分。其中论证有效性分析30分，论说文35分。请答在答题纸相应的位置上。

56. 论证有效性分析：分析下述论证中存在的缺陷和漏洞，选择若干要点，写一篇600字左右的文章，对该论证的有效性进行分析和评论。（论证有效性分析的一般要点是：概念特别是核心概念的界定和使用是否准确并前后一致，有无各种明显的逻辑错误，论证的论据是否成立并支持结论，结论成立的条件是否充分等。）

2019年6月6日工信部正式向四大运营商颁发5G商用牌照，比市场预期提前了整整半年。这是见证历史的一刻，就在这一刻，万物互联的信息社会正式来临！从这一刻起，中国将引领全球发展！

美国之所以不惜借举国之力打击和封杀华为，目的就是阻挠中国在5G领域的领先。特朗普万万没想到的是，高压反而激发了中华民族的无穷斗志，中国人越挫越勇，百折不挠！5G领域，不仅见证着中国在通信领域的突飞猛进，更意味着中国将有望颠覆以美国为主导的世界格局！

众所周知，科技是第一生产力，而5G对生产力的解放，远超人类的想象。5G技术最直接的体现是支持增强移动宽带和低时延高可靠物联网，网络速度和质量大幅提高，而网络质量会推动数字经济的发展水平，数字经济的发展水平高会大幅度提高生产效率进而解放生产力，促使中国成为发达国家。

5G技术对华为更是一大利好消息。5G通信基站的建设，预估市场规模将达到8 000亿元人民币，将使华为增加8 000亿元的收入，比华为2018年一年的收入还要高，这会进一步巩固华为作为全球电信设备老大的行业地位，并使得中国在通信领域遥遥领先。

因为5G技术的发展，远程手术、虚拟现实、高清网络直播、自动驾驶这些只有在科幻片中才出现的技术，很快会成为现实，我们每一天都将感受到5G带来的便利和迅速。5G岂止是改变生活，更是颠覆生活！

57. 论说文：根据下述材料，写一篇700字左右的论说文，题目自拟。

美国马瑟公司总裁奥格尔维先生，在一次董事会时，在每位与会者的桌上都放了一个俄罗斯套娃。“大家都打开看看吧，那就是你们自己！”奥格尔维说。董事们很吃惊，疑惑地打开了眼前的玩具，展现在眼前的是一个更小的同类型玩具，再打开这个玩具，里面还有一个更小的同类型玩具……当他们打开最后一层时，发现玩具娃娃身上有一张纸条，上面写着：……

答案速查

一、问题求解

1～5　AEBCB　　6～10　EBDED　　11～15　ADDCA

二、条件充分性判断

16～20　ADABB　　21～25　EABCD

三、逻辑推理

26～30　CCDAC　　31～35　DBCAC　　36～40　BECDA

41～45　AAEBD　　46～50　CDDBD　　51～55　DADAD

四、写作

略

答案详解

一、问题求解

1. A

【解析】母题60·行程问题

设总路程为 s，甲、乙的速度分别为 $v_甲$，$v_乙$，从出发到相遇，两人一共走了 s，故有 $(v_甲+v_乙)\times 1=s$.

从出发到两人均到达目的地，甲比乙多走了35分钟，故有 $\frac{s}{v_甲}-\frac{s}{v_乙}=\frac{35}{60}$，联立这两个方程，解得 $\frac{v_甲}{v_乙}=\frac{3}{4}$. 故甲、乙的速度比为 $\frac{3}{4}$.

2. E

【解析】母题62·利润问题

设合格品为 x 件，则残次品为 $500-x$ 件.

使用赋值法：设衣服进价为10元，则合格品的售价为15元，残次品的售价为9元.

由题意知

$$\frac{15x+9(500-x)-10\times 500}{10\times 500}=39.2\%,$$

解得 $x=410$.

3. B

【解析】母题33·简单方程和不等式

将$\begin{cases}x=1,\\y=2\end{cases}$代入方程组$\begin{cases}mx+2ny=4,\\2mx-ny=3\end{cases}$中，解得$\begin{cases}m=2,\\n=\dfrac{1}{2}.\end{cases}$

故 $\log_m n+\log_n m=\log_2\dfrac{1}{2}+\log_{\frac{1}{2}}2=-1-1=-2$.

4. C

【解析】母题 66 • 最值应用题

设底面的边长分别为 x 米，y 米，总造价为 P 元．

则体积 $V=xy\cdot 1=4$，总造价 $P=4\times 180+(2x+2y)\cdot 90$. 因为

$$P=720+180(x+y)\geqslant 720+180\times 2\sqrt{xy}=720+180\times 4=1\ 440,$$

所以，该水池最低的装修成本为 1 440 元．

5. B

【解析】母题 70 • 阴影部分的面积问题

左上角的空白面积＝正方形 $AEOG$ 面积－扇形 EOG 面积$=4\times 4-\dfrac{1}{4}\pi\times 4^2=16-4\pi$;

中间空白面积＝扇形 ABD 面积＋扇形 BCD 面积－正方形 $ABCD$ 面积$=2\times\dfrac{1}{4}\pi\times 8^2-8^2=32\pi-64$;

$$\begin{aligned}\text{阴影部分的面积}&=\text{正方形 }ABCD\text{ 面积}-2\times\text{左上角的空白面积}-\text{中间空白面积}\\&=8^2-2\times(16-4\pi)-(32\pi-64)=96-24\pi.\end{aligned}$$

6. E

【解析】母题 37 • 韦达定理问题

方法一：方程 $x^2-x-6=0$ 可化简为$(x-3)(x+2)=0$，解得 $x_1=3$，$x_2=-2$，则

$$\frac{1}{x_1}+\frac{1}{x_2}=\frac{1}{3}-\frac{1}{2}=-\frac{1}{6}.$$

方法二：根据韦达定理，$x_1+x_2=1$，$x_1x_2=-6$，则

$$\frac{1}{x_1}+\frac{1}{x_2}=\frac{x_1+x_2}{x_1x_2}=\frac{1}{-6}=-\frac{1}{6}.$$

7. B

【解析】母题 15 • 绝对值最值问题

当 $x=a$ 时，$y=|x-a|-|x+4|$ 的最小值为$-|a+4|$，故$-|a+4|=-2$，解得 $a=-2$ 或 $a=-6$.

【快速得分法】此题可用选项代入法验证．

8. D

【解析】母题 39 • 根的分布问题

原方程 $x^2-2tx+t^2-1=0$ 可化为$[x-(t-1)][x-(t+1)]=0$，解得 $x_1=t-1$，$x_2=t+1$.

故有$\begin{cases}t-1>-2,\\t+1<4,\end{cases}$解得$-1<t<3$.

9. E

【解析】母题 71 · 立体几何基本问题

根据正方体体积为 512 立方厘米，可得棱长为 8 厘米.

由棱长为 8 厘米的正方体分割为棱长为 2 厘米的正方体，需要切割 9 次.

又每次切割增加的表面积为 $8\times8\times2=128$(平方厘米).

故切割 9 次增加的表面积为 $128\times9=1\ 152$(平方厘米)，即共增加 1 152 平方厘米.

10. D

【解析】母题 101 · 袋中取球问题

根据题干，可得至少摸到 2 个红球的概率为$\frac{C_3^3+C_3^2C_4^1}{C_7^3}=\frac{13}{35}$.

11. A

【解析】母题 56 · 递推公式问题

由 $na_{n-1}=(n+1)a_n$，化简得$\frac{a_n}{a_{n-1}}=\frac{n}{n+1}$，所以

$$\frac{a_2}{a_1}\cdot\frac{a_3}{a_2}\cdot\cdots\cdot\frac{a_{2\ 014}}{a_{2\ 013}}\cdot\frac{a_{2\ 015}}{a_{2\ 014}}=\frac{2}{3}\times\frac{3}{4}\times\cdots\times\frac{2\ 014}{2\ 015}\times\frac{2\ 015}{2\ 016}=\frac{2}{2\ 016}=\frac{1}{1\ 008},$$

即$\frac{a_{2\ 015}}{a_1}=\frac{1}{1\ 008}$，又 $a_1=1\ 008$，故 $a_{2\ 015}=1$.

12. D

【解析】母题 7 · 无理数的整数与小数部分

因为 $x=\frac{1}{\sqrt{2}-1}=\sqrt{2}+1$，$4-x=3-\sqrt{2}$，故

$$m=x-2=\sqrt{2}-1,\ n=3-\sqrt{2}-1=2-\sqrt{2},$$

所以，$m+n=1$. 故

$$m^3+n^3+3mn=(m+n)(m^2-nm+n^2)+3mn=m^2-nm+n^2+3mn=(m+n)^2=1.$$

13. D

【解析】母题 23 · 双十字相乘法

如图 2-2 所示，使用双十字相乘法

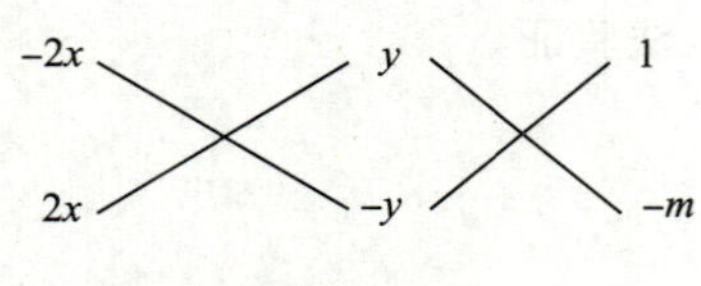

图 2-2

有$(-2x)(-m)+2x\cdot 1=0$，解得$m=-1$.

14. C

【解析】母题21·均值不等式+母题38·一元二次函数求最值

由$x>0$，$y>0$，$x+4y=1$，可得$1=x+4y\geqslant 4\sqrt{xy}$，因此$\sqrt{xy}\leqslant\frac{1}{4}$. 故

$$K=2\sqrt{xy}-x^2-16y^2=2\sqrt{xy}-(x+4y)^2+8xy=2\sqrt{xy}+8xy-1,$$

令$t=\sqrt{xy}$，可得$K=8t^2+2t-1$，又$0<t\leqslant\frac{1}{4}$，所以K的取值范围为$(-1,0]$，即K的最大值为0.

15. A

【解析】母题97·古典概型

在数字可以多次出现的情况下，6位的密码共有10^6种可能，6位的密码互不相同的情况共有A_{10}^6种可能. 则构成王先生银行卡密码的6个数字互不相同的概率为$P=\frac{A_{10}^6}{10^6}$.

二、条件充分性判断

16. A

【解析】母题69·三角形及其他基本图形问题

条件(1)：$S_{\triangle ABC}=\frac{1}{2}\times 8\times\frac{\sqrt{2}}{2}\times 8\times\frac{\sqrt{2}}{2}=16$，充分.

条件(2)：$S_{\triangle ABC}=\frac{1}{2}\times 10\times 4=20$，不充分.

17. D

【解析】母题16·求解绝对值方程和不等式

条件(1)：代入上式，得$||x-3|-1|=1$，则$|x-3|-1=\pm 1$，即$|x-3|=0$或$|x-3|=2$，解得x的值为3，1或5. 条件(1)充分.

条件(2)：$a^2=1$，即$|a|=1$，$||x-3|-1|=1$，同上，有三个整数解，条件(2)也充分.

18. A

【解析】母题78·图像的判断

条件(1)：$|xy|+1=|x|+|y|$，因此，$|xy|-|x|-|y|+1=0$，即$(|x|-1)\cdot(|y|-1)=0$，解得$x=\pm 1$或$y=\pm 1$. 故四条直线围成的图形是正方形，条件(1)充分.

条件(2)：形如$|Ax-a|+|Bx-b|=C$的方程，当$A=B$时，函数的图像围成的是正方形；

当$A\neq B$时，函数的图像围成的是菱形.

所以$|x-2|+|2y-1|=4$围成的图像是菱形，条件(2)不充分.

19. B

【解析】母题 97 · 古典概型

条件(1)：根据题意，至少有 1 名女生当选的概率为 $1-\frac{C_8^2}{C_{10}^2}=\frac{17}{45}$，不充分.

条件(2)：根据题意，至少有 1 名女生当选的概率为 $1-\frac{C_8^2}{C_{11}^2}=\frac{27}{55}$，充分.

20. B

【解析】母题 85 · 排队问题

条件(1)：甲、乙两人捆绑后，共有 C_4^1 个位置可以选择，内部有 A_2^2 种排法.

甲、乙排好之后，丙只有一种选择. 所以，共有 $C_4^1A_2^2A_3^3=48$(种)排法. 不充分.

条件(2)：共有 $C_2^1A_2^2C_3^1A_3^3=72$(种)排法. 充分.

21. E

【解析】母题 43 · 穿线法解分式、高次不等式

条件(1)：不等式等价于$(x+7)(x-5)\geqslant 0$ 且 $x\neq 5$，解得$(-\infty,\ -7]\cup(5,\ +\infty)$，条件(1)不充分.

条件(2)：$(x+7)(x-5)<0$ 的解集为 $x\in(-7,\ 5)$，条件(2)不充分.

两个条件联立起来显然也不充分.

22. A

【解析】母题 81 · 对称问题

直线 $y=\frac{1}{2}x$ 与直线 $x=1$ 的交点为$\left(1,\ \frac{1}{2}\right)$，另直线 $y=\frac{1}{2}x$ 过点$(2,\ 1)$，点$(2,\ 1)$关于直线 $x=1$的对称点为$(0,\ 1)$.

故直线 l 经过点$\left(1,\ \frac{1}{2}\right)$和点$(0,\ 1)$，求得直线 l 的方程为 $x+2y-2=0$.

所以，条件(1)充分，条件(2)不充分.

23. B

【解析】母题 20 · 平均值与方差

条件(1)：举反例，$a=1$，$b=6$，满足$\sqrt{\frac{1}{a}\cdot\frac{1}{b}}=\sqrt{\frac{1}{6}}=\frac{1}{\sqrt{6}}$，但$\frac{a+b}{2}=\frac{7}{2}\neq\frac{5}{2}$，不充分.

条件(2)：由条件得 $a^2+b^2=13$，由于 a，b 为自然数，所以 $a=2$，$b=3$ 或 $a=3$，$b=2$，均有 $\frac{a+b}{2}=\frac{2+3}{2}=\frac{3+2}{2}=\frac{5}{2}$，充分.

24. C

【解析】母题 39 · 根的分布问题

设 $f(x)=x^2-3mx+m^2+1$，由 $f(2)<0\Rightarrow m^2-6m+5<0$，解得 $1<m<5$，所以，两个条件单独均不充分.

联立可得 $1<m<4$，充分.

25. D

【解析】母题 20 · 平均值与方差

已知 $D(x+b)=D(x)$.

条件(1)：A，B 两组数据的方差均等价于样本 1，3，4，5，8 的方差，充分.

条件(2)：A，B 两组数据的方差均等价于样本 1，2，4，5，19 的方差，充分.

三、逻辑推理

26. C

【解析】母题 13 · 论证型削弱题

题干：①人力资源管理部门没有全程参与公司发展战略的决策；②公司聘请的高级经理均由 CEO 决定 $\xrightarrow[\text{证明}]{}$ 人力资源管理部门更多的时候起到的是支持和辅助的作用。

A 项，无关选项，人力资源管理部门员工的经验与其在公司中所起的作用无关。

B 项，说明人力资源管理部门在留住人才方面起到了“辅助”作用，支持题干。

C 项，举反例，说明有的公司的人力资源管理部门有权参与公司的决策，削弱题干论据①。

D 项，人力资源管理部门有权雇佣中层管理者，与题干的论据①、②并不冲突，不能削弱题干。

E 项，说明人力资源管理部门对公司的重要程度不高，支持题干。

27. C

【解析】母题 20 · 论证型支持题

题干：在不同的语言中，数字的发音和写法都不一样 $\xrightarrow[\text{证明}]{}$ 代表不同文化背景的语言，会对人们的大脑处理数学信息的方式产生影响。

A 项，此项涉及的是“不同地区”的人，而题干涉及的是“不同的语言和文化背景”的人，故此项无法支持题干。

B 项，此项涉及的是“不同方言区”的人，而题干涉及的是“不同的语言和文化背景”的人，故此项无法支持题干。

C 项，说明不同语言的人在心算时依赖的大脑区域不同，支持题干。

D 项，此项涉及的是“不同专业背景”的人，而题干涉及的是“不同的语言和文化背景”的人，故此项无法支持题干。

E 项，无关选项，是否“喜欢”与“处理方式”无关。

28. D

【解析】母题 1 · 充分必要条件

将题干信息整理如下：

①生物抗性→生物的解毒能力。

②解毒能力强的生物→具有抗性。

③解毒能力不是抗性的全部。

④抗性强的生物不一定解毒能力就强。

A项，由题干信息②逆否得：¬ 具有抗性→¬ 解毒能力强的生物，"¬ 解毒能力强的生物"后面没有箭头指向，故此项不能被推出。

B项，由题干信息④可知，此项错误，不能被推出。

C项，题干没有指出生物在污染环境下是否能生存，故此项不能被推出。

D项，由题干信息②逆否得：¬ 具有抗性→¬ 解毒能力强的生物，故此项正确。

E项，由题干信息②可知，此项错误，不能被推出。

29. A

【解析】母题28·解释题

传统记忆理论：记忆就像录像带回放。

场景构建理论：记忆只记录碎片，需要时大脑将记忆碎片拼合形成符合主体当前信念状态的记忆，即记忆可以随主体的状态而改变。

注意：此题是用题干来解释选项，而非用选项去解释题干。

A项，题干的论证不涉及记忆丧失，无关选项。

B、C、D、E项，记忆均随主体的状态发生了变化，可用场景构建理论解释。

30. C

【解析】母题1·充分必要条件

将题干条件符号化：

(1)E→¬ F∧K。

(2)¬ J←G∨H。

(3)¬ G→¬ K。

(4)E。

由条件(4)、(1)可知，不用论文F，但要用论文K。

再由条件(3)可知，K→G，故用论文G。

又由条件(2)可知，不用论文J。

故C项正确。

31. D

【解析】母题24·论证型假设题

题干：积极的财政政策用发行国债的办法来弥补财政赤字 $\xrightarrow{\text{导致}}$ 随着时间的推移，旧债越来越多，新债中用来还旧债的也越来越多，用来投资的就越来越少，经济效益就越来越差。

A项，无关选项。

B项，"只能"过于绝对化，并且题干不涉及资金的用途。

C、E项，可以作为题干的结论，但并不是题干的假设。

D项，运用"取非法"，如果国债到期之前的投资回报足以用来偿还债务，那么新债中用来还旧债的部分不会越来越多，用来投资的就不会越来越少，经济效益就不会越来越差，所以必须假设。

32. B

【解析】母题 13 · 论证型削弱题(果因型)

题干：大多数汽车的交通事故发生在中速行驶中，很少的事故发生在 150 公里/小时以上的行驶速度$\xrightarrow[\text{证明}]{}$高速行驶比较安全。

A 项，不能削弱。

B 项，可以削弱，另有他因，说明是因为人们通常用中速驾驶汽车，所以很少的事故发生在高速行驶中。

C 项，支持题干。

D、E 项，无关选项。

33. C

【解析】母题 15 · 求因果五法型削弱题

题干：常年打太极拳和从不打太极拳的人平均寿命相同$\xrightarrow[\text{证明}]{}$打太极拳不能强身健体、延长寿命。

A 项，无关选项，题干的论证和运动员无关。

B 项，可以削弱题干，但力度不大。

C 项，体弱多病者一般寿命低于平均寿命，但坚持常年打太极拳后其平均寿命和普通人相同，说明打太极拳确实可以延长寿命，削弱题干。

D 项，无关选项。

E 项，诉诸众人。

34. A

【解析】母题 40 · 复杂匹配题

采用重复元素分析法：

根据条件Ⅱ和Ⅳ可知，作家既不是中文系毕业生，也不是经济学系毕业生，故作家是哲学系毕业生。

根据条件Ⅵ可知，甲是经济学系毕业生。

根据“甲是经济学系毕业生”和条件Ⅴ可知，乙是中文系毕业生，丙是哲学系毕业生。

由“作家是哲学系毕业生”和“丙是哲学系毕业生”可知，丙是作家，是哲学系毕业生。

由条件Ⅲ可知，甲是省长，故乙是教授。

综上所述，甲是省长，是经济学系毕业生；乙是教授，是中文系毕业生；丙是作家，是哲学系毕业生。故 A 项正确。

35. C

【解析】母题 39 · 数字推理题

假设男士的人数为 x 位，女士的人数为 y 位，孩童的人数为 z 位，由题干可知

$$\begin{cases} x+y+z=8, \\ 2x+y+\frac{1}{3}z=8, \end{cases}$$

解得 $x=2$，$y=3$，$z=3$。

故有 3 位女士，即 C 项正确。

36. B

【解析】母题 3 · 箭头的串联

由题干已知下列信息：

①所有的短跑运动员都是北京人，符号化可得：短跑运动员→北京人。

②所有的女运动员都是上海人，符号化可得：女运动员→上海人。

③所有会讲吴方言的人都是女运动员，符号化可得：会讲吴方言→女运动员。

将题干信息①、②、③串联得：④短跑运动员→北京人→┐上海人→┐女运动员→┐会讲吴方言。

Ⅰ项，由题干信息④可知，短跑运动员→北京人→┐女运动员→┐会讲吴方言，故此项可能为真。

Ⅱ项，由题干信息④可知，短跑运动员→┐会讲吴方言，即短跑运动员不可能会讲吴方言，故此项不可能为真。

Ⅲ项，将题干信息③、②串联得：会讲吴方言→女运动员→上海人，故此项可能为真。

故此题正确答案为 B 项。

37. E

【解析】母题 24 · 论证型假设题(隐含三段论)

题干的前提：民族兴旺、国家发展→国民素质提高。

题干的结论：实现我国宏伟发展目标→增加教育投入。

Ⅰ项必须假设，建立前提中“国民素质提高”与结论中“增加教育投入”之间的联系。

Ⅱ项，题干的结论要成立，需要补充条件“国民素质提高→增加教育投入”，故必须假设“增加教育投入是发展教育事业的重要条件”。

Ⅲ项必须假设，如果我国目前的教育投入能适应发展教育的需要，那么就不需要“增加”教育投入。

故 E 项正确。

38. C

【解析】母题 13 · 论证型削弱题

题干：在旅行前服用晕船药的旅客比没有服用晕船药的旅客有更多的人表现出了晕船的症状 $\xrightarrow[\text{证明}]{}$ 不服用晕船药会更好。

A 项，无关选项，没有说明服用晕船药的影响。

B项，支持题干，说明样本具有代表性。

C项，提出反面论据，说明对于服用晕船药的乘客来说，服药有效，削弱题干。

D项，如果此项为真，则说明服用晕船药的旅客中实际晕船者的数量比调查结果更多，更加说明服用晕船药不好，支持题干。

E项，“不少乘客在旅行前服用了晕船药后没有晕船”，并不能反驳“服用晕船药的旅客比没有服用晕船药的旅客有更多的人表现出了晕船的症状”。

39. D

【解析】母题40·综合推理题

已知李一定要入选，根据题干条件(2)可知，赵一定不会入选。

又知小组中既要有女性，也要有男性，故钱和孙至少入选一个。

根据题干条件(3)可知，要么钱入选，要么孙入选。

故D项正确。

40. A

【解析】母题40·综合推理题

如果赵入选，根据题干条件(2)可知，李不会入选。

如果吴入选，根据题干条件(4)可知，周不会入选。

因为入选者中已经既有男性又有女性，根据题干条件(3)可知，王和郑至少入选一个，即或者王入选，或者郑入选。

故A项正确。

41. A

【解析】母题21·因果关系型支持题

题干：海水升温 $\xrightarrow{导致}$ 在南极海域冰冷的海水中，血液和体液中具有一种防冻蛋白的独特的鱼类的生存面临巨大挑战。

A项，补充新论据，说明气温上升导致防冻蛋白变性，从而缩短鱼的寿命，可以支持题干。

B项，说明气温上升，防冻蛋白失效，但是不会影响鱼的生存，削弱题干。

C项，题干不涉及鱼类的多样性问题，无关选项。

D项，题干并不涉及其他鱼类体内是否具有这种防冻蛋白，无关选项。

E项，题干不涉及鱼类的多样性问题，无关选项。

42. A

【解析】母题9·简单命题的负命题

将题干信息概括如下：

①明年小妍必然升职∧今年小磊可能升职。

②今年小磊可能升职∧今年大明可能升职。

由以上信息可知，今年大明可能升职，今年小磊可能升职，明年小妍必然升职。

故A项与三位朋友的断定最为接近。

43. E

【解析】母题 2 · 德摩根定律(不相容性选言命题)

题干：绝对信任∀不干，即在"绝对信任"和"不干"之间选且仅选一项。

故有：¬不干→绝对信任，等价于：干→绝对信任。

故有：要干就必须绝对信任，否则不干。E 项准确地表达了这一意思。

44. B

【解析】母题 37 · 排序题

题干中的前提：入幼儿园＞考公务员。

题干中的结论：入幼儿园＞考研。

B 项，考公务员＞考研，则有：入幼儿园＞考公务员＞考研，可使结论成立，故为正确选项。

其余选项均不正确。

45. D

【解析】母题 20 · 论证型支持题

题干论点：玩游戏有益于提高小孩的阅读能力，甚至可帮助他们克服阅读障碍。

A 项，提出新论据，说明玩体感游戏有助于提高儿童的阅读速度和认字准确率，可以支持题干。

B 项，说明玩游戏有益于儿童阅读游戏规则，可以支持题干。

C 项，说明玩网络互动游戏有益于儿童阅读能力的提高，可以支持题干。

D 项，说明玩游戏无法让儿童克服阅读障碍，削弱题干的论点。

E 项，提出新论据，说明玩电脑游戏有助于培养儿童阅读的兴趣，可以支持题干。

注意：B 项和 E 项虽然都说明玩游戏会引起一些其他问题，但仅就提高阅读能力这一点，是支持题干的。

46. C

【解析】母题 25 · 因果型假设题

题干：用户手机里安装了企业的手机客户端 $\xrightarrow[\text{导致}]{}$ 可以大大提高用户浏览手机时看到企业标识和名称的机会 $\xrightarrow[\text{导致}]{}$ 达到宣传企业形象和品牌的目的，提高企业的知名度。

A 项，只要有手机用户安装企业的手机客户端并起到宣传企业的目的即可，无须假设手机用户数量增长快。

B 项，无关选项，无须假设手机客户端的技术成熟度。

C 项，必须假设，如果手机用户没有浏览手机的习惯，那么即使安装了企业的手机客户端，也不会提高用户看到企业标识和名称的机会。

D、E 项，无关选项。

47. D

【解析】母题 15 · 求异法型削弱题

题干使用求异法，试图说明：试管婴儿技术导致试管婴儿比自然受孕婴儿的出生缺陷率高。

A 项，说明试管婴儿技术会加大受精卵受损的风险，支持题干。

B 项，技术失败率与婴儿的出生缺陷率无关。

C 项，此项中的"最优质"指的是在试管婴儿技术产生的受精卵中选取最优质的，但与自然受孕相比，它是否更加优质则无法判断，故不能质疑题干。

D 项，另有他因，说明是因为试管婴儿的父母年龄大导致婴儿的出生缺陷率高。

E 项，比较了试管婴儿技术的发展前后对婴儿出生缺陷率的影响，无关选项。

48. D

【解析】母题 2 · 箭头与或者的互换

题干：男女确实背弃或被怀疑背弃宗教贞节观 ∧ ¬ 严惩"荣誉谋杀"的凶手→遭受"荣誉谋杀"。

题干逆否可得：¬ 遭受"荣誉谋杀"→¬ 男女确实背弃或被怀疑背弃宗教贞节观 ∨ 严惩"荣誉谋杀"的凶手。

故 D 项为真。

49. B

【解析】母题 13 · 论证型削弱题

题干：禁止在一切公共场所和工作地点吸烟(尚未禁止人们在其家中吸烟)，能彻底保护上班人员免受二手烟的伤害。

A 项，无关选项，题干涉及的对象是二手烟，与汽车尾气无关。

B 项，削弱题干，说明有些上班人员在雇主家中上班，若不禁止人们在家中吸烟，则无法避免这些上班人员受二手烟的伤害。

C 项，题干不涉及立法者的意图，无关选项。

D 项，无关选项。

E 项，说明这项法律没有得到严格执行，不能削弱题干。

50. D

【解析】母题 40 · 综合推理题

Y 先生知道牌的点数，如果点数是 2、8、J、K 中的一张，那么 Y 先生应该知道这是什么牌，但他却不知道，故点数只能是 A、Q、4、5.

X 先生断定 Y 先生不知道这张牌，说明 X 先生所知道的花色中，每个点数都有重复牌，故花色为红心或方块。

如果点数为 A，则 Y 先生还是不知道这张牌，但 Y 先生此时已经知道了这张牌，故排除点数 A。

排除点数 A 后，X 先生也知道了这张牌，故这张牌不可能是红心，因为红心还有 2 个点数。

故这张牌是方块 5。

51. D

【解析】母题 37 · 排序题

题干：

①欧强＞小米。

②Solo＞Gun 神＞艾情。

由题干可知，Solo、Gun 神、艾情的成绩与欧强、小米的成绩之间无法比较，故 A、B、C、E 项均无法推出。

由于艾情的成绩至少比 Solo 和 Gun 神的成绩低，故艾情在五个人中最多名列第三，即 D 项正确。

52. A

【解析】母题 40 · 综合推理题(方位题)

因为“王和刘相邻”，根据条件(1)可知，刘和王、赵相邻，即王和赵不相邻。

根据条件(2)可知，王和李相邻，即王和刘、李相邻。

根据条件“(3)张和李不相邻”可知，李和孙、王相邻。

因此，张和赵、孙相邻。

如图 2-3 所示。

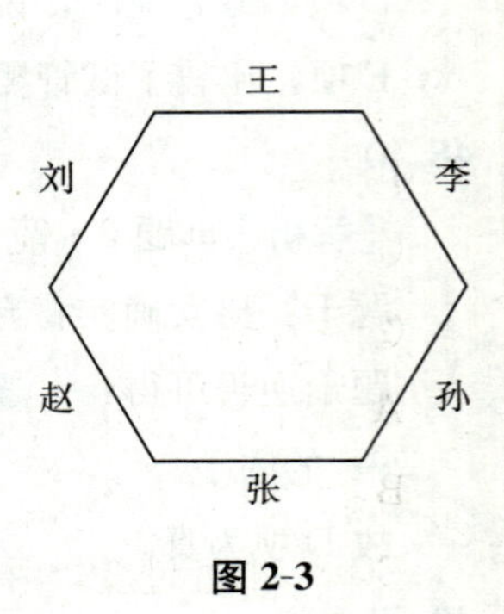

图 2-3

故 A 项正确。

53. D

【解析】母题 40 · 综合推理题(方位题)

因为“赵和李相邻”，根据条件(1)可知，赵和刘、李相邻。

根据条件(2)可知，王和李相邻。

剩余的张和孙的位置不定，因此，张可能与王、孙相邻，也可能与孙、刘相邻。

如图 2-4 所示。

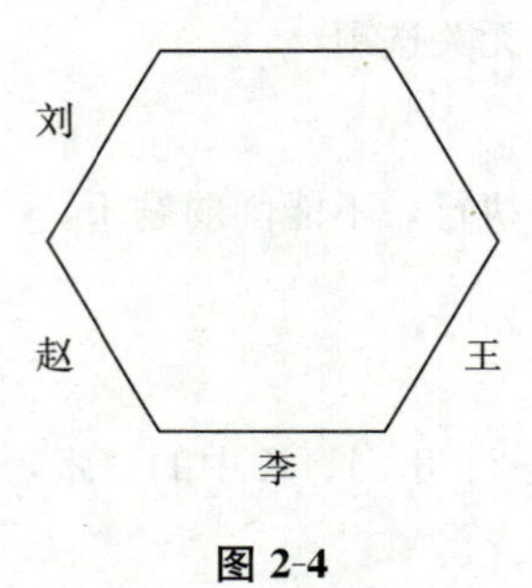

图 2-4

故 D 项正确。

54. A

【解析】母题 25 · 因果型假设题(猜结果)

题干：①外科医生的数量比手术数量增加得快；②不开刀的药物治疗在越来越多地代替外科手术 $\xrightarrow[\text{导致}]{}$ 近年来每个外科医生的年平均手术量下降了 1/4 $\xrightarrow[\text{导致}]{}$ 如果这种趋势持续下去，外科医生的水平就会发生大幅度下降。

A项，搭桥法，题干中的论证要想成立，必须建立“手术量”与“医生的水平”之间的关系。此项说明，如果外科医生不能以一定的最小频率做手术，医术水平就会下降，必须假设。

B项，无关选项，没有体现外科医生的手术水平。

C项，另有他因，说明外科医生水平下降的原因可能是受先前接受的训练的影响，削弱题干。

D项，不必假设，“每一个”外科医生的医术水平都有所下降，假设过度。

E项，不必假设，题干讨论的是“外科医生”的平均手术量，而不是“某些经验丰富的外科医生”的情况。

55. D

【解析】母题29·推论题

由题干已知下列信息：

①宇宙结构曲线图是一个具有显著聚类特征的幂函数曲线。

②该曲线和许多复杂网络如互联网、社交网、生物网络等惊人地相似。

A项，无关选项，题干未提及“人脑”。

B项，与题干不符。

C项，推理过度，由题干信息②可知，宇宙结构曲线图与互联网、社交网、生物网络等惊人地相似，但说宇宙万物的演化遵循同样的规律则推理过度。

D项，由题干信息②可以推出。

E项，无关选项，题干中“研究小组利用超级计算机模拟宇宙”，未提及是否可以用“人脑模拟”。

四、写作

56. 论证有效性分析

【谬误分析】

①在未知其他国家5G的发展情况下，仅凭借颁发5G商用牌照比市场预期提前了半年，就断定中国将引领全球发展，这过于乐观。

② 5G领域的发展，即使能够说明中国在通信领域的突飞猛进，也未必能够说明“中国将有望颠覆以美国为主导的世界格局”。因为综合国力是受多方面因素影响的，经济、教育、科技、文化、体育、军事等方面对它均有影响。

③ 5G技术对经济发展的推动作用到底有多大，是否能推动中国成为发达国家，需要更多的证据证明。

④“5G通信基站的建设，预估市场规模将达到8 000元亿人民币”，不能证明“华为将增加8 000亿元的收入”。这一论证成立的前提是，在5G通信基站的建设方面，华为没有竞争对手，市场将被华为垄断，事实上未必如此。

⑤“华为将增加8 000亿元的收入”，这是否能够使它保持行业老大的地位，还要看竞争对手的发展情况。中国在通信领域是否领先，也不能仅看华为的情况。

⑥5G技术并不是“远程手术、虚拟现实、高清网络直播、自动驾驶”等技术发展的充分条件，

比如远程手术的实现，除了依赖网络外，也依赖医学的发展。

5G将颠覆生活吗？

上述材料通过对5G技术的全方位阐述，试图说明“5G不仅改变生活，更将颠覆生活”，然而其论证存在诸多漏洞，现分析如下：

首先，在未知其他国家5G的发展情况下，仅凭借颁发5G商用牌照比市场预期提前了半年，就断定中国将引领全球发展，这未免有些乐观。况且，即便四大运营商比市场预期提前半年获得5G商用牌照，也不排除技术尚未成熟，被其他国家迎头追上的可能，又如何引领全球发展？

其次，5G领域的发展，即使能够说明中国在通信领域的突飞猛进，也未必能够说明“中国将有望颠覆以美国为主导的世界格局”。因为综合国力是受多方面因素影响的，经济、教育、科技、文化、体育、军事等方面对它均有影响。

再次，“5G通信基站的建设，预估市场规模将达到8 000元亿人民币”，不能证明“华为将增加8 000亿元的收入”。这一论证成立的前提是，在5G通信基站的建设方面，华为没有竞争对手，市场将被华为垄断，事实上未必如此。而且，即使华为增加了8 000亿元的收入，这是否能够使它保持行业老大的地位，还要看竞争对手的发展情况。中国在通信领域是否领先，也不能仅看华为的情况。

最后，5G技术并不是“远程手术、虚拟现实、高清网络直播、自动驾驶”等技术发展的充分条件，比如远程手术的实现，除了依赖网络外，也依赖医学的发展。

综上所述，5G是否使中国能引领全球发展，5G能否颠覆生活，还需进一步论证才能得出结论。

57. 论说文

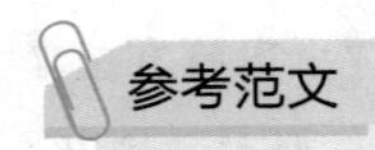

人才任用，切莫“套娃”

老吕写作特训营学员 小 越

人人皆知人才可贵，可真正能做到赏识人才、重用人才的管理者却并不多见。人才任用中，我们常见“套娃现象”。

什么是“套娃现象”？

第一，能力比我强的我不用，专用那些平平凡凡甚至庸庸碌碌的下属。他们害怕下属能力比自己强，害怕下属功高震主，从而威胁到自己的饭碗。结果人越招越差，组织就失去了竞争力。

第二，个性与我相异的我不用，专用与我气味相投甚至唯命是从的下属。那些有才华而且有个性、能创新的人才，被他们认为“不听话”，必除之而后快。结果真正的人才不断流失，留下的只是一群“马屁精”。

要解决“套娃现象”，无非做到两点：

首先，要敢于任用比自己优秀的人才。“尺有所短，寸有所长。”管理者也不可能是全才，面对自己所用的人才在很多方面比自己突出，某些领域的见识、能力和威望甚至超过了自己，特别是双方意见不一致而事实证明自己错了的时候，是妒忌打击还是点赞笑纳，考量的正是管理者的胸襟和远见。刘邦曾用三个“吾不如”表达对张良、萧何、韩信三位人才的赞赏，他容人所长、用人所长的风格与智慧，使得他集聚了各种不同类型的优秀人才，成就了统一大业。

其次，要敢于任用与自己不同的人才。每个人在成长过程中会逐渐形成自己独有的阅历、专长、性格、价值观念和思维方式等，特别是在前沿领域学习成长的各类人才，一般都比较有个性，特别是想法、看法甚至做法往往标新立异，但只要他的确有才华，我们就应该包容他、鼓励他、任用他。“二战”时期，艾森豪威尔经常顶撞麦克阿瑟，麦克阿瑟的妻子建议把他撤职，麦克阿瑟则说：“人才难用有作用，奴才好用没有用。”所以，把有个性的人才看成是难得的财富，倍加珍惜，才能让人才归心，为我所用。

孙中山先生曾说：“治国经邦，人才为急。”而用人之道，则在于纳贤用长，切莫“套娃”！

绝密★启用前

全国硕士研究生招生考试
管理类专业学位联考综合能力试题
密押卷 3

（科目代码：199）

考试时间：8：30—11：30

考生注意事项

1. 答题前，考生须在试题册指定位置上填写考生姓名和考生编号；在答题卡指定位置上填写报考单位、考生姓名和考生编号，并涂写考生编号信息点。
2. 选择题的答案必须涂写在答题卡相应题号的选项上，非选择题的答案必须书写在答题卡指定位置的边框区域内。超出答题区域书写的答案无效；在草稿纸、试题册上答题无效。
3. 填(书)写部分必须使用黑色字迹签字笔或者钢笔书写，字迹工整、笔迹清楚；涂写部分必须使用 2B 铅笔填涂。
4. 考试结束，将答题卡和试题册按规定交回。

考生编号															
考生姓名															

一、问题求解：第1～15小题，每小题3分，共45分。下列每题给出的A、B、C、D、E五个选项中，只有一项是符合试题要求的。请在答题卡上将所选项的字母涂黑。

1. 烧杯中盛有一定浓度的某种溶液，现向烧杯中加入一定数量的溶质，溶液浓度变为20%，再向烧杯中加入等量的溶质，溶液浓度变为25%，则第三次加入等量溶质后，溶液的浓度约为(　　).

A. 26.7%　　B. 27%　　C. 28.2%　　D. 29.4%　　E. 30%

2. 若一个球的内接正方体的棱长为a，则此球的表面积为(　　).

A. $\frac{1}{3}\pi a^2$　　B. $\frac{4}{3}\pi a^2$　　C. $2\pi a^2$　　D. $\frac{5}{3}\pi a^2$　　E. $3\pi a^2$

3. 小王家距离游乐场15 km，周末去游乐场玩时，由于堵车，在前三分之一的路程所花费的时间是剩余路程所花时间的两倍，若小王全程的速度为30 km/h，则在后三分之二的路程共花费(　　)h.

A. $\frac{1}{2}$　　B. $\frac{1}{3}$　　C. $\frac{1}{4}$　　D. $\frac{2}{5}$　　E. $\frac{1}{6}$

4. $\{a_n\}$为等差数列，已知$a_1+a_2+a_3=-24$，$a_{11}+a_{13}+a_{15}=42$，则$a_{19}=$(　　).

A. 22　　B. 24　　C. 25　　D. 26　　E. 28

5. 在直角三角形ABC中，斜边$c=5$，直角边a，b是方程$x^2-(2k+3)x+k^2+3k+2=0$的两个实数根，则三角形ABC的面积为(　　).

A. 5　　B. 6　　C. 7　　D. 8　　E. 9

6. 如图3-1所示，有8个半径为1厘米的小圆，用他们的圆周的一部分连成一个花瓣图形(阴影部分)，图中黑点是这些圆的圆心．则花瓣图形的面积为(　　)平方厘米．

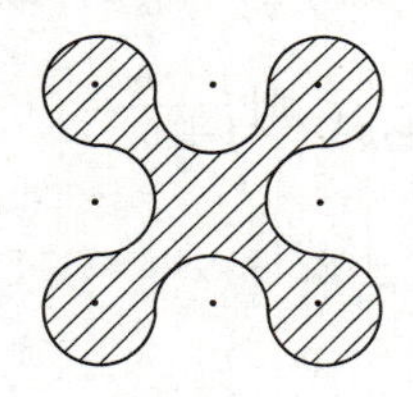

图3-1

A. $12+\pi$　　B. $12-\frac{1}{2}\pi$　　C. $12+\frac{1}{2}\pi$

D. $16-\pi$　　E. $16+\pi$

7. 已知$A=\{(x, y) \mid x^2+y^2=1\}$，$B=\{(x, y) \mid (x-5)^2+(y-5)^2=4\}$，则$A\cap B$等于(　　).

A. $\varnothing$　　B. $\{(0, 0)\}$　　C. $\{(0, 0), (5, 5)\}$

D. $\{(5, 5)\}$　　E. $\{(1, 1)\}$

8. 甲、乙两辆车分别从A、B两城出发前往对方所在城市，两车匀速前进，在离A城50千米处第一次相遇，相遇后两车继续保持原速度行进，到达目的地后立即返回，又在距离B城60千米处第二次相遇，则A，B两城相距(　　)千米．

A. 60　　B. 80　　C. 90

D. 120　　E. 150

9. 若 $x^2+y^2+z^2-4x-6y-8z=-29$，则 $\frac{x^2-z^2}{xy-yz}=$(　　).

A. $\frac{1}{2}$　　B. 1　　C. $\frac{3}{2}$　　D. 2　　E. 3

10. 如果多项式 x^3+mx^2+nx-6 有一次因式 $x+1$ 和 $x-2$，那么另外一个一次因式是(　　).

A. $x-3$　　B. $x+3$　　C. $x-\frac{3}{2}$　　D. $2x+3$　　E. $x+4$

11. 设关于 x 的方程 $ax^2+(a-8)x+a^2=0$ 有两个不相等的实数根 x_1，x_2，且 $x_1<1<x_2$，那么实数 a 的取值范围是(　　).

A. $(-\infty,\ -4]\cup(0,\ 2)$　　B. $(-2,\ 0)\cup(4,\ +\infty)$　　C. $(-\infty,\ -2)\cup(0,\ 4)$
D. $(-\infty,\ -4)\cup[0,\ 2)$　　E. $(-\infty,\ -4)\cup(0,\ 2)$

12. 5 名同学相约去游乐场一起挑战“遨游太空”项目，该设施共有前、后 2 排座位，每排 12 个，5 名同学任意坐，则 5 名同学不全在同一排的概率为(　　).

A. $\frac{7}{8}$　　B. $\frac{1}{16}$　　C. $\frac{15}{16}$　　D. $\frac{6}{161}$　　E. $\frac{155}{161}$

13. 幼儿园有 5 名身高不同的小朋友站成一排，若最高的站中间，且两端的小朋友均比相邻的小朋友矮，则共有(　　)种排法.

A. 4　　B. 6　　C. 12
D. 16　　E. 18

14. 圆 $(x-2)^2+(y+1)^2=9$ 中所有长度为 2 的弦的中点的轨迹方程是(　　).

A. $(x-2)^2+(y+1)^2=8$　　B. $x^2+y^2=8$　　C. $(x+2)^2+(y-1)^2=8$
D. $(x-2)^2+(y+1)^2=4$　　E. $(x+2)^2+(y-1)^2=4$

15. 设 m，n 是实数，且 $\frac{1}{1+m}-\frac{1}{1+n}=\frac{1}{n-m}$，则 $\frac{1+n}{1+m}=$(　　).

A. $\sqrt{3}+1$　　B. $\frac{1\pm\sqrt{2}}{2}$　　C. ±2　　D. $\frac{3\pm\sqrt{5}}{2}$　　E. $\frac{3-\sqrt{5}}{2}$

二、条件充分性判断：第 16～25 小题，每小题 3 分，共 30 分。要求判断每题给出的条件（1）和条件（2）能否充分支持题干所陈述的结论。A、B、C、D、E 五个选项为判断结果，请选择一项符合试题要求的判断，在答题卡上将所选项的字母涂黑。

A. 条件(1)充分，但条件(2)不充分.
B. 条件(2)充分，但条件(1)不充分.
C. 条件(1)和条件(2)单独都不充分，但条件(1)和条件(2)联合起来充分.
D. 条件(1)充分，条件(2)也充分.
E. 条件(1)和条件(2)单独都不充分，条件(1)和条件(2)联合起来也不充分.

16. 甲、乙两人同时同地反向而行，一小时后，两人分别到达终点 A，B 两地，则可以确定甲、乙两人的速度比为 3∶4.

(1)若甲、乙两人从起始地点同时出发，但互换目的地，则乙比甲提前 35 分钟到达目的地.

(2)若甲从 A 地出发，经过 $2\frac{1}{3}$ 小时到达 B 地.

17. 设 S_n 为等比数列$\{a_n\}$的前 n 项和，公比为 $q=4$.

(1)$3S_3=a_4-2$.

(2)$3S_2=a_3-2$.

18. $P=\frac{2}{3}$.

(1)先后投掷 4 枚质地均匀的硬币，出现 3 枚正面向上，一枚反面向上的概率为 P.

(2)甲、乙、丙 3 人投宿 3 个旅馆，恰有两人住在同一个旅馆的概率为 P.

19. 关于 x 的方程$\frac{a}{2}x^2+x-(a^2+2)=0$ 和$\frac{a}{2}x^2-x-(a^2-2)=0$ 有非零公共根.

(1)$a=0$.

(2)$a=2$.

20. 方程 $m|x|-x-m=0(m\neq\pm1)$有两个解.

(1)$m<1$.

(2)$m>1$.

21. 某校从高三年级参加期末考试的学生中抽出 60 名，其成绩(均为整数)的频率分布直方图如图 3-2所示. 从成绩是 80 分以上(包括 80 分)的学生中选 m 人，则他们在不同分数段的概率为$\frac{5}{17}$.

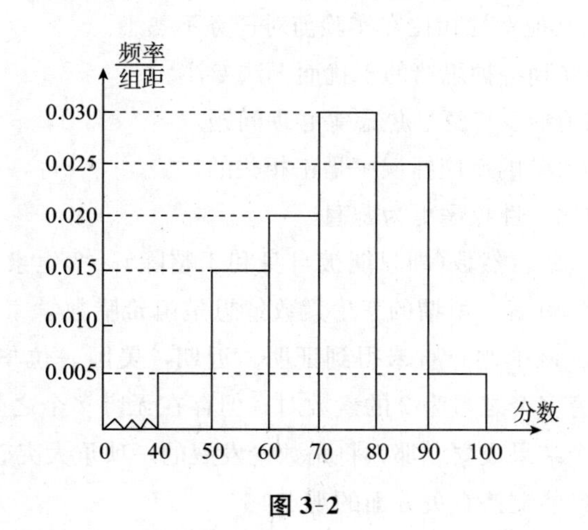

图 3-2

(1)$m=1$.

(2)$m=2$.

22. $\frac{2x-3xy-2y}{x-2xy-y}=3$.

(1)$\frac{1}{x}-\frac{1}{y}=3(x\neq0,\ y\neq0)$.

(2)$\frac{1}{y}-\frac{1}{x}=3(x\neq0,\ y\neq0)$.

23. $P=\frac{15}{16}$.

(1)5 封信随机投进甲、乙两个空信箱，两个信箱都有信的概率为 P.

(2)6 个运动队中有两个强队，任意将 6 个队分为两组(每组 3 队)进行比赛，则这两个强队同被分到第一组的概率是 P.

24. 某宿舍 6 人去吃饭，坐在一张长方形桌子上，桌子只有最长的两侧有座位，每侧三个座位，则共有 108 种坐法．

(1)甲、乙两人必须在同一侧，且不和丙在同一侧．

(2)甲、乙两人相邻，且丙不坐在两端．

25. 动点 P 的轨迹是圆．

(1) 动点 P 的轨迹方程是$(x+y-1)\sqrt{x-1}=0$.

(2) 动圆与圆$(x+2)^2+y^2=4$ 相外切，且与直线 $x=2$ 相切，P 为动圆的圆心．

三、逻辑推理：第 26～55 小题，每小题 2 分，共 60 分。下列每题给出的 A、B、C、D、E 五个选项中，只有一项是符合试题要求的。请在答题卡上将所选项的字母涂黑。

26. 在一项实验中，让 80 名焦虑程度不同的女性完成同样的字母识别任务，同时在她们头上放置电极，以观察大脑活动。结果表明，焦虑程度高的女性在完成任务时脑电活动更复杂，更容易出错。实验者由此得出结论：女性的焦虑程度会影响完成任务的质量。

以下哪项如果为真，则最能反驳上述结论?

A. 焦虑程度高的女性与其他女性相比在实验前对任务不熟悉。

B. 女性焦虑时，大脑会受到各种思绪的干扰而无法专注。

C. 女性焦虑容易引起强迫症、广泛性焦虑等心理问题。

D. 有研究显示，焦虑和大脑的反应错误率是正相关的。

E. 现代社会，男性焦虑比女性焦虑更为普遍。

27. 素数是指只含有两个因子的自然数(即只能被自身和 1 整除)。孪生素数是指两个相差为 2 的素数。比如，3 和 5、17 和 19 等。所谓的孪生素数猜想是由希腊数学家欧几里得提出的，意思是存在着无穷对孪生素数。该论题一直未得到证明。近期，美国一位华人讲师的最新研究表明，虽然还无法证明存在无穷多个之差为 2 的素数对，但存在无穷多个之差小于 7 000 万的素数对。有关方面认为，如果这个结果成立，那么将是数论发展的一项重大突破。

以下哪项如果为真，则最能支持有关方面的观点?

A. 这位华人讲师长期从事数学领域的相关教学和科研工作。

B. 关于孪生素数猜想的证明需要一个漫长的、逐步推进的过程。

C. 这是第一次有人正式证明存在无穷多组间距小于定值的素数对。

D. 7 000 万这个数字很大，离孪生素数猜想给出的 2 还有很大距离。

E. 欧几里得是世界上著名的数学家，提出的很多猜想都得到了证明。

28. 某局办公室共有 10 个文件柜按序号一字排开。其中 1 个文件柜只放上级文件，2 个文件柜只放本局文件，3 个文件柜只放各处室材料，4 个文件柜只放基层单位材料。

1	2	3	4	5	6	7	8	9	10

已知下列条件：

①1 号和 10 号文件柜放各处室材料。

②2 个放本局文件的文件柜连号。

③放基层单位材料的文件柜与放本局文件的文件柜不连号。

④放各处室材料的文件柜与放上级文件的文件柜不连号。

已知 4 号文件柜放本局文件，5 号文件柜放上级文件，由此可以推出：

A. 6 号文件柜放各处室材料。

B. 7 号文件柜放各处室材料。

C. 2 号文件柜放基层单位材料。

D. 9 号文件柜放基层单位材料。

E. 3 号文件柜放各处室材料。

29. 青少年的犯罪行为大多是因为法制意识的缺失，但也有的仅是因为个人道德败坏。当然，很多不理智的过激行为往往是二者结合的结果。无论如何，青少年的犯罪行为都给社会和家庭带来了伤害。

如果上述断定为真，那么以下哪一项不可能为真？

A. 有的行为缺失法制意识，但不是青少年的犯罪行为。

B. 所有仅是个人道德败坏的行为，都不是青少年的犯罪行为。

C. 有的法制意识缺失的行为给社会和家庭带来了伤害。

D. 有的行为虽然具有法制意识，但仍给社会和家庭带来了伤害。

E. 有些青少年的犯罪行为，既不是因为法制意识的缺失，也不是因为个人道德败坏，而是有其他原因。

30. 地球两极地区所有的冰都是由降雪形成的。特别冷的空气不能保持很多的湿气，所以不能产生大量降雪。近年来，两极地区的空气无一例外地特别冷。

以上信息能最强有力地支持以下哪一个结论？

A. 如果现在两极地区的冰有任何增加和扩张，它的速度也是非常缓慢的。

B. 如果两极地区的空气不断变暖，大量的极地冰将会融化。

C. 在两极地区，为了使雪转化为冰，空气必须特别冷。

D. 两极地区较厚的冰层与较冷的空气是相互冲突的。

E. 如果空气继续变暖，两极地区的动物将无法生存。

31. 俏色指的是一种利用玉的天然色泽进行雕刻的工艺。这种工艺原来被认为最早始于明代中期，然而，在商代晚期的妇好墓中出土了一件俏色玉龟，工匠用玉的深色部分做了龟的背壳，用白玉部分做了龟的头尾和四肢。这件文物表明，俏色工艺最早始于商代晚期。

以下哪一项陈述是上述论证的结论所依赖的假设？

A. 俏色是比镂空这种透雕工艺更古老的雕刻工艺。

B. 妇好墓中的俏色玉龟不是更古老的朝代留传下来的。

C. 因势象形是俏色和根雕这两种工艺的共同特征。

D. 周武王打败商纣王时，从殷都带回了许多商代玉器。

E. 妇好墓中的青铜器色泽良好，保存完整。

32. 没有一个宗教命题能够通过观察或实验而被验证为真。所以，无法知道任何宗教命题的真实性。

为了合乎逻辑地推出上述结论，需要假设下面哪项为前提？

A. 如果一个命题能够通过观察或实验被证明为真，则其真实性是可以知道的。

B. 只凭观察或实验无法证明任何命题的真实性。

C. 要知道一个命题的真实性，需要通过观察或实验证明它为真。

D. 人们通过信仰来认定宗教命题的真实性。

E. 宗教既不能被证实也不能被证伪。

33. 文化体现在一个人如何对待自己、对待他人、对待自己所处的自然环境。在一个文化环境厚实的社会里，人懂得尊重自己——他不苟且，不苟且才有品位；人懂得尊重别人——他不霸道，不霸道才有道德；人懂得尊重自然——他不掠夺，不掠夺才有永续的生命。

下面哪一项不能从上面这段话中推出？

A. 如果一个人苟且，则他无品位。

B. 如果一个人霸道，则他无道德。

C. 如果人类掠夺自然，则不会有永续的生命。

D. 如果一个人不苟且，则他可能没有品位。

E. 如果一个人无道德，则他霸道并且苟且。

34. 吃胶质奶糖可能导致蛀牙。胶质奶糖粘在牙齿上的时间越长，则引起蛀牙的风险越大。吃巧克力可能导致蛀牙。同样，巧克力粘在牙齿上的时间越长，则引起蛀牙的风险越大。因为巧克力粘在牙齿上的时间比胶质奶糖短，因此，对于引起蛀牙来说，吃胶质奶糖比吃巧克力的风险更大。

以下哪项对上述论证的评价最为恰当？

A. 上述论证成立。

B. 上述论证有漏洞，因为它没有区分胶质奶糖和巧克力的不同类型。

C. 上述论证有漏洞，因为它不当地假设，只有吃含糖食品才会导致蛀牙。

D. 上述论证有漏洞，这一漏洞也出现在以下的推理中：海拔高度的增高会导致空气的稀薄。一个城市海拔越高，空气越稀薄。西宁的海拔比西安高，因此，西宁的空气比西安稀薄。

E. 上述论证有漏洞，这一漏洞也出现在以下的推理中：火灾和地震都会造成生命和财产的损失。火灾或地震持续的时间越长，造成的损失越大。因为地震持续的时间比火灾短，因此，火灾造成的损失比地震大。

35. 宇宙中穿过地球运行轨道的大行星有1 000多颗。虽然一颗行星与地球碰撞的概率极小，但人类仍必须尽其所能来减小这种概率，因为如果这种碰撞一旦发生，对地球的危害将是灾难性的。避免这种灾难的最好方法是使行星的运行轨道发生一定的偏斜。而要使行星的运行轨道发生偏斜，唯一的方法是使用储存在空间站中的核武器对行星进行袭击。

从上述断定能推出以下哪项结论？

Ⅰ. 人类应当在空间站中储存核武器。

Ⅱ. 在防止空间灾难方面，核技术是唯一有效的技术。

Ⅲ. 在地球的发展史上，已出现过多次地球与行星的碰撞。

A. 仅仅Ⅰ。　　B. 仅仅Ⅱ。　　C. 仅仅Ⅲ。

D. 仅仅Ⅰ和Ⅱ。　　E. Ⅰ、Ⅱ和Ⅲ。

36. 美国最近一次的民意测验结果表明，公众以 80%VS17%反对放松现行的空气污染法规，而且，没有一个主要公众阶层想放松环境法。这次投票的结果显示出立法者将通过投票支持更新空气洁净法，可以在不疏远任何有影响力的特殊利益集团的同时对公众意愿作出回应。

下面哪条信息对评价上面陈述的逻辑性最有用？

A. 被定义为主要阶层的群体和被定义为有特殊利益集团的群体。

B. 现行的联邦环境法的有效期限和州规定的空气污染法的期限。

C. 更新空气洁净法对反对和支持放松环境法规的人可能带来的经济影响。

D. 作者希望通过引用民意测验的结果来施加影响的人是哪些人。

E. 在调查中对调查的问题选择不作回答的人数的百分比。

37～38 题基于以下题干：

5 个 MBA 学员：F、G、H、J 和 K 以及 4 个 MPAcc 学员：Q、R、S 和 T 进行联谊活动。这些学员将被分为第 1 组、第 2 组和第 3 组，每组 3 人且满足以下条件：

(1)每组至少有 1 个 MPAcc 学员。

(2)F 和 J 在同一组。

(3)G 和 T 不在同一组。

(4)H 和 R 不在同一组。

(5)H 和 T 都不在第 2 组。

37. 若 F 在第 1 组，则下面哪一项可能正确？

A. G 和 K 在第 3 组。

B. Q 和 S 在第 2 组。

C. J 和 S 在第 2 组。

D. K 和 R 在第 1 组。

E. H 和 R 在第 3 组。

38. 若 G 是第 1 组中唯一的 MBA 学员，则下面哪一项一定正确？

A. F 在第 3 组。

B. K 在第 3 组。

C. Q 在第 2 组。

D. K 在第 1 组。

E. J 在第 3 组。

39. 在防治癌症方面，橙汁有多种潜在的积极作用，尤其由于它富含橙皮素和柚苷素等类黄酮抗氧化剂。研究证据已经表明，橙汁可以降低儿童患白血病的风险，并有助于预防乳腺癌、肝癌和结肠癌。根据研究结果，橙汁的生物效应在很大程度上受到其成分的影响，而其成分的变化又依赖于气候、土壤、水果成熟度以及采摘后的存储方法等条件。

如果以上信息为真，则最能推出以下哪项？

A. 橙汁在预防感冒等方面具有特殊功效。

B. 过度饮用橙汁会给身体健康造成不良影响。

C. 相对于健康儿童而言，白血病患儿的橙汁饮用量较小。

D. 生长于良好的气候、土壤条件下，成熟并避光保存的橙子最有功效。

E. 并非所有的橙汁都有相同的防癌功效。

40. 碎片化时代人们的注意力很难持久。让用户在邮件页面停留更长时间已经成为营销者不断努力的方向。随着富媒体化的逐步流行，邮件逐步从单一静态向动态转变，个性化邮件的特性也逐步凸显。GIF(动态图片、动画)制作简单，兼容性强，在邮件中可以增加视觉冲击力。因此，在邮件中插入GIF，更能吸引用户的目光，增加用户的点击率。

以下哪项如果为真，则最能支持上述结论？

A. 如果针对特定用户群而制作个性化营销邮件，那么销售机会会增加20%。

B. 过去没有插入GIF的个性化营销邮件，也为很多企业带来了成功。

C. 20世纪70年代出生的人习惯于电子邮件的静态界面，不喜欢花里胡哨的东西。

D. 插入GIF的个性化营销邮件给企业带来的收入比普通邮件给企业带来的收入多18倍。

E. 在邮件中插入GIF在技术上较难实现。

41. 一个旅行者要去火车站，早上从旅馆出发，到达一个十字路口。十字路口分别通向东、南、西、北四个方向，四个方向上分别有饭店、旅馆、书店和火车站。书店在饭店的东北方，饭店在火车站的西北方。

该旅行者要去火车站，应当往哪个方向走？

A. 东。　　B. 南。　　C. 西。

D. 北。　　E. 由题干信息不能得知。

42. 由于一种新的电池装置技术的出现，手机在几分钟内充满电很快就会变成现实。这种新装置是一种超级电容器，它储存电流的方式是通过让带电离子聚集到多孔材料表面，而非像传统电池那样通过化学反应储存这些离子。因此这种超级电容器能在几分钟内储满电。研究人员认为这种装置技术将会替代传统电池。

以下哪项如果为真，则不能支持上述结论？

A. 超级电容器能够储存大量电能，保证长时间正常运行。

B. 超级电容器能循环使用数百万次，相比之下传统电池只能使用数千次。

C. 超级电容器可嵌入汽车底盘为汽车提供动力，可更方便地进行无线充电。

D. 超级电容器充电时所耗电能比传统电池少90%，但供电时间比后者长10倍。

E. 超级电容器轻便耐用，相同电容下重量是传统电池的20%。

43. 有一段时间，电视机生产行业竞争激烈。由于电视机品牌众多，产品质量成为消费者考虑的首要因素。某电视机生产厂家为了扩大市场份额，一方面加大研发力度，进一步提高了电视机产品的质量；另一方面在价格上作调整，适当降低了产品的价格。然而，调整之后的头三个月，其电视机产品的市场份额不但没有提高，反而有所下降。

以下哪项如果为真，则最能解释上述现象？

A. 消费者通常会考虑不同产品的价格差异，而非同一产品在不同时期的价格差异。

B. 一个家庭再次购买电视机产品时会首先考虑原来的品牌。

C. 消费者通常是通过价格来衡量电视机产品质量的。

D. 其他电视机生产厂家也调整了产品价格。

E. 消费者不仅看重产品的价格，还看重产品的外观。

44. “有好消息，也有坏消息。”无论是谈起什么主题，这样的开场白都顿时让人觉得一丝寒意传遍全身。接在这句话后边的往往是这样一个问题：你想先听好消息还是坏消息？一项新的研究表明，你可能想先听坏消息。

如果以下各项为真，则最能削弱上述论证的是：

A. 若消息是来自一个你信任的人，那么你想先听好坏消息的顺序会不同。

B. 研究发现，若由发布消息的人来决定，那么结果往往总是先说好消息。

C. 心理学家发现，发布好坏消息的先后顺序很可能改变人们对消息的感觉。

D. 心理评估结果证明先听到坏消息的学生比先听到好消息的学生焦虑要小。

E. 倾听者会因最后的好消息而为之一振，会更深刻地记住最后的好消息。

45. 现在有 9 个人分 3 组参加 3V3 篮球赛，他们分别是中锋老郑、老王、老张，前锋小郭、小宋、小朱，后卫勇勇、玺玺、盟盟。已知以下条件：

(1)每组由 1 名中锋、1 名前锋、1 名后卫组成。

(2)老王和小朱不在同一组。

(3)勇勇和小郭不在同一组。

(4)盟盟和老张不在同一组。

(5)小朱和盟盟在同一组。

(6)老张和小宋不在同一组。

根据以上已知条件，可以推断以下哪项为真?

A. 老张和小宋在同一组。　　B. 老张和勇勇在同一组。

C. 老郑和小郭在同一组。　　D. 老王和勇勇在同一组。

E. 老王和小郭在同一组。

46. 教师节那天，小白、小黄、小蓝和小紫手里分别拿着不同颜色的花在校园里相遇。小白一看大家手里的花，思索了一会儿，就高兴地宣布她发现的规律：

(1)四种花的颜色和她们的四个姓恰好相同，但每个人手里花的颜色与自己的姓并不相同。

(2)如果将她手中的花与小黄交换，或与小蓝交换，或将小蓝手中的花与小紫交换，那么，每人手里花的颜色和自己的姓仍然不同。

根据以上陈述，可以推断小白、小黄、小蓝和小紫最初手里花的颜色分别是：

A. 白、黄、蓝、紫。　　B. 紫、蓝、黄、白。

C. 黄、白、紫、蓝。　　D. 蓝、紫、白、黄。

E. 紫、黄、蓝、白。

47. 如果一个人热爱工作，那么他或者有一技之长，或者有使命感。如果一个人愿意不计较工作时间，那么他热爱工作。如果一个人得到永无止境的快乐，那么他热爱工作。

根据以上断定，可以推断以下哪一项可能为假?

Ⅰ. 如果一个人得到永无止境的快乐，那么他有使命感。

Ⅱ. 愿意不计较工作时间的人都是热爱工作的人。

Ⅲ. 热爱工作的人都是不计较工作时间的人。

A. Ⅱ。　　B. Ⅲ。　　C. Ⅰ、Ⅱ。

D. Ⅰ、Ⅲ。　　E. Ⅰ、Ⅱ、Ⅲ。

48. 一位哲学家来到一个陌生的城市，正值深夜，他欲到智慧酒店去住宿。当他来到一个十字路口时，没有发现任何路标，只发现在可去的路上分别有三个木牌，他知道去酒店的路和木牌上的真话都是唯一的。

向东的木牌上写着：此路通向智慧酒店。

向南的木牌上写着：此路不通向智慧酒店。

向北的木牌上写着：那两个牌子上的话都为真。

哲学家径直走到智慧酒店，他走的路是哪一条？

A. 向东的路。　　B. 向南的路。　　C. 向北的路。

D. 向西的路。　　E. 无法判断。

49. 四个学生甲、乙、丙、丁住在同一个宿舍，他们当中有一位在玩《和平精英》，一位在玩《王者荣耀》，一位在玩《第五人格》，另一位在看《老吕逻辑》。已知下列条件：

(1)乙不在玩《和平精英》，也不在看《老吕逻辑》。

(2)甲不在玩《第五人格》，也不在玩《和平精英》。

(3)如果乙不在玩《第五人格》，那么丙不在玩《和平精英》。

(4)丁不在看《老吕逻辑》，也不在玩《和平精英》。

如果以上信息为真，则能推出以下哪项？

A. 丁在玩《第五人格》。

B. 丙在看《老吕逻辑》。

C. 甲在看《老吕逻辑》。

D. 丙在玩《王者荣耀》。

E. 乙在玩《王者荣耀》。

50. 城市病指的是人口涌入大城市，导致其公共服务功能被过度消费，最终造成交通拥堵、住房紧张、空气污染等问题。有专家认为，当城市病严重到一定程度时，大城市的吸引力就会下降，人们不会再像从前一样向大城市集聚，城市病将会减轻，从而使城市焕发新的活力。

如果以下各项为真，那么能够削弱上述观点的是哪一项？

A. 我国已经进入城市病的爆发期，居民生活已受到影响。

B. 大城市能够提供的公共服务是中小城市所无法替代的。

C. 政府应该将更多财力用于发展中小城市、乡镇、农村。

D. 中小城市活力足，发展潜力大，对人们的吸引力会很强。

E. 中小城市竞争压力小，许多年轻人有更多的机会发展事业。

51. 今年联赛决赛的最后 4 支队伍是甲、乙、丙和丁。其中 N 与 T 分别为甲队和丁队的主教练。有人指出，甲队此前每次夺冠的赛季都曾战胜过 T 教练所在的球队；过去 4 年间，丁队在 N 教练的指导下，每隔一年就能夺得冠军，而去年丁队没有夺冠。

以下哪项如果为真，则与上述表述相矛盾？

A. T 教练可能执教过丁队。

B. N 教练去年曾执教丁队。

C. 甲队曾 4 次夺得冠军。

D. 丁队前年未夺得冠军。

E. T 教练没有执教过甲队。

52. 在一种插花艺术中，对色彩有如下要求：①或者使用橙黄，或者使用墨绿；②如果使用橙黄，则不能使用天蓝；③只有使用天蓝，才能使用铁青；④墨绿和铁青只使用一种。

由此可见，在这种插花艺术中色彩的使用应满足：

A. 不使用橙黄，使用铁青。

B. 不使用墨绿，使用天蓝。

C. 不使用墨绿，使用铁青。

D. 不使用天蓝，使用橙黄。

E. 不使用铁青，使用墨绿。

53. 昨天是小红的生日，后天是小伟的生日。他俩的生日距星期日同样远。

如果上述断定为真，那么今天是星期几？

A. 星期一。　　B. 星期二。　　C. 星期三。

D. 星期四。　　E. 星期五。

54. 9 月初大学入学报到时，有多家手机运营商到某大学校园进行产品销售宣传。有好几家运营商推出了免费套餐服务。但是其中一家运营商推出了价格优惠的套餐，同时其业务员向学生宣传说：其他运营商所谓的免费套餐是通过出售消费者的身份信息来获得运营费用的。

以下哪项如果为真，则最能质疑该业务员的宣传？

A. 免费套餐运营商所提供的手机信号质量很差。

B. 免费套餐运营商是通过广告来获得运营费用的。

C. 有法律明确规定，手机运营商不得出售消费者的身份信息。

D. 很难保证价格优惠的运营商不会同样出售消费者的身份信息。

E. 免费套餐运营商获得了绝大多数学生的关注。

55. 有研究者认为，有些人罹患哮喘病是由于情绪问题。焦虑、抑郁和愤怒等消极情绪，可促使机体释放组胺等物质，从而引发哮喘病。但是，反对者认为，迷走神经兴奋性的提高和交感神经反应性的降低才是引发哮喘病的原因，与患者的情绪问题无关。

以下哪项如果为真，则最能削弱反对者的观点？

A. 现代医学已经证实，消极情绪也可诱发身体疾病。

B. 哮喘病发作会造成患者情绪焦虑、抑郁和愤怒等。

C. 焦虑、抑郁和愤怒等消极情绪是现代人的普遍问题。

D. 消极情绪会提高患者迷走神经的兴奋性并降低交感神经的反应性。

E. 现代人往往忽视自己的情绪，心理免疫力下降。

四、写作：第 56～57 小题，共 65 分。其中论证有效性分析 30 分，论说文 35 分。请答在答题纸相应的位置上。

56. 论证有效性分析：分析下述论证中存在的缺陷和漏洞，选择若干要点，写一篇 600 字左右的文章，对该论证的有效性进行分析和评论。（论证有效性分析的一般要点是：概念特别是核心概念的界定和使用是否准确并前后一致，有无各种明显的逻辑错误，论证的论据是否成立并支持结论，结论成立的条件是否充分等。）

我认为，理性的人应该拒绝网上购物。理由如下：

首先，网上购物容易上瘾。网上购物稍不注意克制，就容易超出自己所需。如此购物，家里就会堆积不少用不到的网购物品。这些物品长期囤积不用就等于是垃圾。如今房价居高不下，你却用一平方米几万元甚至十几万元的房子，来存放垃圾，得不偿失。另外，这些网购商品以及其包装箱都长期不同程度地释放出有害的物质污染空气，有害无利！

其次，网上购物容易上当。“买的不如卖的精”，网上购物尤其如此。因为网络环境下存在信息不对称的情况，再精明的消费者也难免经常上当。而实体店明码标价，顾客现场挑选，这就大大减少了上当的风险。

再次，网上商品质量低劣。由于信息不对称，在网上购物的消费者喜欢购买低价商品，这就使质量好的高价商品失去了存活空间，形成劣币驱逐良币的后果。如此一来，消费者又怎么能从网上买到质量有保证的商品呢?

最后，网上购物还存在其他劣势和风险。比如，货物运输途中的损坏风险，网上付款的金融风险，产品退换、维修的售后服务风险等。如果采用当面交易，那么就不存在这些风险了。

总之，如果你确实需要网上购物，那么应该理性选择有信誉的大平台、好评度高的商家。当然，最好尽量减少网上购物。

57. 论说文：根据下述材料，写一篇700字左右的论说文，题目自拟。

今年全国两会的会场中矿泉水瓶上多了一个环保小标签，印着中英文的“给水瓶做记号，并请喝完”的标语。参会委员们可以用笔在这个绿色标签上写下自己的名字，也可以用指甲直接划出标记。喝不完的矿泉水鼓励饮用者带走。

答案速查

一、问题求解

1～5　DEEDB　　6～10　EACDB　　11～15　EEBAD

二、条件充分性判断

16～20　DCBDB　　21～25　BBAEE

三、逻辑推理

26～30　ACDBA　　31～35　BCEEA　　36～40　ABBED

41～45　BCCAD　　46～50　BDCCB　　51～55　DECBD

四、写作

略

答案详解

一、问题求解

1. D

【解析】母题 64 · 溶液问题

设第一次添加溶质后，溶液的质量为 100，其中含有的溶质为 20，每次加入的溶质质量为 x.

故第二次添加溶质后浓度为$\frac{20+x}{100+x}=25\%$，解得 $x=\frac{20}{3}$.

故第三次添加溶质后浓度为$\frac{20+2x}{100+2x}=\frac{20+2\times\frac{20}{3}}{100+2\times\frac{20}{3}}\approx 29.4\%$.

2. E

【解析】母题 72 · 几何体的“接”与“切”

由题知，球的直径为 $2R=\sqrt{a^2+a^2+a^2}=\sqrt{3}a$，故半径为 $R=\frac{\sqrt{3}}{2}a$. 所以该球的表面积为

$$S=4\pi R^2=4\pi\cdot\frac{3}{4}\cdot a^2=3\pi a^2.$$

3. E

【解析】母题 60 · 行程问题

设在后三分之二的路程共花费 x h，则由题干可得

$$\frac{15}{2x+x}=30,$$

解得 $x=\frac{1}{6}$.

4. D

【解析】母题 45 · 等差数列基本问题

由$\{a_n\}$为等差数列，且 $a_1+a_2+a_3=-24$，可得 $a_2=-8$.

又 $a_{11}+a_{13}+a_{15}=42$，可得 $a_{13}=14$，则

$$d=\frac{a_m-a_n}{m-n}=\frac{a_2-a_{13}}{2-13}=\frac{-8-14}{2-13}=2.$$

所以 $a_{19}=a_{13}+6d=14+6\times2=26$.

5. B

【解析】母题 37 · 韦达定理问题

由韦达定理，得①$a+b=2k+3$，②$ab=k^2+3k+2$；

由勾股定理，得 $a^2+b^2=c^2=25$，即$(a+b)^2-2ab=25$.

将①②代入，得$(2k+3)^2-2(k^2+3k+2)=25$，解得$k=2$ 或-5. 但$k=-5$ 时不满足题意，舍掉，故 $k=2$.

所以三角形 ABC 的面积为 $S=\frac{1}{2}ab=\frac{1}{2}(k^2+3k+2)=6$.

6. E

【解析】母题 70 · 阴影部分面积问题

连接角上的四个小圆的圆心构成一个正方形 .

正方形外部有 4 个四分之三圆，总面积为 3 个圆的面积 .

正方形内部空白部分有 4 个半圆，总面积为 2 个圆的面积 .

故阴影部分面积＝正方形面积＋3 个圆的面积－2 个圆的面积＝$16+\pi$.

7. A

【解析】母题 77 · 圆与圆的位置关系

A、B 表示两个圆，方程分别为 $x^2+y^2=1$ 和$(x-5)^2+(y-5)^2=4$，半径分别为 1 和 2.

两圆的圆心距为 $d=\sqrt{(5-0)^2+(5-0)^2}=5\sqrt{2}>1+2$，故两圆相离，没有交点 .

所以 $A\cap B$ 为空集 .

8. C

【解析】母题 60 · 行程问题

设 A，B 两城相距 s 千米，甲车速度为 $v_{甲}$，乙车速度为 $v_{乙}$.

根据两车每次相遇行驶的时间相等，可得

$$\begin{cases}\frac{50}{v_{甲}}=\frac{s-50}{v_{乙}},\\ \frac{2s-60}{v_{乙}}=\frac{s+60}{v_{甲}},\end{cases}$$

解得 $s=90$.

9. D

【解析】母题 32 · 分式的化简求值问题

$x^2+y^2+z^2-4x-6y-8z=-29$，等价于$(x-2)^2+(y-3)^2+(z-4)^2=0$，可得 $x=2$，$y=3$，

$z=4$，所以

$$\frac{x^2-z^2}{xy-yz}=\frac{(x+z)(x-z)}{(x-z)y}=\frac{x+z}{y}=2.$$

10. B

【解析】母题 22 · 因式分解

首尾项检验法.

设另外一个一次因式为 $ax+b$，由于多项式最高项系数为 1，所以 $a=1$.

由于多项式常数项为 -6，即 $1\times(-2)\cdot b=-6$，所以 $b=3$.

所以，另外一个一次因式为 $x+3$.

11. E

【解析】母题 39 · 根的分布问题

当 $a>0$ 时，抛物线开口向上；

由 $x_1<1<x_2$，得 $f(1)=a+a-8+a^2<0$，解得 $-4<a<2$；

又 $a>0$，故 $a\in(0,2)$.

当 $a<0$ 时，抛物线开口向下；

由 $x_1<1<x_2$，得 $f(1)=a+a-8+a^2>0$，解得 $a<-4$ 或 $a>2$；

又 $a<0$，故 $a\in(-\infty,-4)$.

所以，实数 a 的取值范围是 $(-\infty,-4)\cup(0,2)$.

12. E

【解析】母题 97 · 古典概型

5 名同学随便坐，所有可能的情况种数为 A_{24}^5 种；5 名同学在同一排的可能情况为 $2A_{12}^5$ 种，所以，

5 名同学不在同一排的概率为 $1-\frac{2A_{12}^5}{A_{24}^5}=\frac{155}{161}$.

13. B

【解析】母题 85 · 排队问题

由于 5 个人身高均不相同，最高的人在中间直接确定.

剩下 4 个小朋友先选出 2 个，剩下的 2 个人的位置也会随之确定.

所以，共有 $C_4^2=6$(种)可能.

14. A

【解析】母题 76 · 直线与圆的位置关系

如图 3-3 所示，设圆心为 O，弦为 AB，弦的中点为 C，连接 OA、OC，则 $OC\perp AB$.

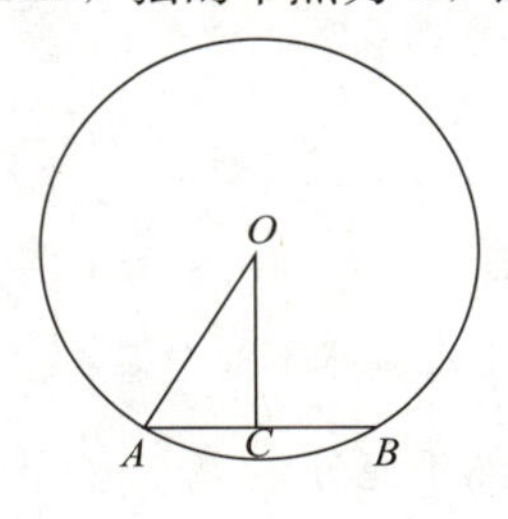

图 3-3

在直角三角形 OAC 中，$OC^2=OA^2-AC^2=r^2-\left(\frac{AB}{2}\right)^2=9-1=8$，故 $OC=2\sqrt{2}$.

故，所有长度为 2 的弦的中点距离圆心 O 均为 $2\sqrt{2}$，其轨迹构成一个以 O 为圆心，以 $2\sqrt{2}$ 为半径的圆，方程为 $(x-2)^2+(y+1)^2=8$.

15. D

【解析】母题 32 · 其他分式的化简求值问题

设 $1+m=x$，$1+n=y$，则 $\frac{1}{1+m}-\frac{1}{1+n}=\frac{1}{n-m}\Rightarrow\frac{1}{x}-\frac{1}{y}=\frac{1}{y-x}$，即

$$\frac{y-x}{xy}=\frac{1}{y-x}\Rightarrow(y-x)^2=xy\Rightarrow x^2+y^2-2xy=xy,$$

化简，得 $\left(\frac{y}{x}\right)^2-3\left(\frac{y}{x}\right)+1=0$.

令 $\frac{y}{x}=k$，可得 $k^2-3k+1=0$，解得 $k=\frac{3\pm\sqrt{5}}{2}$，所以

$$\frac{1+n}{1+m}=\frac{y}{x}=k=\frac{3\pm\sqrt{5}}{2}.$$

二、条件充分性判断

16. D

【解析】母题 60 · 行程问题

设起始地点为 O，甲、乙的目的地分别是 A，B，如图 3-4 所示.

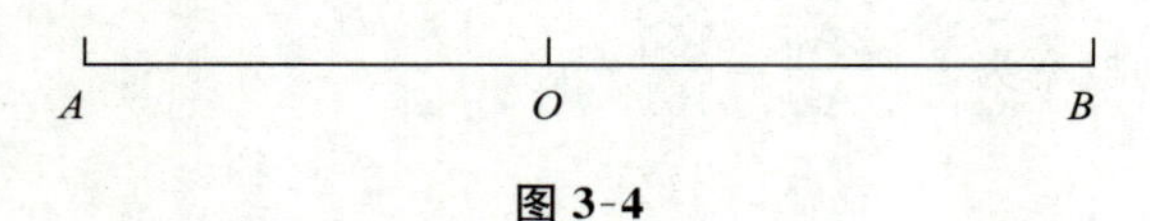

图 3-4

条件(1)：根据条件，可得 $\begin{cases}\frac{s_{AO}}{v_甲}=\frac{s_{BO}}{v_乙}=1,\\ \frac{s_{BO}}{v_甲}-\frac{35}{60}=\frac{s_{AO}}{v_乙},\end{cases}$ 解得 $\frac{v_甲}{v_乙}=\frac{3}{4}$，充分.

条件(2)：根据条件，可得 $\begin{cases}\frac{s_{AO}}{v_甲}=\frac{s_{BO}}{v_乙}=1,\\ s_{AB}=\frac{7}{3}v_甲,\end{cases}$ 又 $s_{AB}=s_{AO}+s_{BO}$，解得 $\frac{v_甲}{v_乙}=\frac{3}{4}$，充分.

17. C

【解析】母题 50 · 等比数列基本问题

条件(1)：$3(a_1+a_1q+a_1q^2)=a_1q^3-2$，显然不充分.

条件(2)：$3(a_1+a_1q)=a_1q^2-2$，显然不充分.

联立两个条件，两式相减可得 $q=4$，充分.

18. B

【解析】母题 97 · 古典概型

条件(1)：$P=C_4^3\left(\frac{1}{2}\right)^3\times\left(\frac{1}{2}\right)=\frac{1}{4}$，不充分．

条件(2)：3 人中选 2 人组成一组，有 C_3^2 种选法；这一组从 3 个旅馆中选 1 个入住，有 C_3^1 种选法；余下 1 人在另外两个旅馆中选一个入住，有 C_2^1 种选法．故满足题意的情况共有 $C_3^2C_3^1C_2^1$ 种．又知 3 人任意住的情况有 3^3 种．

故满足条件的概率 $P=\frac{C_3^2C_3^1C_2^1}{3^3}=\frac{2}{3}$，充分．

19. D

【解析】母题 35 · 一元二次函数、方程和不等式的基本题型

条件(1)：把 $a=0$ 分别代入两个方程，均可解得 $x=2$，即两个方程有非零公共根，条件(1)充分．

条件(2)：把 $a=2$ 代入第一个方程，有 $x^2+x-6=0$，解得 $x=-3$ 或 2.

把 $a=2$ 代入第二个方程，有 $x^2-x-2=0$，解得 $x=-1$ 或 2，两个方程有非零的公共根 $x=2$，条件(2)充分．

20. B

【解析】母题 16 · 求解绝对值方程和不等式

当 $x\geqslant 0$ 时，$m|x|-x-m=mx-x-m=(m-1)x-m=0$，解得 $x=\frac{m}{m-1}\geqslant 0$，故 $m\leqslant 0$ 或 $m>1$；

当 $x<0$ 时，$m|x|-x-m=-mx-x-m=-(m+1)x-m=0$，解得 $x=-\frac{m}{m+1}<0$，故 $m>0$ 或 $m<-1$.

二者求交集，得 $m>1$ 或 $m<-1$.

故条件(1)不充分，条件(2)充分．

21. B

【解析】母题 83 · 数据的图表分析

80～90 与 90～100 的人数分别为 $60\times 10\times 0.025=15$(人)，$60\times 10\times 0.005=3$(人).

条件(1)：当 $m=1$，即只选一人时，这一人必然在同一分数段，在不同分数段的概率为 0，条件(1)不充分．

条件(2)：当 $m=2$ 时，满足条件的概率为 $\frac{C_{15}^1C_3^1}{C_{18}^2}=\frac{5}{17}$，条件(2)充分．

22. B

【解析】母题 32 · 其他分式的化简求值问题

$$\frac{2x-3xy-2y}{x-2xy-y}=\frac{2\frac{1}{y}-3-2\frac{1}{x}}{\frac{1}{y}-2-\frac{1}{x}}=\frac{2\left(\frac{1}{y}-\frac{1}{x}\right)-3}{\left(\frac{1}{y}-\frac{1}{x}\right)-2}=3,$$

解得$\frac{1}{y}-\frac{1}{x}=3$.

故条件(1)不充分，条件(2)充分.

23. A

【解析】母题 97 · 古典概型

条件(1)：5 封信随机投入甲、乙两个空信箱，有 2^5 种方法；若一个信箱中没有信，则只有把信全放在甲信箱或全放在乙信箱两种情况，故所求概率为 $P=1-\frac{2}{2^5}=\frac{15}{16}$，充分.

条件(2)：$P=\frac{C_2^2C_4^1C_3^3}{\frac{C_6^3C_3^3}{A_2^2}}=\frac{2}{5}$，不充分.

24. E

【解析】母题 85 · 排队问题

条件(1)：甲、乙选一侧，共有 C_2^1 种，再选除丙外的一人与甲、乙同侧排列，剩下的人全排列，有 $C_3^1A_3^3A_3^3$ 种，所以，共有 $C_2^1C_3^1A_3^3A_3^3=216$(种)，不充分.

条件(2)：甲、乙先选位置，共有 $C_2^1C_2^1A_2^2$ 种，丙的位置随之确定. 剩下三人全排列，有 A_3^3 种，所以，共有 $C_2^1C_2^1A_2^2A_3^3=48$(种)，不充分.

25. E

【解析】母题 78 · 图像的判断

条件(1)：$(x+y-1)\sqrt{x-1}=0$，即 $x+y-1=0$ 或 $\sqrt{x-1}=0$，图像为直线，不充分.

条件(2)：画图像易知，图像为抛物线，不充分.

三、逻辑推理

26. A

【解析】母题 14 · 因果关系型削弱题

题干：女性的焦虑程度高$\xrightarrow[\text{导致}]{}$完成任务的质量差。

A 项，另有他因，说明是因为对任务不熟悉才导致完成任务的质量差。

B 项，支持题干，说明焦虑会影响思考。

C 项，说明女性焦虑有恶果，但与完成任务无关，无关选项。

D 项，支持题干，说明越焦虑越容易出错。

E 项，无关选项，题干不涉及男性与女性的比较。

27. C

【解析】母题 20 · 论证型支持题

题干论点：如果存在无穷多个之差小于7 000万的素数对，那么这一研究结果将是数论发展的一项重大突破。

A项，诉诸人身，不能支持题干中有关方面的观点。

B项，无关选项，证明孪生素数猜想的过程是长还是短，与题干的内容无关。

C项，指出这是“第一次”有人正式证明存在无穷多组间距小于定值的素数对，所以它是一项“重大突破”，可以支持题干中有关方面的观点。

D项，削弱题干，指出7 000万这个数字太大，以至于即使题干中的这一研究成立，与证明孪生素数猜想之间也存在很大距离。

E项，无关选项，欧几里得的数学猜想是否得到了证明，与题干中的发现是否有助于证明孪生素数猜想无关。

28. D

【解析】母题40 · 综合推理题

由题干已知下列条件：

①1个文件柜只放上级文件，2个文件柜只放本局文件，3个文件柜只放各处室材料，4个文件柜只放基层单位材料。

②1号和10号文件柜放各处室材料。

③2个放本局文件的文件柜连号。

④放基层单位材料的文件柜与放本局文件的文件柜不连号。

⑤放各处室材料的文件柜与放上级文件的文件柜不连号。

⑥4号文件柜放本局文件。

⑦5号文件柜放上级文件。

推理如下：

根据题干条件③、⑥、⑦可知，3号文件柜放本局文件，即3号和4号文件柜放本局文件。

根据题干条件①、⑤、⑥、⑦可知，6号文件柜放基层单位材料。

根据题干条件①、④可知，2号文件柜放各处室材料，即1号、10号和2号文件柜放各处室材料。

根据题干条件①可知，剩余7号、8号、9号文件柜放基层单位材料。

故D项正确。

29. B

【解析】母题3 · 箭头的串联

将题干信息整理如下：

①有的青少年的犯罪行为→法制意识的缺失。

②有的青少年的犯罪行为→个人道德败坏。

③有的不理智的过激行为→法制意识的缺失∧个人道德败坏。

④青少年的犯罪行为→给社会和家庭带来了伤害。

由题干信息①、④得：⑤有的法制意识的缺失→青少年的犯罪行为→给社会和家庭带来了伤害。

由题干信息②、④得：⑥有的个人道德败坏→青少年的犯罪行为→给社会和家庭带来了伤害。

A项，有的法制意识的缺失→┐青少年的犯罪行为，可真可假。

B项，所有个人道德败坏的行为，都不是青少年的犯罪行为，是题干信息⑥的矛盾命题，为假。

C项，有的法制意识的缺失→给社会和家庭带来了伤害，由题干信息⑤知为真。

D项，有的有法制意识∧给社会和家庭带来了伤害，可真可假。

E项，可真可假。

30. A

【解析】母题3·箭头的串联

将题干信息形式化：

①形成冰→降雪。

②空气特别冷→┐大量降雪。

③两极地区→空气特别冷。

将题干信息③、②、①串联可得：④两极地区→空气特别冷→┐大量降雪→┐形成大量冰。

由题干信息④可知，两极地区不能形成大量的冰，故A项正确。

31. B

【解析】母题24·论证型假设题

题干：商代晚期的妇好墓中出土了一件俏色玉龟$\xrightarrow[\text{证明}]{}$俏色工艺最早始于商代晚期。

B项，必须假设，取非法，否则俏色工艺始于更古老的朝代。

其余各项均为无关选项。

32. C

【解析】母题24·论证型假设题与搭桥法

题干：不能被验证为真，因此，无法知道其真实性。

搭桥法：不能被验证为真→无法知道其真实性，等价于：知道其真实性→能够被验证为真，故C项正确。

33. E

【解析】母题1·充分必要条件

将题干信息形式化：

①不苟且←有品位＝苟且→无品位。

②不霸道←有道德＝霸道→无道德。

③不掠夺←有永续的生命＝掠夺→不会有永续的生命。

A项，苟且→无品位，符合条件①。

B项，霸道→无道德，符合条件②。

C项，掠夺→不会有永续的生命，符合条件③。

D项，由①知，“不苟且”后面无箭头指向，所以“没有品位”“可能”发生，正确。

E 项，无法由题干推出。

故 E 项为正确选项。

34. E

【解析】母题 31 · 评论逻辑漏洞

前提：①吃胶质奶糖和巧克力都可能导致蛀牙。

②胶质奶糖或巧克力粘在牙齿上的时间越长，则引起蛀牙的风险越大。

③巧克力粘在牙齿上的时间比胶质奶糖短。

结论：对于引起蛀牙来说，吃胶质奶糖比吃巧克力的风险更大。

题干的论证漏洞在于前提是对吃胶质奶糖这一事件进行内部比较或者对吃巧克力这一事件进行内部比较，而结论是对吃巧克力和吃胶质奶糖这两件事进行比较，故 E 项评价准确。

A 项，显然评价不恰当。

B 项，评价不恰当，题干没有涉及胶质奶糖和巧克力的类型。

C 项，评价不恰当，题干并未假设只有吃含糖食品才会导致蛀牙。

D 项，评价不恰当，此项论证的是海拔高度与空气稀薄程度的比较，不存在漏洞。

E 项，评价恰当，此项论证的前提是对火灾或者地震的内部比较，结论是对地震和火灾两种情况的比较。

35. A

【解析】母题 29 · 推论题

题干：

①避免空间灾难的最好方法是使行星的运行轨道发生一定的偏斜。

②使行星的运行轨道发生偏斜的唯一方法是使用储存在空间站中的核武器对行星进行袭击。

Ⅰ项，显然可以推出。

Ⅱ项，不正确，因为核技术是避免行星撞击地球的唯一方法，不代表它是“防止空间灾难”的唯一方法。

Ⅲ项，题干的背景是尽其所能来减小行星与地球碰撞的概率，并没有提及是否已经发生碰撞。

故 A 项正确。

36. A

【解析】母题 33 · 评价题

题干：没有一个主要公众阶层想放松环境法 $\xrightarrow[\text{证明}]{}$ 立法者可以在不疏远任何有影响力的特殊利益集团的同时对公众意愿作出回应。

题干隐含的假设是“主要公众阶层”的想法与“有影响力的特殊利益集团”的想法不冲突，即 A 项对评价题干陈述的逻辑性最有用，搭桥法。

其余各项均为无关选项。

37. B

【解析】母题 40 · 综合推理题

根据题干可知，这些学员被分成3组，每组3人，每组至少有1个MPAcc学员，所以MPAcc学员按1、1、2分组，那么MBA学员应该按2、2、1分组。

根据条件(2)可知，若F在第1组，那么J也在第1组。故排除C项。

又知第1组最多只能有2个MBA学员，故H不在第1组。再由条件(5)可知，H也不在第2组，故H只能在第3组。

A项，若G和K在第3组，由于H也在第3组，违反条件(1)。

D项，若K和R在第1组，则第1组有F、J、K、R共4人，不成立。

E项，显然违反条件(4)。

故B项正确。

38. B

【解析】母题40·综合推理题

因为G是第1组中唯一的MBA学员，根据条件(5)可知，H在第3组。

由条件(2)可知，F、J都在第2组。

由于MBA学员按2、2、1分组，故K在第3组。

故B项正确。

39. E

【解析】母题29·推论题

将题干信息概括如下：

①在防治癌症方面，橙汁有多种潜在的积极作用，尤其由于它富含橙皮素和柚苷素等类黄酮抗氧化剂。

②橙汁可以降低儿童患白血病的风险，并有助于预防乳腺癌、肝癌和结肠癌。

③橙汁的生物效应在很大程度上受到其成分的影响，而其成分的变化又依赖于气候、土壤、水果成熟度以及采摘后的存储方法等条件。

A项，题干没有提及橙汁在“预防感冒”方面的特殊功效，不能推出。

B项，题干没有提及“过度饮用橙汁”的危害，不能推出。

C项，题干指出“橙汁可以降低儿童患白血病的风险”是对同一个人而言的，而没有在健康儿童和白血病患儿之间作比较，不能推出。

D项，题干指出“橙汁的生物效应受到成分的影响，成分的变化依赖于存储方法等”，但没有指出哪种储存方法较好，不能推出。

E项，由题干信息③可知，可以推出。

40. D

【解析】母题21·猜结果型支持题

题干：GIF制作简单，兼容性强，在邮件中可以增加视觉冲击力 $\xrightarrow{推测}$ 在邮件中插入GIF，更能吸引用户的目光，增加用户的点击率。

A项，转移论题，题干讨论的是“在邮件中插入GIF”，并非“个性化营销邮件”。

B项，无关选项，由“过去”没有插入GIF的个性化营销邮件也取得过成功，无法判断插入GIF后会不会有更大的成功。

C项，削弱题干，说明在邮件中插入GIF不会吸引某一类人的目光。

D项，提供对比实验，说明在邮件中插入GIF能给企业带来更多的收入，支持题干的结论。

E项，“较难实现”不代表无法实现，不能支持题干的结论。

41. B

【解析】母题40·综合推理题

将题干信息概括如下：

①书店在饭店的东北方。

②饭店在火车站的西北方。

由题干信息①可知有两种可能：

a：书店在东方，饭店在南方；b：书店在北方，饭店在西方。

由题干信息②可知有两种可能：

a：饭店在西方，火车站在南方；b：饭店在北方，火车站在东方。

结合上述信息可知，书店在北方，饭店在西方，火车站在南方，那么旅馆在东方。

故旅行者去火车站应去南方，即B项正确。

42. C

【解析】母题20·论证型支持题

题干：一种新的电池装置技术的出现，手机在几分钟内充满电很快就会变成现实$\xrightarrow{\text{证明}}$超级电容器将会替代传统电池。

A、B、D、E项从储存电能大、循环使用次数多、充电耗电少、供电时间长、轻便耐用等方面说明了超级电容器相比传统电池的优势，可以支持题干的结论。

C项，说明超级电容器为汽车带来了便利，不涉及相比传统电池的优势，无关选项。

故本题正确答案为C项。

43. C

【解析】母题28·解释题

题干：某电视机生产厂家提高了电视机产品的质量、降低了产品的价格，但是调整之后的头三个月，其电视机产品的市场份额不但没有提高，反而有所下降。

A项，可以解释即使价格降低也不一定会“提高”市场份额，但不能解释市场份额为何“下降”。

B项，可以解释即使采取了措施也不一定会“提高”市场份额，但不能解释市场份额为何“下降”。

C项，说明消费者认为“价格低”意味着“质量差”，可以解释市场份额为何不但没有提高，反而下降了。

D项，不能解释，不知道其他电视机生产厂家是如何调整产品价格的。

E项，不能解释，因为该厂家并没有调整电视机的外观，若是因为外观问题，销量不应该下降。

44. A

【解析】母题 13 · 论证型削弱题

题干论点：你可能想先听坏消息。

A 项，说明人们想先听好坏消息的顺序会不同，提出反面论据，可以削弱题干的论证。

B 项，无关选项，题干讨论的是先“听”哪个消息，而非先“说”哪个。

C 项，无关选项，题干讨论的是“想先听哪个消息”，与人们对消息的感觉无关。

D 项，无关选项，题干讨论的是“想先听哪个消息”，与听完之后的影响无关。

E 项，支持题干，说明倾听者愿意最后听到好消息，即先听坏消息。

45. D

【解析】母题 40 · 综合推理题

由条件(2)、(4)、(5)可知，小朱和盟盟在同一组，且他们不与老王、老张在同一组，故他们和老郑在同一组，即：老郑——小朱——盟盟。

由条件(3)可知，勇勇和小郭不在同一组，故勇勇和小宋在同一组。

又由条件“(6)老张和小宋不在同一组”，故老王和小宋在同一组。

故有：老王——小宋——勇勇，余下一组为：老张——小郭——玺玺。

46. B

【解析】母题 40 · 综合推理题

根据题干条件(1)、(2)可知，小白最初手里的花不是白色、黄色、蓝色的，故小白最初手里的花是紫色的。

同理，小蓝最初手里的花不是紫色、蓝色、白色的，故小蓝最初手里的花是黄色的。

由此可知，小黄最初手里的花是蓝色的，小紫最初手里的花是白色的。

故 B 项正确。

47. D

【解析】母题 3 · 箭头的串联

题干已知下列信息：

①热爱工作→有一技之长∨有使命感。

②不计较工作时间→热爱工作。

③永无止境的快乐→热爱工作。

将题干信息②、①串联得：④不计较工作时间→热爱工作→有一技之长∨有使命感。

将题干信息③、①串联得：⑤永无止境的快乐→热爱工作→有一技之长∨有使命感。

Ⅰ项，永无止境的快乐→有使命感，由题干信息⑤知，可真可假。

Ⅱ项，不计较工作时间→热爱工作，由题干信息②知，为真。

Ⅲ项，热爱工作的人→不计较工作时间的人，由题干信息②知，无箭头指向，可真可假。

故此题正确答案为 D 项。

48. C

【解析】母题 40 · 综合推理题

由题干已知下列信息：

①向东的路通向智慧酒店。

②向南的路不通向智慧酒店。

③前两句话为真。

④去酒店的路和木牌上的真话都是唯一的。

⑤可去的路为向东、向南和向北。

假设题干信息③为真，则题干信息①、②也为真，则不符合题干信息④，故题干信息③为假，即题干信息①、②一真一假。

假设题干信息①为真、题干信息②为假，那么得出，向东的路通向智慧酒店，向南的路也通向智慧酒店，不符合题干信息④，假设错误。故题干信息①为假、题干信息②为真，即向东的路不通向智慧酒店，向南的路不通向智慧酒店。

根据题干信息⑤可知，向北的路为通向智慧酒店的路。

故C项正确。

49. C

【解析】母题40·综合推理题

由题干已知下列条件：

①四个学生甲、乙、丙、丁中有一位在玩《和平精英》，一位在玩《王者荣耀》，一位在玩《第五人格》，另一位在看《老吕逻辑》。

②乙不在玩《和平精英》，也不在看《老吕逻辑》。

③甲不在玩《第五人格》，也不在玩《和平精英》。

④¬乙在玩《第五人格》→¬丙在玩《和平精英》。

⑤丁不在看《老吕逻辑》，也不在玩《和平精英》。

由条件①、②、③、⑤可知，丙在玩《和平精英》。

由条件④可知，乙在玩《第五人格》。

由条件⑤可知，丁在玩《王者荣耀》，那么甲在看《老吕逻辑》。

故C项正确。

50. B

【解析】母题13·论证型削弱题

题干：当城市病严重到一定程度时，大城市的吸引力就会下降$\xrightarrow{\text{导致}}$人们不会再像从前一样向大城市集聚，城市病将会减轻，从而使城市焕发新的活力。

A项，说明我国城市病严重，但是没有提及人们是否会离开大城市，不能削弱题干的观点。

B项，说明大城市比中小城市好，吸引力没有下降，可以削弱题干的观点。

C项，“政府应该怎么做”与“现在是怎么样”无关，不能削弱题干的观点。

D项，说明中小城市比大城市好，支持题干的观点。

E项，说明中小城市比大城市好，支持题干的观点。

51. D

【解析】母题 40 · 综合推理题

由题干已知下列信息：

①今年决赛中，N 是甲队的主教练。

②今年决赛中，T 是丁队的主教练。

③甲队此前每次夺冠的赛季都曾战胜过 T 教练所在的球队。

④过去 4 年间，丁队在 N 教练的指导下，每隔一年就能夺得冠军。

⑤去年丁队没有夺冠。

根据题干信息④、⑤可知，丁队前年夺冠了，故本题正确答案为 D 项。

其余选项与题干均不矛盾。

52. E

【解析】母题 3 · 箭头的串联

将题干信息整理如下：

①橙黄 ∨ 墨绿。

②橙黄→┐天蓝。

③铁青→天蓝。

④墨绿 ∀ 铁青。

由题干信息④可知，墨绿和铁青只能且必须使用其中一种。

假设使用铁青，则不使用墨绿，那么，由题干信息③可知，使用天蓝，由题干信息②可知，不使用橙黄，由题干信息①可知，使用墨绿，矛盾。

因此，使用墨绿，不使用铁青。

故 E 项正确。

53. C

【解析】母题 39 · 数字推理题

A 项，若今天是星期一，那么小红的生日在星期日，小伟的生日在星期三，他俩的生日距星期日不是同样远。

B 项，若今天是星期二，那么小红的生日在星期一，小伟的生日在星期四，他俩的生日距星期日不是同样远。

C 项，若今天是星期三，那么小红的生日在星期二，小伟的生日在星期五，他俩的生日距星期日都是两天，满足题干。

D 项，若今天是星期四，那么小红的生日在星期三，小伟的生日在星期六，他俩的生日距星期日不是同样远。

E 项，若今天是星期五，那么小红的生日在星期四，小伟的生日在星期日，他俩的生日距星期日不是同样远。

故 C 项正确。

54. B

【解析】母题 13·论证型削弱题

业务员的宣传：免费套餐运营商是通过出售消费者的身份信息来获得运营费用的。

A 项，无关选项，题干讨论的是免费的原因而不是手机信号的质量。

B 项，削弱题干，说明“免费套餐运营商”是通过广告获得运营费用的。

C 项，有“法律规定”不代表运营商按法律执行，不能削弱。

D 项，无关选项，业务员的宣传仅涉及“免费套餐运营商”，不涉及“价格优惠的运营商”。

E 项，无关选项。

55. D

【解析】母题 14·因果关系型削弱题

反对者的观点：迷走神经兴奋性的提高和交感神经反应性的降低才是引发哮喘病的原因，与患者的情绪问题无关。

A 项，“身体疾病”与“哮喘病”不是同一概念，转移论题。

B 项，题干讨论的是引发哮喘病的原因，而非哮喘病发作的结果，无关选项。

C 项，无关选项，“消极情绪是普遍存在的问题”不代表“消极情绪是引发哮喘病的原因”。

D 项，说明消极情绪会提高患者迷走神经的兴奋性并降低交感神经的反应性，从而引发哮喘病，削弱题干的结论“哮喘病与患者的情绪问题无关”。

E 项，无关选项。

四、写作

56. 论证有效性分析

【谬误分析】

①网上购物与线下购物的区别在于购物方式的不同，前者通过网络，后者通过实体店铺，使人上瘾的可能并非购物方式而是购物本身。

②材料认为“网上购物稍不注意克制，就容易超出自己所需”“家里就会堆积不少用不到的网购物品”，但这一观点缺少论据支持。

③“网购商品以及其包装箱都长期不同程度地释放出有害的物质污染空气”缺少论据支持，而且，即使这些商品确实存在污染，那也是商品本身存在问题，而不是购物方式的问题。

④材料的一些论证依赖于“网络环境下存在信息不对称的情况”这个前提，但随着网购评价体系的完善，消费者能看到商品的评价，反而增加了网购的透明度。而线下购物因为无法看到商品的评价，也存在信息不对称的情况。因此，无法由这一点断定网上购物不如线下购物。

⑤由“信息不对称”这一前提，最多只能推断出“有一些”消费者喜欢购买低价商品，但并不能推断所有消费者都是如此。因此，“劣币驱逐良币”的后果未必会出现。

⑥网上购物确实存在一些劣势和风险，但材料仅看到网上购物不足的一面，却没有看到网上购物给大家带来的便利，所以其结论难以让人信服。而且，当面交易也有其不足的一面。

⑦材料认为，如果确实需要网上购物，应该理性选择有信誉的大平台、选择好评度高的商家，与前文对网上购物一概否定的态度自相矛盾。

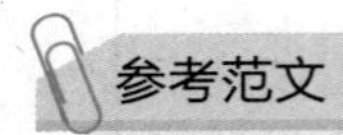

理性的人应该拒绝网上购物吗?

上述材料试图用一系列论述，从而得出“理性的人应该拒绝网上购物”的结论。看似有理，实则有失偏颇，分析如下:

首先，材料通过“网上购物容易上瘾”论证“理性的人应该拒绝网上购物”。难道线下购物就不存在“上瘾致使物品囤积”的问题吗？网上购物与线下购物的区别在于购物方式的不同，前者通过网络，后者通过实体店铺，很可能使人上瘾的并非购物方式而是购物本身。

其次，“网购商品以及其包装箱都长期不同程度地释放出有害的物质污染空气”缺少论据支持，而且，即使这些商品确实存在污染，那也是商品本身存在问题，而不是购物方式的问题。

再次，材料中的一些论证依赖于“网络环境下存在信息不对称的情况”这个前提，但随着网购评价体系的完善，消费者能看到商品的评价，反而增加了网购的透明度。而线下购物因为无法看到商品的评价，也存在信息不对称的情况。因此，无法由这一点断定网上购物不如线下购物。

然后，价格的高低并不直接说明质量的高低，线上和线下市场都不乏以次充好、低买高卖的现象，但同时也有不少物美价廉的商品，怎能说“消费者喜欢低价商品使得质量好的商品失去存活空间了呢?”

最后，尽管网络交易存在损坏风险、金融风险和售后服务风险等，那当面交易就不存在这些风险了吗？显然不是。当面交易也需要配送、支付和售后服务，这些过程或多或少都存在着风险。进一步说，有劣势、有风险的事情就要全盘否定吗？网络购物存在风险的同时，也给人们的生活带来了便利。

所以，上述论证存在诸多逻辑问题，难以得出“理性的人应该拒绝网上购物”的结论。

57. 论说文

用合理的方法来践行环保

当前我国经济迅猛发展，但是在此过程中，资源浪费和环境破坏也随之成为不可忽视的问题，而全国两会上的一个“小标签”，却轻松地解决了会议用水的浪费问题，这给了我们一个启示：应当用合理有效的方法来践行环保。

践行环保可以给我们带来更大的远期利益。为践行环保，企业需要进行设备更新、改革生产流程等，这些行为看似增加了企业的运营成本，但是从长期来看，这些行为不仅仅是为了节约资源以保护环境，更是为企业增加了“品牌价值”——这些环保行为可以帮助企业建立一个更具社会责任感的正面形象，而这种形象又使得消费者也更愿意去选择该企业的产品，长此以往便形成了“企业价值增加——客户认同提升”的良性循环，更有利于企业在激烈的市场中进行差异化竞争，进而取得更大的经济利益。

如果不去践行环保，则有可能会导致“公共地悲剧”。经济学上有一个著名的“公共地悲剧”理论，指的是有限的资源注定因自由使用和不受限的要求而被过度剥削。由于每一个个体都企求扩大自身可使用的资源，最终就会因资源有限而引发冲突，进而损害所有人的利益。而整个地球环境实质上就是一个我们全人类所共有的资源，浪费资源、乱排乱放固然使得个人或企业的利益得到了部分满足，但这种行为所产生的代价却是由全人类共同承担的，干净的水土资源是有限的，而全人类的不环保的行为却是持续发生的。长此以往，如果我们不能践行环保，那地球毁灭将不再是故事而是事实。

因此，我们应当运用合理的方法来践行环保。公司治理不可“一刀切”，环境保护也不应当“简单粗暴”，因为严刑处理不环保行为有可能会适得其反。两会上的“小标签”之所以起到了作用，是因为其用正向引导的方式给予了参会者解决方法。同样的，国家其实也可以制定有关环保的鼓励性政策，例如给予环保企业相应的减税政策，并且通过建立示范企业的途径扶持更多企业用合理有效的方法来践行环保。

“小标签”可以解决“大问题”，而如果社会中的每一个个体和企业都能以合理的方法来践行环保，环保问题将不再是问题。

绝密★启用前

全国硕士研究生招生考试
管理类专业学位联考综合能力试题
密押卷 4

（科目代码：199）

考试时间：8：30—11：30

考生注意事项

1. 答题前，考生须在试题册指定位置上填写考生姓名和考生编号；在答题卡指
 置上填写报考单位、考生姓名和考生编号，并涂写考生编号信息点。
2. 选择题的答案必须涂写在答题卡相应题号的选项上，非选择题的答案
 答题卡指定位置的边框区域内。超出答题区域书写的答案无效；在
 册上答题无效。
3. 填（书）写部分必须使用黑色字迹签字笔或者钢笔书写，字迹工
 写部分必须使用 2B 铅笔填涂。
4. 考试结束，将答题卡和试题册按规定交回。

考生编号								
考生姓名								

一、问题求解：第 1～15 小题，每小题 3 分，共 45 分。下列每题给出的 A、B、C、D、E 五个选项中，只有一项是符合试题要求的。请在答题卡上将所选项的字母涂黑。

1. 有两款同样配置的智能手机 A 和 B，A 手机的进价比 B 手机便宜 12%，手机店将两款手机均按照进价 $\frac{1}{5}$ 的利润定价，售出一台 A 手机比 B 手机少赚 120 元．则 A 手机的定价为(　　)元．

A. 7 320　　B. 4 500　　C. 4 800　　D. 5 280　　E. 6 000

2. 已知 $2\log_5 6 \cdot \log_6 12 \cdot \log_{12} 6 \cdot \log_{36} P=3$，则 $P=$(　　)．

A. 25　　B. 36　　C. 125　　D. 144　　E. 150

3. 一项工程，甲队单独做需要 12 天才能完成，乙队单独做需要 4 天完成．如果甲队先做了若干天后，由乙队单独接着做余下的工程，直至全部完工．这样前后一共用去了 6 天，则甲队先做了(　　)天．

A. 1　　B. 3　　C. 5　　D. 6　　E. 8

4. 某校举行五子棋比赛，采用积分制，那么赢一局加 3 分，平一局加 1 分，输一局不加分，某位同学共下了 14 局，那么他恰好得 19 分的情况共有(　　)种．

A. 2　　B. 3　　C. 4　　D. 5　　E. 6

5. 已知 $\frac{1}{x}=\frac{2}{y-z}=\frac{3}{x+z}$，则 $\frac{3x+2y+z}{x+2y+3z}=$(　　)．

A. $\frac{1}{2}$　　B. $\frac{3}{5}$　　C. $\frac{6}{7}$

D. $\frac{13}{15}$　　E. $\frac{2}{3}$

6. 等差数列 $\{a_n\}$ 的前 m 项和为 20，前 $3m$ 项和为 150，则它的前 $2m$ 项和为(　　)．

A. 60　　B. 70　　C. 80

D. 90　　E. 100

7. 已知实数 x 和 y 满足 $2x^2+2xy+7y^2-10x-18y+19=0$，则 $x+y=$(　　)．

A. 0　　B. -1　　C. 1　　D. 2　　E. 3

8. 正整数 X 分解质因数可写成 $X=2^m\times 3^n$，m，n 均为自然数．若 X 的二分之一是完全平方数，X 的三分之一是完全立方数，那么 $m+n$ 的最小值为(　　)．

A. 5　　B. 6　　C. 7　　D. 8　　E. 9

9. 过点$(-2, 3)$的直线 l 与圆 $x^2+y^2+2x-4y=0$ 相交于 A，B 两点，则 $|AB|$ 取得最小值时 l 的方程为(　　)．

A. $x-y-5=0$　　B. $x+y-1=0$　　C. $x+2y-2=0$

D. $x-y+5=0$　　E. $2x-y+7=0$

10. 某发电厂规定，居民月用电量低于 100 度的部分，按照 0.5 元/度收取；超过 100 度不足 300 度的部分，按照 0.6 元/度收取；超过 300 度的部分，按照 0.7 元/度收取．小王家这个月共交电费 191 元，则本月共用电(　　)度．

A. 240　　B. 280　　C. 300　　D. 320　　E. 330

11. x_1，x_2 是方程 $6x^2-7x+a=0$ 的两个实数根，若$\frac{x_1}{x_2^2}$，$\frac{x_2}{x_1^2}$的几何平均值是$\sqrt{3}$，则 a 的值是(　　).

A. -1　　B. 0　　C. 1　　D. 2　　E. 3

12. 等差数列$\{a_n\}$的前 n 项和为 S_n，若 $a_1=3$，$S_3=15$，则 $a_6=$(　　).

A. 12　　B. 13　　C. 14

D. 15　　E. 16

13. 已知 m，n 均是非负数，$\sqrt{3}$是 3^m 与 3^n 的等比中项，则$\frac{1}{m}+\frac{1}{n}$的最小值为(　　).

A. 2　　B. 4　　C. 5

D. 6　　E. 7

14. 一枚质地均匀的骰子，六个面的点数分别为 1，2，3，4，5，6，先后抛掷两次，设第一次正面朝上的点数为 a，第二次正面朝上的点数为 b，则 $2a=b$ 的概率为(　　).

A. $\frac{1}{12}$　　B. $\frac{1}{9}$　　C. $\frac{1}{6}$

D. $\frac{1}{18}$　　E. $\frac{5}{12}$

15. 李女士周末出差，要从 5 套便装和 4 套正装中选择 4 套携带，要求正装和便装都至少携带一套，共有(　　)种选法.

A. 60　　B. 80　　C. 100

D. 120　　E. 130

二、条件充分性判断：第 16～25 小题，每小题 3 分，共 30 分。要求判断每题给出的条件（1）和条件（2）能否充分支持题干所陈述的结论。A、B、C、D、E 五个选项为判断结果，请选择一项符合试题要求的判断，在答题卡上将所选项的字母涂黑。

A. 条件(1)充分，但条件(2)不充分.

B. 条件(2)充分，但条件(1)不充分.

C. 条件(1)和条件(2)单独都不充分，但条件(1)和条件(2)联合起来充分.

D. 条件(1)充分，条件(2)也充分.

E. 条件(1)和条件(2)单独都不充分，条件(1)和条件(2)联合起来也不充分.

16. 两圆柱的侧面积相等，则体积之比为 2∶1.

(1)底面半径分别为 8 和 4.

(2)底面半径之比为 2∶1.

17. 某工厂有工人 3 500 人，预计一年后工人数量将增加 4.8%，那么可知男性工人有 1 500 人.

(1)男性工人将增加 6%，女性工人将增加 3.2%.

(2)男性工人将增加 4%，女性工人将增加 5.4%.

18. 已知等比数列$\{a_n\}$的公比为 q，a，b，c，d 是该数列中连续的四项，那么 $a-b$，$b-c$，$c-d$ 也成等比数列.

(1)$q=1$.

(2)$q=-1$.

19. 点 $M(x, y)$ 满足 $|x+y|<|x-y|$.

(1)点 M 在第二象限.

(2)点 M 在第三象限.

20. 共有 44 种方案.

(1)为 5 名不同岗位的员工安排工作，要求每个人所做的工作都与原来的工作不同.

(2)5 个人站成一排，甲只能站在两端.

21. 直线 l：$2mx-y-8m-3=0$ 和圆 C：$(x-3)^2+(y+6)^2=25$ 相交.

(1)$m>0$.

(2)$m<0$.

22. $|x+1|\leqslant 3$.

(1) $|x+2|\leqslant 3$.

(2) $|x-1|\leqslant 2$.

23. $\frac{a^3}{a^6+1}=\frac{1}{18}$.

(1)$a^2-3a+1=0$.

(2)$a^2+3a+1=0$.

24. 现有 6 套不同的衣服，分给 3 个人，则共有 90 种分法.

(1)3 个人每人分 2 套.

(2)1 人分得 4 套，另外两人每人 1 套.

25. 一个袋子中含有若干个只有颜色不同的小球，有放回取球，每次取一个球. 若定义一个函数 $a_n=\begin{cases}1，第 n 次取到白球，\\ -1，第 n 次取到黑球，\end{cases}$ 数列 $\{a_n\}$ 的前 n 项和为 S_n，则 $S_6=2$ 的概率为 $\frac{20}{243}$.

(1)袋中有 2 黑 1 白共 3 个小球.

(2)袋中有 1 黑 2 白共 3 个小球.

三、逻辑推理：第 26～55 小题，每小题 2 分，共 60 分。下列每题给出的 A、B、C、D、E 五个选项中，只有一项是符合试题要求的。请在答题卡上将所选项的字母涂黑。

26. 某省游泳队进行了为期一个月的高原集训，在集训的最后一天，所有队员进行了一次队内测试，三位教练预测了一下队员的成绩。

张教练说："这次集训时间短，没人会达标。"

孙教练说："有队员会达标。"

王教练说："省运动会冠军或国家队队员可达标。"

测试结束后，只有一位教练的预测是正确的。

由此可以推出：

A. 没有人达标。　B. 全队都达标了。　C. 省运动会冠军达标。

D. 国家队队员未达标。　E. 有的队员会达标。

27. 只要待在学术界，小说家就不能变伟大。学院生活的磨炼所积累起来的观察和分析能力，对小说家非常有用。但是，只有沉浸在日常生活中，才能靠直觉把握生活的种种情感，而学院生活显然与之不相容。

以下哪项陈述是上述论证所依赖的假设?

A. 伟大的小说家都有观察和分析能力。

B. 对日常生活中情感的把握不可能只通过观察和分析来获得。

C. 没有对日常生活中情感的直觉把握，小说家就不能成就其伟大。

D. 伴随着对生活的投入和理智地观察，这会使小说家变得伟大。

E. 小说家不能成就其伟大，是因为没有对日常生活中情感的直觉把握。

28. 在过去两年中，有 5 架 F717 飞机坠毁。针对 F717 飞机存在设计问题的说法，该飞机制造商反驳说：调查表明，每一次事故都是由飞行员操作失误造成的。

飞机制造商的上述反驳基于以下哪一项假设?

A. 飞机坠毁的原因是复杂多样的，还需要更多证据。

B. 调查人员能够分辨出，飞机坠毁是由于设计方面的错误，还是由于制造方面的缺陷。

C. 有关 F717 飞机设计有问题的说法并没有明确指出任何具体的设计错误。

D. 过去两年间，商业飞行的空难事故并不都是由飞行员操作失误造成的。

E. 在 F717 飞机的设计中，不存在任何会导致飞行员操作失误的设计缺陷。

29. 一家石油公司进行了一项关于石油泄漏对环境影响的调查，并得出结论：石油泄漏区域水鸟的存活率为 95%。这项对水鸟的调查委托给了最近一次石油泄漏地区附近的一家动物医院，据调查称，受污染的 20 只水鸟中只有 1 只死掉了。

如果以下陈述为真，则哪一项将对该调查的结论提出最严重的质疑?

A. 许多幸存的被污染的水鸟受到严重伤害。

B. 大部分受影响的水鸟是被浮在水面上的石油所污染的。

C. 极少数受污染的水鸟在再次被石油污染后被重新送回动物医院。

D. 石油泄漏区域内几乎所有受伤的水鸟都被送到了动物医院。

E. 只有那些看起来还能活下去的受污染的水鸟才会被送进动物医院。

30. 植物必须先开花，才能产生种子。有两种龙蒿——俄罗斯龙蒿和法国龙蒿，它们看起来非常相似，俄罗斯龙蒿开花而法国龙蒿不开花，但是俄罗斯龙蒿的叶子却没有那种使法国龙蒿成为理想的调味品的独特香味。

从以上论述中一定能推出以下哪项结论?

A. 作为观赏植物，法国龙蒿比俄罗斯龙蒿更令人喜爱。

B. 俄罗斯龙蒿的花可能没有香味。

C. 由龙蒿种子长出的植物不是法国龙蒿。

D. 除了俄罗斯龙蒿和法国龙蒿外，没有其他种类的龙蒿。

E. 植物的香味只能通过叶子散发。

31. 有一种理论认为，距今约 5 000 万年前，生活在马达加斯加岛上的环尾狐猴、狐蝠以及其他哺乳动物的祖先当年乘坐天然的“木筏”，来到了马达加斯加这座位于印度洋的岛屿上。根据这一理论可以推测，来自非洲大陆东南部的哺乳动物当年漂流到马达加斯加，它们利用的交通工具是大原木或者漂浮的植被。在上演漂流记前，风暴将它们卷入大海，在洋流的带动下，这些古代

“难民”漂流数周，来到马达加斯加。

以下哪项如果为真，则不能支持上述漂流理论？

A. 5 000 万年前，两个大陆板块周围的洋流曾一度向东流动，也就是流向马达加斯加。

B. 小型哺乳动物天生新陈代谢缓慢，能够在没有太多食物和淡水的情况下存活数周。

C. 在从非洲大陆东南部到达马达加斯加的动物中，没有大象、狮子等超重、超大哺乳动物。

D. 5 000 万年前，非洲大陆和马达加斯加之间的距离与今天不同。

E. 5 000 万年前，海上有许多可以漂浮的植被和原木。

32. 开车斗气、胡乱变线、强行超车等“路怒症”是一种被称为间歇性暴发性障碍(IED)的心理疾病。有研究发现，IED 患者弓形虫检测呈阳性的比例是非 IED 患者的 2 倍。研究者认为，弓形虫感染有可能是导致包括“路怒症”在内的 IED 心理疾病的罪魁祸首。

以下哪项如果为真，则无法支持研究者的观点？

A. 感染了弓形虫的老鼠往往更大胆、更敢于冒险，也因此更容易被猫抓到。

B. 弓形虫使大脑中控制威胁反应的神经元受到过度刺激，易引发攻击行为。

C. 对弓形虫检测呈阳性的 IED 患者施以抗虫感染治疗之后，冲动行为减少。

D. 弓形虫是猫身上的一种原生动物寄生虫，但猫是比较温顺的动物。

E. 感染弓形虫后会使大脑中产生囊肿，而这种囊肿与人的冲动行为有关。

33. 格陵兰岛是地球上最大的岛屿，形成于 38 亿年前，大部分地区被冰雪覆盖。有大量远古的岩石化石埋藏在格陵兰岛地下，它们的排列就像是一个整齐的堤坝，也被称为蛇纹石。通过这些蛇纹石，人们可以断定格陵兰岛在远古时期可能是一块海底大陆。

补充以下哪项作为前提可以得出上述结论？

A. 格陵兰岛是一个由高耸的山脉、庞大的蓝绿色冰山、壮丽的峡湾和贫瘠裸露的岩石组成的地区。

B. 这些蛇纹石化石的年代和特征与伊苏亚地区发现的一致，而后者曾是一片海底大陆。

C. 蛇纹石中碳的形状呈现出生物组织特有的管状和洋葱型结构，类似于早期的海洋微生物。

D. 由于大陆板块的运动才创造出了许多新的大陆，在板块运动发生之前，地球上绝大部分地区是一片汪洋大海。

E. 蛇纹石是两个大陆板块在运动中相互碰撞时挤压海底大陆而形成的一种岩石。

34. 记者采访时的提问要具体、简洁明了，切忌空泛、笼统、不着边际。《采访技巧》一书中尖锐地剖析了“您感觉如何”等问题的弊端，认为这些提问实际上在信息获取上等于原地踏步，它使采访对象没法回答，除非用含混不清或枯燥无味的话来应付。

如果以上信息为真，则最能推出以下哪项？

A. 记者采访时的提问如果具体、简洁明了，就不会给采访对象带来回答的困难。

B. 采访对象如果没法回答提问，说明他没有用含混不清或枯燥无味的话来应付。

C. 采访对象只有用含混不清或枯燥无味的话来应付，才能回答“您感觉如何”等问题。

D. 诸如“您感觉如何”这样的问题，只能使采访对象抓不住问题的要点而作泛泛的或言不由衷的回答。

E. 现在记者空泛地提问总是让人不知如何回答。

35. 康哥和三位女青年一起讨论情感问题。

冬雨说："如果我和志玲都有对象，唯唯就没有对象。"

志玲说："如果康哥有对象，那么我就有对象。"

唯唯说："我和冬雨都有对象。"

康哥说："据我判断，你们说的话都是真话。"

如果以上信息皆为真，则可以推出以下哪项？

A. 志玲和康哥都有对象。

B. 志玲和康哥都没有对象。

C. 志玲有对象，康哥没有对象。

D. 志玲没有对象，康哥有对象。

E. 志玲和康哥一个有对象、一个没有对象，但无法确定。

36. 在过去的几十年中，位于加拿大南部和美国北部的多草湿地被广泛地排水和开发，而这些地方对鸭子、天鹅及其他绝大多数水禽的筑巢和孵化是必不可少的。北美这一地区鸭类的数目在此期间显著下降，而天鹅的数目却未受明显的影响。

下面哪一项如果正确，则最有助于解释上面提到的差异？

A. 在被开发的地区对禁止捕猎水鸟的禁令比在野生土地更容易被强化。

B. 大多数天鹅筑巢和孵化的地区是在比鸭类更靠北的地方，那里至今还未被开发。

C. 已经被开发利用的土地很少能够提供适合于水鸟的食物。

D. 天鹅的数目在干旱期减少，因为此时可供孵化的地点越来越少。

E. 因为天鹅比鸭类更大，所以它们在被开发的土地上更难以找到安全的筑巢点。

37. 博雅公司的总裁发现，除非从内部对公司进行改革，否则公司将面临困境。而要对公司进行改革，就必须裁减公司富余的员工。而要裁减员工，国家必须有相应的失业保险制度。所幸的是博雅公司所在的国家，其失业保险制度是健全的。

从上面的论述，可以确定以下哪项一定为真？

Ⅰ. 博雅公司裁减了员工。

Ⅱ. 博雅公司进行了改革。

Ⅲ. 博雅公司摆脱了困境。

A. 只有Ⅰ。　　B. 只有Ⅱ和Ⅲ。　　C. 只有Ⅰ和Ⅱ。

D. Ⅰ、Ⅱ和Ⅲ。　　E. Ⅰ、Ⅱ和Ⅲ都不一定为真。

38～40 题基于以下题干：

在一次魔术表演中，从7位魔术师——G、H、K、L、N、P和Q中，选择6位上场表演，表演时分成两队：1队和2队。每队有前、中、后三个位置，上场的魔术师恰好每人各占一个位置，魔术师的选择和位置安排必须符合下列条件：

(1)如果安排G或H上场，他们必须在前位。

(2)如果安排K上场，他必须在中位。

(3)如果安排L上场，他必须在1队。

(4)P和K都不能与N在同一个队。

(5)P不能与Q在同一个队。

(6)如果H在2队，则Q在1队的中位。

38. 以下哪项列出的是2队上场表演可接受的安排？

A. 前：H；中：P；后：K。　　B. 前：H；中：L；后：N。

C. 前：G；中：Q；后：P。　　D. 前：G；中：Q；后：N。

E. 前：H；中：Q；后：N。

39. 如果H在2队，则下列哪项列出的是1队可以接受的上场表演安排？

A. 前：L；中：Q；后：N。　　B. 前：G；中：K；后：N。

C. 前：L；中：Q；后：G。　　D. 前：G；中：K；后：L。

E. 前：P；中：Q；后：G。

40. 如果G在1队并且K在2队，则下列哪个魔术师一定在2队的后位？

A. L。　　B. N。　　C. P。　　D. Q。　　E. H。

41. 心理学家进行了一系列实验，以测试电影中的暴力镜头对中小学生的影响。在第一个实验中，初中的孩子观看了男性少年采取暴力行为对他人殴打场景的电影。观看电影后，42%的孩子被观察到出现类似于电影中的打人行为。在第二个实验中，不同组的儿童观看了类似的女性少年采取暴力行为的电影。观看电影后，该组只有14%的孩子出现电影中类似的暴力行为。因此，心理学家得出结论，相对于电影中女性的暴力行为，儿童更容易模仿电影中男性的暴力行为。

以下哪项如果为真，则将最严重地削弱心理学家的结论？

A. 第一组包括19名男学生和20名女学生，第二组包括20名男学生和21名女学生。

B. 在第一组中，影片的放映过程中58%的孩子显现出无聊，12%的孩子睡着了。

C. 实验前，第一组中有违纪问题的儿童比第二组中的比例更大。

D. 在这两个实验中，拍摄暴力的受害者都包括男性和女性。

E. 在第二个实验中，28%的孩子在观看暴力电影场景时表现出心烦意乱。

42. 某国的科研机构跟踪研究了出生于20世纪50—70年代的1万多人的精神健康状况，其间测试了他们在13～18岁时的语言能力、空间感知能力和归纳能力。结果发现，在此期间语言能力远低于同龄人水平的青少年，成年后患精神分裂症等精神疾病的风险较高。研究人员认为，青少年时期语言能力的高低将是预测成年后患精神疾病风险的重要指标。

以下哪项如果为真，则能够质疑上述观点？

A. 青少年时期激素分泌水平异常，影响大脑发育，导致语言能力发展迟缓。

B. 患精神分裂症的青少年，其归纳能力相比语言能力的发展更加缓慢。

C. 许多精神健康的脑肿瘤患者在青少年时期也经常出现语言能力发展迟缓的问题。

D. 适当的教育可显著提高青少年的语言能力，但对中老年人影响不大。

E. 青少年时期语言能力下降的人，成年后很难提高。

43. 某网购平台发布了一份网购调研报告，分析亚洲女性的网购特点。分析显示，当代亚洲女性在网购服饰、化妆品方面的决定权为88%，在网购家居用品方面的决定权为85%。研究者由此认为，那些喜爱网购的亚洲女性在家庭中拥有更大的控制权。

以下哪项如果为真，则最能反驳上述结论？

A. 喜爱网购的亚洲女性的网购支出只占其家庭消费支出的25%。

B. 亚洲女性中，习惯上网购物的人数只占女性总人数的30%左右。

C. 亚洲女性在购买贵重商品时往往会与丈夫商量，共同决定。

D. 一些亚洲女性经济不独立，对家庭收入没有贡献。

E. 亚洲女性在购物时往往只考虑产品的价格。

44. 针对地球冰川的研究发现，当冰川之下的火山开始喷发后，会快速产生蒸汽流，爆炸式穿透冰层，释放灰烬进入高空，并且产生沸石、硫化物和黏土等物质。日前，人们在火星表面的一些圆形平顶山丘也探测到这些矿物质，它们广泛而大量地存在。因此，人们推测火星早期是覆盖着冰原的，那里曾有过较多的火山活动。

要得到上述结论，需要补充的前提是以下哪项？

A. 近日火星侦察影像频谱仪发现，火星南极存在火山。

B. 火星地质活动不活跃，地表地貌大部分形成于远古较活跃的时期。

C. 沸石、硫化物和黏土这三类物质是仅在冰川下的火山活动后才会产生的独特物质。

D. 在火星平顶山丘的岩石中发现了某种远古细菌，说明这里很可能曾经有水源。

E. 人们对火星早期地质活动的推测尚未证实。

45. 近期，电影《复仇者联盟4》和《X战警：黑凤凰》正在热映。某公司对于是否组织去观影，形成了不同的意见。有三分之一的人主张不去看电影而进行其他活动，有三分之一的人主张这两部电影都要看，有三分之一的人主张只看《X战警：黑凤凰》而不看《复仇者联盟4》。最后，该公司员工对以下三种意见进行表决：

①如果去看《复仇者联盟4》，则不去看《X战警：黑凤凰》。

②不去看《X战警：黑凤凰》，当且仅当不去看《复仇者联盟4》。

③或者不去看《复仇者联盟4》，或者去看《X战警：黑凤凰》。

如果表决中有超过半数的人同意某一种意见，那么该意见就算通过。以下哪一项会是表决的正确结果？

A. 三种意见都被通过。

B. 至多只有一种意见被通过。

C. 只有意见①和②被通过。

D. 只有意见①和③被通过。

E. 只有意见②和③被通过。

46. 野生大熊猫的数量正在迅速减少。因此，为了保护该物种，应把现存的野生大熊猫捕捉起来，并放到世界各地的动物园里去。

以下哪项如果正确，则将对上述结论提出最严重的质疑？

A. 野生大熊猫在关起来时通常会比在野生栖身地时生下更多的幼仔。

B. 在动物园中刚生下来的大熊猫不容易死于传染病，但是野生大熊猫很可能死于这些疾病。

C. 在野生大熊猫的栖息地以外，很难弄到足够数量的竹子，这是大熊猫唯一的食物。

D. 动物园里的大熊猫和野生大熊猫后代中能够活到成年的个体数量相当。

E. 动物园的圈养使北极狐数量有了极大的提高。

47. 某超市只卖两类酒：白酒和红酒。有顾客买过所有品种的白酒，也有顾客买过所有品种的红酒。以下哪项一定是真的？

A. 超市的职工也购买了本超市的酒。

B. 有顾客购买了全部品种的酒。

C. 该超市所有品种的酒都有顾客购买过。

D. 有的来超市的顾客没有购买酒。

E. 每个来超市的顾客都购买了酒。

48. 时光小区每天由保洁员收集的各住宅楼袋装垃圾通常在周三由保洁公司统一运走，每周一次。本周的垃圾很可能要到周四才被运走，因为本周一是法定节假日，保洁公司规定，如果一周中出现法定节假日，则运走垃圾的日子比常规推迟一天。

以下哪项最为恰当地概括了题干的论证所依据的方法？

A. 在似乎不相干的前提和结论之间试图建立推断关系。

B. 通过直接排除其他各种可能性，间接地推断某种结果非常可能出现。

C. 依据一般性的规则或规律来说明某种具体的情况或现象。

D. 基于某种具体的情况或现象概括出一般性的规则或规律。

E. 通过假设某种情况不存在会导致矛盾，来论证此种情况必然存在。

49. 军训的最后一天，一班学生进行实弹射击。几位教官在谈论一班的射击成绩。

张教官说："这次军训时间太短，这个班没有人的射击成绩会是优秀。"

孙教官说："不会吧，有几个人以前训练过，他们的射击成绩会是优秀。"

周教官说："我看班长或者体育委员能打出优秀成绩。"

结果证明，三位教官中只有一人说对了。由此可以推出以下哪一项肯定为真？

A. 全班所有人的射击成绩都不是优秀。

B. 班里有人的射击成绩是优秀。

C. 班长的射击成绩是优秀。

D. 体育委员的射击成绩不是优秀。

E. 体育委员的射击成绩是优秀。

50.《拯救地球》这本书极有说服力，以至每个读完这本书的人都不可能拒绝它的环保主义见解。据统计，世界环保组织上个月在全球各地散发了 2 000 份该书的复印本，因此，今年上个月至少有 2 000 人转变为环保主义者。

为使上述论证有说服力，以下哪项最不可能是这一论证的假设？

A. 不拒绝《拯救地球》一书环保主义见解的人，一定是环保主义者。

B. 环保主义者一定同意《拯救地球》一书的所有见解。

C. 上述复印本的读者在之前都不是环保主义者。

D. 上述复印本的读者中，至少有 2 000 人第一次阅读该书。

E. 上述复印本的统计数据是准确的。

51. 某大学考古研究会宣布，任何一个三年级以上的学生，只要对考古有兴趣并且至少选修过一门考古学相关课程，都可以参加考古挖掘实习。

以下哪项如果为真，则说明上述规定没有得到贯彻？

Ⅰ. 小张是二年级学生，对考古有兴趣并且选修过两门考古学相关课程，被批准参加考古挖掘实习。

Ⅱ. 小李是三年级学生，对考古有兴趣但未选修过考古学相关课程，被批准参加考古挖掘实习。

Ⅲ. 小王是四年级学生，对考古有兴趣并且选修过两门考古学相关课程，但未被批准参加考古挖掘实习。

A. 只有Ⅰ。　B. 只有Ⅱ。　C. 只有Ⅲ。

D. 只有Ⅰ和Ⅱ。　E. Ⅰ、Ⅱ和Ⅲ。

52. 某次会议讨论期间，甲、乙、丙、丁、戊被安排在一张圆桌前进行讨论，圆桌边放着标有1～5号的5张座椅(未必按顺序排列)。实际讨论时，甲、乙、丙、丁、戊5人均未按顺序坐在1～5号的座椅上，已知：

①甲坐在1号座椅右边第2张座椅上。

②乙坐在5号座椅左边第2张座椅上。

③丙坐在3号座椅左边第1张座椅上。

④丁坐在2号座椅左边第1张座椅上。

如果丙坐在1号座椅上，则可知甲坐的是哪个座椅？

A. 2号。　B. 3号。　C. 4号。

D. 5号。　E. 无法得知。

53. 日前，研究人员发明了一种弹性超强的新材料，这种材料可以由1英寸①被拉伸到100英寸以上，同时这一材料可以自行修复且能通过电压控制动作。因此研究者认为，利用该材料可以制成人工肌肉，替代人体肌肉，从而为那些肌肉损伤后无法恢复功能的患者带来福音。

以下哪项如果为真，则不能支持研究者的观点？

A. 该材料制成的人工肌肉在受到破坏或损伤后能立即启动修复机制，比正常肌肉的康复速度快。

B. 该材料在电刺激下会发生膨胀或收缩，具有良好的柔韧性，与正常肌肉十分接近。

C. 目前，该材料研制成的人工肌肉尚不能与人体神经很好地契合，无法实现精准抓取物体等动作。

D. 一般材料如果被破坏，需通过溶剂修复或热修复复原，而该材料在室温下就能自行恢复。

E. 该材料制成的人工肌肉比正常肌肉多承重10倍。

54. 一个城市的患者数量、医生数量和医患矛盾存在以下关系：如果患者数量多，则医患矛盾一定多，除非医生数量不少。

如果上述断定为真，则以下哪项也一定为真？

A. 一个城市，如果患者数量不多，且医生数量不少，则医患矛盾一定多。

B. 一个城市，如果医患矛盾不多，则患者数量不多，且医生数量不少。

C. 一个城市，如果医患矛盾不多，则患者数量不多，或者医生数量不少。

---

① 1英寸=2.54厘米。

D. 一个城市，如果医患矛盾多，则患者数量多，且医生数量少。

E. 一个城市，如果医患矛盾多，则患者数量多，或者医生数量少。

55. 一个传动变速箱有 1～6 号齿轮受电脑程序控制，自动啮合传动。这些齿轮在传动中的程序是：

①如果 1 号转动，那么 2 号转动，但是 5 号停。

②如果 2 号或者 5 号转动，则 4 号停。

③3 号和 4 号可以同时转动，不能同时停。

④只有 6 号转动，5 号才停。

现在 1 号转动了，则同时转动的 3 个齿轮是以下哪项？

A. 2 号、4 号和 6 号。　　B. 2 号、3 号和 6 号。

C. 3 号、4 号和 2 号。　　D. 4 号、3 号和 5 号。

E. 3 号、4 号和 6 号。

四、写作：第 56～57 小题，共 65 分。其中论证有效性分析 30 分，论说文 35 分。请答在答题纸相应的位置上。

56. 论证有效性分析：分析下述论证中存在的缺陷和漏洞，选择若干要点，写一篇 600 字左右的文章，对该论证的有效性进行分析和评论。（论证有效性分析的一般要点是：概念特别是核心概念的界定和使用是否准确并前后一致，有无各种明显的逻辑错误，论证的论据是否成立并支持结论，结论成立的条件是否充分等。）

“996”现在是国内一个很热的话题，很多企业都存在这个问题。我个人认为，能“996”是一种巨大的福气。

很多公司、很多人想“996”都没有机会。如果你年轻的时候不“996”，你什么时候可以“996”？你一辈子没有“996”，你觉得你就很骄傲了？在这个世界上，我们每一个人都希望成功，都希望拥有美好的生活，都希望被尊重，我请问大家，你不付出超越别人的努力和时间，你怎么能够实现你想要的成功？

我不要说“996”，到今天为止，我肯定是“12×12”以上。这世界上以“996”制度工作的人很多，每天工作 12 小时、13 小时的人很多，比我们辛苦、比我们努力的人很多，并不是所有以“996”制度工作的人都有这个机会真正做一些有价值、有意义的事。

所以，今天中国“BAT(中国三大互联网公司)”这些公司能够“996”，我认为是我们这些人修来的福报。你去想一下没有工作的人，你去想一下公司明天可能要关门的人，你去想想下一个季度公司的 revenue(收益)在哪里都还不知道的人，你去想想付出了很多努力的程序根本没有人用的人……跟他们比，直到今天，我依然这么觉得，我很幸运，我没有后悔“12×12”，我从没有改变过自己这一点。

我希望每一个“阿里人”热爱你做的工作，如果你不热爱，8 个小时工作都不快乐，你做的这个事情就没有意义。如果你热爱，其实 12 个小时不算太长。如果你 8 个小时工作都不快乐，你做的这个事情就没有意义，你也不舒服。你干吗呢？8 小时不知道干吗，没有意义，所以即使你不“996”，你也不知道干吗。

“阿里”有福报，我们这些人解决了自己的温饱，有自己很好的收入，自己的公司不用太担心盈利，我们还可以为别人去干点事，这是很大的福气。

——本文节选自2019年4月11日马云在阿里巴巴内部交流的讲话(有删改)

57. 论说文：根据下述材料，写一篇700字左右的论说文，题目自拟。

假舆马者，非利足也，而致千里；假舟楫者，非能水也，而绝江河。君子生非异也，善假于物也。

——荀子《劝学》

答案速查

一、问题求解

1～5 DCBCD　　6～10 BECDE　　11～15 DBBAD

二、条件充分性判断

16～20 DBBAA　　21～25 DCADA

三、逻辑推理

26～30 DCEEC　　31～35 DDECB　　36～40 BEDAC

41～45 CCACA　　46～50 CCCDB　　51～55 CCCCB

四、写作

略

答案详解

一、问题求解

1. D

【解析】母题 62 · 利润问题

设 B 手机的进价为 x，A 手机的进价为 $(1-12\%)x$. 由题干可列方程

$$[x-(1-12\%)x]\cdot 20\%=120,$$

解得 $x=5\,000$.

所以，A 手机的定价为 $5\,000\times(1-12\%)\times(1+20\%)=5\,280$(元).

2. C

【解析】母题 41 · 指数与对数

根据换底公式有

$$2\log_5 6\cdot\log_6 12\cdot\log_{12}6\cdot\log_{36}P=2\,\frac{\lg 6}{\lg 5}\cdot\frac{\lg 12}{\lg 6}\cdot\frac{\lg 6}{\lg 12}\cdot\frac{\lg P}{2\lg 6}=\frac{\lg P}{\lg 5}=\log_5 P,$$

即 $\log_5 P=3$，解得 $P=125$.

3. B

【解析】母题 59 · 工程问题

设甲队做了 x 天，则乙队做了 $6-x$ 天，由题干，得

$$x\cdot\frac{1}{12}+(6-x)\cdot\frac{1}{4}=1,$$

解得 $x=3$，所以甲队先做了 3 天.

4. C

【解析】母题 6 · 整数不定方程问题

设该同学赢 x 局，平 y 局，输 z 局．根据题意可得

$$\begin{cases}x+y+z=14,\\3x+y=19,\end{cases}$$

由 $y\leqslant 14$，可知 $2<x\leqslant 6$.

穷举 x 的取值即可，因为 $y=19-3x$，则

当 $x=3$ 时，$y=10$，$z=1$；

当 $x=4$ 时，$y=7$，$z=3$；

当 $x=5$ 时，$y=4$，$z=5$；

当 $x=6$ 时，$y=1$，$z=7$.

所以，共有 4 种情况．

5. D

【解析】母题 32 · 其他分式的化简求值问题

由 $\frac{1}{x}=\frac{3}{x+z}$ 可得 $z=2x$，又由 $\frac{1}{x}=\frac{2}{y-z}$ 可得 $y=4x$，代入，可得

$$\frac{3x+2y+z}{x+2y+3z}=\frac{3x+8x+2x}{x+8x+6x}=\frac{13}{15}.$$

6. B

【解析】母题 46 · 等差数列连续等长片段和

对于等差数列，S_m，$S_{2m}-S_m$，$S_{3m}-S_{2m}$ 仍是等差数列．

设 $S_{2m}=t$，则有 $S_m=20$；$S_{2m}-S_m=t-20$；$S_{3m}-S_{2m}=150-t$.

由等差数列的性质，得

$$2(S_{2m}-S_m)=S_{3m}-S_{2m}+S_m,$$

即 $2(t-20)=150-t+20$，解得 $t=70$.

7. E

【解析】母题 36 · 根的判别式问题

将方程中的 y 视为已知数，把方程整理为关于 x 的一元二次方程，可得

$$2x^2+(2y-10)x+(7y^2-18y+19)=0,$$

由于 x 是实数，上述方程必有实数根，故

$$\Delta=(2y-10)^2-4\times 2\times(7y^2-18y+19)\geqslant 0,$$

化简，得 $(y-1)^2\leqslant 0$，所以，把 $y=1$ 代入原方程，解得 $x=2$.

故 $x+y=3$.

8. C

【解析】母题 5 · 约数与倍数问题

由题意，可得

$$\frac{1}{2}X=2^{m-1}\times 3^n,\ \frac{1}{3}X=2^m\times 3^{n-1},$$

故 $m-1$，n 均为 2 的倍数；m，$n-1$ 均为 3 的倍数．

m 的最小值为 3，n 的最小值为 4，所以，$m+n$ 的最小值为 7.

9. D

【解析】母题 76 · 直线与圆的位置关系

将圆整理成标准方程$(x+1)^2+(y-2)^2=5$，知圆心 C 为$(-1, 2)$，半径为$\sqrt{5}$.

设$(-2, 3)$点为 M，代入圆的方程可得$(-2+1)^2+(3-2)^2<5$，说明点 M 在圆内 .

连接 MC，得 $k_{MC}=\frac{3-2}{-2-(-1)}=-1$.

当 AB 垂直于 MC 时，其值最小，此时 $k_{AB}\cdot k_{MC}=-1$，解得 $k_{AB}=1$.

由点斜式方程得 $y=1\times(x+2)+3$，所以 l 的方程为 $x-y+5=0$.

10. E

【解析】母题 68 · 阶梯价格问题

用电量为 100 度时，需交电费为 $100\times0.5=50$(元).

用电量为 300 度时，需交电费为 $100\times0.5+200\times0.6=170$(元).

小王家这个月共交电费 191 元，故用电量超过了 300 度 .

则小王家超过 300 度的部分共有$\frac{191-170}{0.7}=30$(度)，所以，小王家本月共用电 330 度 .

11. D

【解析】母题 37 · 韦达定理问题

由题意，可得 $x_1+x_2=\frac{7}{6}$，$x_1\cdot x_2=\frac{a}{6}$.

又$\frac{x_1}{x_2^2}$，$\frac{x_2}{x_1^2}$的几何平均值为$\sqrt{\frac{x_1}{x_2^2}\cdot\frac{x_2}{x_1^2}}=\frac{1}{\sqrt{x_1x_2}}=\sqrt{3}$，则有 $x_1\cdot x_2=\frac{1}{3}=\frac{a}{6}$.

所以 $a=2$.

12. B

【解析】母题 45 · 等差数列基本问题

设等差数列的公差为 d，则有

$$S_3=a_1+a_1+d+a_1+2d=3\times3+3d=15,$$

解得 $d=2$.

所以 $a_6=a_1+5d=3+5\times2=13$.

13. B

【解析】母题 21 · 均值不等式+母题 50 · 等比数列基本问题

由$\sqrt{3}$是 3^m 与 3^n 的等比中项可得$(\sqrt{3})^2=3^m\cdot3^n$，故 $m+n=1$. 所以

$$\frac{1}{m}+\frac{1}{n}=\left(\frac{1}{m}+\frac{1}{n}\right)(m+n)=\frac{n}{m}+\frac{m}{n}+2\geqslant2\sqrt{\frac{n}{m}\cdot\frac{m}{n}}+2=4,$$

所以，$\frac{1}{m}+\frac{1}{n}$的最小值为 4.

14. A

【解析】母题 98 · 古典概型之色子问题

因为 $2a=b$ 共有 $a=1$，$b=2$；$a=2$，$b=4$；$a=3$，$b=6$ 三种情况，所以，概率

$$P=\frac{3}{6\times 6}=\frac{1}{12}.$$

15. D

【解析】母题 84 · 加法原理、乘法原理

根据题意，可分为三种情况：

①1 套便装和 3 套正装，共有 $C_5^1C_4^3=20$(种)；

②2 套便装和 2 套正装，共有 $C_5^2C_4^2=60$(种)；

③3 套便装和 1 套正装，共有 $C_5^3C_4^1=40$(种).

分类相加，共有 $20+60+40=120$(种).

二、条件充分性判断

16. D

【解析】母题 71 · 立体几何基本问题

设两圆柱的半径分别为 r_1，r_2，高分别为 h_1，h_2.

条件(1)：根据条件，可得 $\begin{cases}2\pi r_1h_1=2\pi r_2h_2,\\ r_1=8,\ r_2=4,\end{cases}$ 有 $\frac{r_1}{r_2}=\frac{h_2}{h_1}=2$.

故体积之比为 $\frac{\pi r_1^2h_1}{\pi r_2^2h_2}=\frac{\pi\cdot 8^2\cdot h_1}{\pi\cdot 4^2\cdot 2h_1}=\frac{2}{1}$，充分.

条件(2)：根据条件，可得 $\begin{cases}2\pi r_1h_1=2\pi r_2h_2,\\ r_1=2r_2,\end{cases}$ 有 $\frac{r_1}{r_2}=\frac{h_2}{h_1}=2$.

同理，充分.

17. B

【解析】母题 63 · 增长率问题

设男性工人有 x 人，则女性工人有 $3\ 500-x$ 人.

条件(1)：根据题干可列等式 $0.06x+0.032(3\ 500-x)=3\ 500\times 0.048$，解得 $x=2\ 000$，不充分.

条件(2)：根据题干可列等式 $0.04x+0.054(3\ 500-x)=3\ 500\times 0.048$，解得 $x=1\ 500$，充分.

18. B

【解析】母题 50 · 等比数列基本问题

条件(1)：当 $q=1$ 时，有 $a=b=c=d$，故 $a-b=0$，$b-c=0$，$c-d=0$，所以，$a-b$，$b-c$，$c-d$ 不成等比数列，不充分.

条件(2)：当 $q=-1$ 时，有 $a=-b=c=-d$，故 $a-b=2a$，$b-c=-2a$，$c-d=2a$；所以，$a-b$，$b-c$，$c-d$ 也成等比数列，公比为 -1，充分.

19. A

【解析】母题 17 · 证明绝对值方程和不等式

条件(1)：点 $M(x,\ y)$ 在第二象限，有 $x<0$，$y>0$，根据三角不等式有 $|x+y|=||x|-$

$|y||$，$|x-y|=|x|+|y|$．故有 $|x+y|<|x-y|$，充分．

条件(2)：点 $M(x, y)$ 在第三象限，有 $x<0$，$y<0$，根据三角不等式有 $|x+y|=|x|+|y|$，$|x-y|=||x|-|y||$．故有 $|x+y|>|x-y|$，不充分．

【快速得分法】特殊值法可快速求得答案．

20. A

【解析】母题 85·排队问题+母题 94·不能对号入座问题

条件(1)：5 个元素不对位共有 44 种方案，记住答案即可，充分．

条件(2)：甲站在排头或者排尾有 C_2^1 种可能，剩下四个人任意排列，故共有 $C_2^1A_4^4=48$(种)方案，不充分．

21. D

【解析】母题 76·直线与圆的位置关系

由直线方程可知直线恒过定点(4，−3)．圆 C 的圆心坐标为(3，−6)，半径为 5.

定点与圆心间的距离为 $\sqrt{(4-3)^2+(-3+6)^2}=\sqrt{10}<5$，即定点在圆内，所以，无论 m 取何值，直线都与圆相交．

两个条件都充分．

22. C

【解析】母题 17·证明绝对值方程和不等式

条件(1)：由 $|x+2|\leqslant3$ 解得 $-5\leqslant x\leqslant1$，即 $-4\leqslant x+1\leqslant2$，所以 $|x+1|\leqslant4$. 故条件(1)不充分．

条件(2)：由 $|x-1|\leqslant2$ 解得 $-1\leqslant x\leqslant3$，即 $0\leqslant x+1\leqslant4$，所以 $|x+1|\leqslant4$. 故条件(2)不充分.

联立两条件，可得 $0\leqslant x+1\leqslant2$，所以 $|x+1|\leqslant2$. 可推出 $|x+1|\leqslant3$，充分．

23. A

【解析】母题 30·已知 $x+\frac{1}{x}=a$ 或者 $x^2+ax+1=0$，求代数式的值

条件(1)：由 $a^2-3a+1=0$ 可知 $a+\frac{1}{a}=3$.

所以，$\frac{a^3}{a^6+1}=\frac{1}{a^3+\frac{1}{a^3}}=\frac{1}{\left(a+\frac{1}{a}\right)\left[\left(a+\frac{1}{a}\right)^2-3\right]}=\frac{1}{18}$，充分．

条件(2)：由 $a^2+3a+1=0$ 可知 $a+\frac{1}{a}=-3$.

所以，$\frac{a^3}{a^6+1}=\frac{1}{a^3+\frac{1}{a^3}}=\frac{1}{\left(a+\frac{1}{a}\right)\left[\left(a+\frac{1}{a}\right)^2-3\right]}=-\frac{1}{18}$，不充分．

24. D

【解析】母题 90·不同元素的分组与分配

条件(1)：先分组，即 $\frac{C_6^2C_4^2C_2^2}{A_3^3}=15$(种)分法；再分配，共有 $15A_3^3=90$(种)分法，充分．

条件(2)：先分组，即$\frac{C_6^4 C_2^1 C_1^1}{A_2^2}=15$(种)分法；再分配，共有$15A_3^3=90$(种)分法，也充分.

25. A

【解析】母题 101・袋中取球问题

设取一个球是黑球的概率为P，则取一个球是白球的概率为$1-P$，$S_6=2$，说明取到了2黑4白，根据伯努利概型公式有$P_6(2)=C_6^2\cdot P^2\cdot(1-P)^4$.

条件(1)：可知$P=\frac{2}{3}$，则$P_6(2)=C_6^2\cdot P^2\cdot(1-P)^4=\frac{20}{243}$，充分.

条件(2)：可知$P=\frac{1}{3}$，则$P_6(2)=C_6^2\cdot P^2\cdot(1-P)^4=\frac{80}{243}$，不充分.

三、逻辑推理

26. D

【解析】母题 10・简单命题的真假话问题

题干中张教练和孙教练的预测是矛盾的，二者必有一真。因为“只有一位教练的预测是正确的”，所以王教练的预测一定是错误的，即省运动会冠军和国家队队员都未达标。

故D项正确。

27. C

【解析】母题 4・隐含三段论

题干的论据：靠直觉把握生活的情感→沉浸在日常生活中→¬学院生活(不待在学术界)。

题干的论点：待在学术界→不能变伟大=变伟大→不待在学术界。

故补充前提：伟大→靠直觉把握生活的情感，即可串联得：伟大→靠直觉把握生活的情感→沉浸在日常生活中→¬学院生活(不待在学术界)。

因此，C项正确。

E项，干扰项。没有对日常生活中情感的直觉把握$\xrightarrow{\text{导致}}$小说家不能成就其伟大，但是因果关系并不一定是必然的，未必能写成箭头。

28. E

【解析】母题 24・论证型假设题与搭桥法

飞机制造商：每一次事故都是由飞行员操作失误造成的$\xrightarrow{\text{证明}}$坠毁的F717飞机不存在设计方面的问题。

B项，不必假设，题干中调查人员的结论是“飞行员操作失误”，与调查人员能否辨别是否是设计、制造方面的问题无关。

E项，搭桥法，否则，事故的原因还是飞机的设计缺陷，那么飞机制造商的论证就不成立。

其余各项显然不必假设。

29. E

【解析】母题 17・调查统计型削弱题

石油公司：动物医院调查称，受污染的20只水鸟中只有1只死掉了$\xrightarrow{\text{证明}}$石油泄漏区域水鸟的存活率为95%。

A项，不能削弱，说明存活的水鸟受到严重伤害，但是无法削弱存活率。

B项，无关选项。

C项，无关选项。

D项，支持题干，说明样本具有代表性。

E项，可以削弱，样本没有代表性，说明样本偏向于存活可能性较高的水鸟。

30. C

【解析】母题29·推论题

将题干信息形式化：

①种子→开花，等价于：不开花→无种子。

②俄罗斯龙蒿→开花。

③法国龙蒿→不开花，等价于：开花→不是法国龙蒿。

④俄罗斯龙蒿的叶子没有那种使法国龙蒿成为理想的调味品的独特香味。

将题干信息①、③串联可得：种子→开花→不是法国龙蒿，故C项为真。

A项，不能推出，题干没有对两种龙蒿令人喜爱的程度进行比较。

B项，不能推出，题干只提到两种龙蒿叶子的香味，没有涉及花的香味。

D项，不能推出，题干只提到俄罗斯龙蒿和法国龙蒿，但并不代表不存在其他种类的龙蒿。

E项，不能推出，太过于绝对化。

31. D

【解析】母题20·论证型支持题

漂流理论：距今约5 000万年前，生活在马达加斯加岛上的环尾狐猴、狐蝠以及其他哺乳动物的祖先当年乘坐天然的"木筏"，来到了马达加斯加这座位于印度洋的岛屿上。

A项，提出新论据，说明在洋流的带动下这些动物会漂向马达加斯加，可以支持题干中的漂流理论。

B项，提出新论据，说明这些小型哺乳动物即使在漂流数周后依然可以存活，可以支持题干中的漂流理论。

C项，如果有超重、超大的哺乳动物，那么它们不能乘坐"木筏"漂流到马达加斯加，可以支持题干中的漂流理论。

D项，"距离不同"无法体现距离的远近，因此无法说明是否可以乘坐"木筏"，不能支持题干中的漂流理论。

E项，说明海上存在天然的"木筏"，可以支持题干中的漂流理论。

32. D

【解析】母题22·求异法型支持题

研究者使用求异法得出观点：弓形虫感染有可能是导致包括"路怒症"在内的IED心理疾病的罪魁祸首。

A项，说明弓形虫感染让老鼠变得大胆，类比支持题干中研究者的观点。

B项，说明弓形虫是引发攻击行为的原因，可以支持题干中研究者的观点。

C项，无因无果，说明在施行了抗虫感染治疗后冲动行为减少，可以支持题干中研究者的观点。

D项，有因无果，说明猫感染了弓形虫但是没有引发攻击行为，削弱题干中研究者的观点。

E项，补充论据，说明弓形虫感染与人的冲动行为有关，可以支持题干中研究者的观点。

33. E

【解析】母题20·论证型支持题

题干：格陵兰岛地下埋藏着蛇纹石$\xrightarrow{\text{证明}}$格陵兰岛在远古时期可能是一块海底大陆。

A项，无关选项，题干讨论的是格陵兰岛的形成，不是目前的状况。

B项，将这些蛇纹石与伊苏亚地区发现的蛇纹石进行类比，类比支持力度较弱。

C项，说明蛇纹石中"碳的形状"类似于"早期的海洋微生物"，这可能仅仅是一种形状上的相似，不代表蛇纹石存在于海底。

D项，地球上绝大部分地区是海洋，不代表格陵兰岛原先是海洋，且选项与"蛇纹石"无关。

E项，搭桥法，将"蛇纹石"与"海底大陆"之间建立联系，由此可证明结论。

34. C

【解析】母题29·推论题

题干："您感觉如何"等问题使采访对象没法回答，除非用含混不清或枯燥无味的话来应付。

将题干符号化：¬（用含混不清或枯燥无味的话来应付）→采访对象没法回答，等价于：采访对象有法回答→用含混不清或枯燥无味的话来应付，即C项正确。

35. B

【解析】母题3·箭头的串联

将题干信息符号化：

①冬雨有对象∧志玲有对象→¬唯唯有对象。

②康哥有对象→志玲有对象。

③冬雨有对象∧唯唯有对象。

题干信息①逆否得：④唯唯有对象→¬冬雨有对象∨¬志玲有对象。

结合题干信息④，由题干信息③可得：¬志玲有对象，再由题干信息②逆否可得：¬康哥有对象。

综上所述，冬雨有对象，唯唯有对象，志玲没有对象，康哥没有对象。

故B项正确。

36. B

【解析】母题28·解释题

待解释的现象：被广泛地排水和开发的多草湿地对鸭子、天鹅及其他绝大多数水禽的筑巢和孵化是必不可少的，但是鸭类的数目在此期间显著下降，而天鹅的数目却未受明显的影响。

A项，不能解释，禁止捕猎水鸟对鸭类和天鹅起到的作用是等同的，不会造成题干中的差异。

B项，可以解释，说明天鹅筑巢和孵化的地区未被开发，而鸭类筑巢和孵化的地区被开发了，所以鸭类数目受影响。

C项，不能解释，食物问题对鸭类和天鹅起到的作用是等同的，不会造成题干中的差异。

D项，不能解释，此项说明天鹅数目应受到影响，加剧了题干的差异。

E项，不能解释，此项说明天鹅数目应受到影响，加剧了题干的差异。

37. E

【解析】母题3·箭头的串联

由题干已知下列信息：

①¬改革→面临困境。

②改革→裁减员工。

③裁减员工→失业保险制度。

④失业保险制度。

题干信息①逆否可得：⑤¬面临困境→改革。

将题干信息⑤、②、③串联得：¬面临困境→改革→裁减员工→失业保险制度。

因为“失业保险制度”后面没有箭头指向，推不出任何命题，故Ⅰ、Ⅱ、Ⅲ项均不一定为真。

故此题正确答案为E项。

38. D

【解析】母题38·简单匹配题

选项排除法：

A项，不符合条件“(2)如果安排K上场，他必须在中位”，故排除。

B项，不符合条件“(3)如果安排L上场，他必须在1队”，故排除。

C项，不符合条件“(5)P不能与Q在同一个队”，故排除。

E项，不符合条件“(6)H与Q不在同一个队”，故排除。

所以，D项正确。

39. A

【解析】母题38·简单匹配题

选项排除法：

根据条件“(6)如果H在2队，则Q在1队的中位”，可排除B项和D项。

根据条件“(1)如果安排G上场，他必须在前位”，可排除C项和E项。

所以，A项正确。

40. C

【解析】母题40·综合推理题

选项排除法：

A项，L在2队不符合条件“(3)如果安排L上场，他必须在1队”，故排除。

B项，N在2队不符合条件“(4)K不能与N在同一个队”，故排除。

D项，Q在2队的后位，如果H在2队，则不符合条件“(6)如果H在2队，则Q在1队的中位”；如果H不在2队，则L和N在1队，P和Q在2队，不符合条件“(5)P不能与Q在同一个队”，因此Q不能在2队的后位，故排除。

E项，H在后位不符合条件(1)，故排除。

故C项正确。

41. C

【解析】母题15·求异法型削弱题

题干：

观看男性少年采取暴力行为的电影后，42%的孩子被观察到出现类似于电影中的打人行为；

观看女性少年采取暴力行为的电影后，14%的孩子出现电影中类似的暴力行为；

结论：相对于电影中女性的暴力行为，儿童更容易模仿电影中男性的暴力行为。

A项，不能削弱，两组实验中学生人数差不多。

B项，不能削弱，因为无法得知第二组是否有类似的情况。

C项，另有他因，说明第一组儿童中在观影前本身就是问题儿童的数量更大，可以削弱。

D项，支持题干，说明两组实验无差异。

E项，不能削弱，因为无法得知第一组是否有类似的情况。

42. C

【解析】母题15·求异法型削弱题

题干中的实验结论：语言能力远低于同龄人水平的青少年，成年后患精神分裂症等精神疾病的风险较高。

研究人员的观点：青少年时期语言能力的高低将是预测成年后患精神疾病风险的重要指标。

A项，此项解释了青少年语言能力发展迟缓的原因，但与题干的结论"语言能力低很可能会导致精神分裂症"无关。

B项，无关选项，题干不涉及"语言能力"与"归纳能力"的比较。

C项，说明即使青少年语言能力低，也未必说明他有患精神疾病的风险，可能是因为他得了脑肿瘤。这就说明青少年时期语言能力的高低并不是预测患精神疾病风险的重要指标，直接削弱研究人员的观点。

D项，无关选项，题干讨论的是青少年时期语言能力的高低与成年后患精神分裂症等精神疾病风险的关系，而非如何提高青少年的语言能力。

E项，无关选项。

43. A

【解析】母题13·论证型削弱题

题干：当代亚洲女性在网购服饰、化妆品方面的决定权为88%，在网购家居用品方面的决定权为85% $\xrightarrow[\text{证明}]{}$ 那些喜爱网购的亚洲女性在家庭中拥有更大的控制权。

A项，网购支出仅占家庭消费支出的25%，占比较小，女性仅通过控制网购支出起不到在家庭中拥有更大的控制权的作用，即题干的论据不充分，削弱题干。

B项，题干讨论的对象是"喜爱网购的亚洲女性"，而非全体女性，无关选项。

C项，无法得知贵重物品是否网购，以及其所占的比重，不能削弱。

D项，无关选项，经济是否独立与其在家庭中的控制权无关。

E项，无关选项。

44. C

【解析】母题24·论证型假设题与搭桥法

题干：①地球冰川之下的火山开始喷发后，会产生沸石、硫化物和黏土等物质；②在火星表面的一些圆形平顶山丘上广泛而大量地存在这些矿物质$\xrightarrow{\text{证明}}$火星早期是覆盖着冰原的，那里曾有过较多的火山活动。

A项，题干推测的是火星早期的情况，此项说明的是火星近日的情况，无关选项。

B项，火星地表地貌形成于远古时期，与火星地表地貌是否形成于火山活动无关。

C项，搭桥法，说明只要发现"沸石、硫化物和黏土"这三类物质，一定能证明存在冰川下的火山活动。

D项，无关选项，题干没有涉及远古细菌和水源。

E项，诉诸无知。

45. A

【解析】母题20·论证型支持题

将题干信息符号化：

三种主张：

三分之一的人主张①¬《复仇者联盟4》∧¬《X战警：黑凤凰》。

三分之一的人主张②《X战警：黑凤凰》∧《复仇者联盟4》。

三分之一的人主张③《X战警：黑凤凰》∧¬《复仇者联盟4》。

三种意见：

意见①：《复仇者联盟4》→¬《X战警：黑凤凰》，等价于：¬《复仇者联盟4》∨¬《X战警：黑凤凰》。

意见②：¬《X战警：黑凤凰》↔¬《复仇者联盟4》。

意见③：¬《复仇者联盟4》∨《X战警：黑凤凰》。

意见①，主张①、③的人可以通过。

意见②，主张①、②的人可以通过。

意见③，主张①、②、③的人可以通过。

综上所述，三种意见都被通过。

故A项正确。

46. C

【解析】母题16·措施目的型削弱题

题干：野生大熊猫的数量正在迅速减少$\xrightarrow{\text{导致}}$应把现存的野生大熊猫捕捉起来，并放到世界各地的动物园里去$\xrightarrow{\text{以求}}$保护该物种。

A、B项，支持题干，说明该措施有助于增加大熊猫的数量。

C项，在野生大熊猫的栖息地以外(动物园)，很难弄到大熊猫唯一的食物(竹子)，说明该措施会使大熊猫面临食物危机，可能会造成大熊猫数量的进一步减少，削弱力度大。

D项，说明在动物园里养熊猫不足以提高大熊猫的数量，但也不至于使其减少，削弱力度小。

E项，无关选项。

47. C

【解析】母题29·推论题

由题干已知下列信息：

①某超市只卖两类酒：白酒和红酒。

②有顾客买过所有品种的白酒。

③有顾客买过所有品种的红酒。

A项，不能推出，题干中的顾客未指明是否包括超市的职工。

B项，不能推出，题干中购买白酒和红酒的两类顾客不一定是同一人。

C项，可以推出，题干指出所有品种的白酒都被顾客购买过，所有品种的红酒也被顾客购买过，即所有品种的酒都被顾客购买过。

D项，不能推出，题干没有涉及来超市的顾客是否一定买酒了。

E项，不能推出，题干没有涉及来超市的顾客是否一定买酒了。

48. C

【解析】母题32·评论逻辑技法

题干：①保洁公司通常在周三统一运走袋装垃圾；②本周一是法定节假日；③如果一周中出现法定节假日，则运走垃圾的日子比常规推迟一天 $\xrightarrow{证明}$ 本周的垃圾很可能要到周四才被运走。

A项，评价不恰当，题干中的前提和结论并非不相干。

B项，剩余法，评价不恰当。

C项，由一般到个别，评价恰当。

D项，由个别到一般，评价不恰当。

E项，反证法，评价不恰当。

49. D

【解析】母题10·简单命题的真假话问题

张教官：所有人的射击成绩都不优秀。

孙教官：有的人的射击成绩优秀。

周教官：班长或者体育委员的射击成绩优秀。

因为张教官和孙教官的话矛盾，由题干条件“三位教官中只有一人说对了”可知，周教官的话为假，即班长和体育委员的射击成绩均不优秀，由此无法得知张教官和孙教官的话哪个为真。故D项为真。

A、B项，可真可假。

C、E项，为假。

50. B

【解析】母题24·论证型假设题

题干：①每个读完《拯救地球》这本书的人都不可能拒绝它的环保主义见解；②世界环保组织上个月散发了 2 000 份该书的复印本$\xrightarrow[\text{证明}]{}$今年上个月至少有 2 000 人转变为环保主义者。

A 项，必须假设，搭桥法，前提为不拒绝环保主义见解，结论为环保主义者。

B 项，不必假设，环保主义者只需要同意其中的环保主义见解即可，无须同意所有见解。

C 项，必须假设，否则就不能得出 2 000 人转变为环保主义者。

D 项，必须假设，否则转变为环保主义者的人数就会低于 2 000 人。

E 项，必须假设，肯定了题干的论据。

51. C

【解析】母题 6 · 假言命题的负命题

考古研究会：三年级以上的学生∧对考古有兴趣∧至少选修过一门考古学相关课程→可以参加考古挖掘实习。

Ⅰ项，小张是二年级学生，不符合题干的前提，不能说明题干的规定没有得到贯彻。

Ⅱ项，小李未选修过考古学相关课程，不符合题干的前提，不能说明题干的规定没有得到贯彻。

Ⅲ项，四年级学生∧对考古有兴趣∧选修过两门考古学相关课程∧¬被批准参加考古挖掘实习，与题干矛盾，说明题干的规定没有得到贯彻。

故 C 项正确。

52. C

【解析】母题 40 · 综合推理题

由题干已知下列信息：

①甲坐在 1 号座椅右边第 2 张座椅上。

②乙坐在 5 号座椅左边第 2 张座椅上。

③丙坐在 3 号座椅左边第 1 张座椅上。

④丁坐在 2 号座椅左边第 1 张座椅上。

⑤丙坐在 1 号座椅上。

根据题干信息③、⑤、①可得图 4-1：

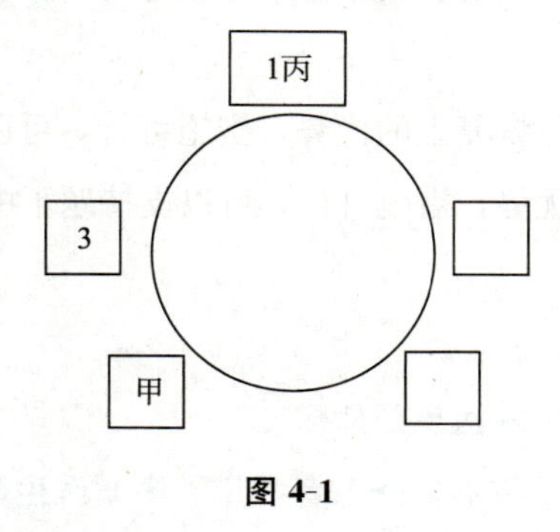

图 4-1

故甲不能坐在 1 号和 3 号座椅上。

(1)假设甲坐在 2 号座椅上，根据题干信息④可知，丁坐在 3 号座椅上。根据题干信息②可知，乙没有合适的座椅可以坐，不符合题干。

(2)假设甲坐在 4 号座椅上，根据题干信息④可得图 4-2：

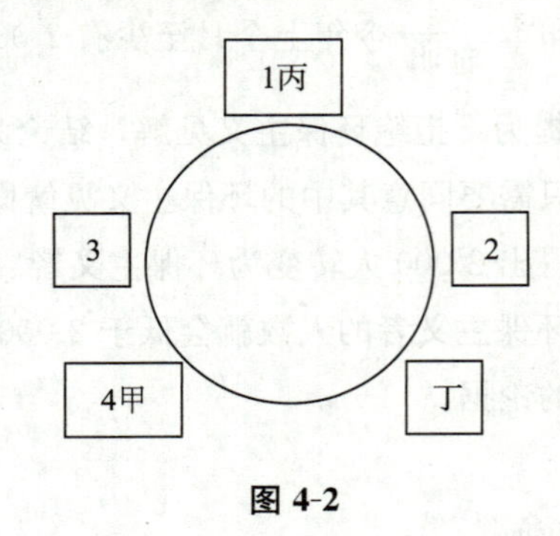

图 4-2

故丁坐在 5 号座椅上，根据题干信息②可知，乙坐在 3 号座椅上，那么戊坐在 2 号座椅上，符合题干。

(3)假设甲坐在 5 号座椅上，那么根据题干信息②可知，乙坐在 1 号座椅上，与题干信息⑤冲突，不符合题干。

故 C 项正确。

53. C

【解析】母题 23 · 措施目的型支持题

题干：一种弹性超强的新材料可以由 1 英寸被拉伸到 100 英寸以上，同时这一材料可以自行修复且能通过电压控制动作 $\xrightarrow{\text{证明}}$ 利用该材料可以制成人工肌肉，替代人体肌肉 $\xrightarrow{\text{以求}}$ 为那些肌肉损伤后无法恢复功能的患者带来福音。

A 项，说明该材料制成的人工肌肉能在肌肉损伤后快速康复，措施能达到目的，可以支持题干中研究者的观点。

B 项，说明该材料的柔韧性与正常肌肉接近，措施能达到目的，可以支持题干中研究者的观点。

C 项，说明用该材料制成的人工肌肉无法进行正常运动，措施不可行，削弱题干中研究者的观点。

D 项，说明该材料在破坏后自行恢复上的优势，措施可行，可以支持题干中研究者的观点。

E 项，说明该材料在承重上的优势，措施可行，可以支持题干中研究者的观点。

54. C

【解析】母题 2 · 德摩根定律

题干：患者数量多 ∧ 医生数量少→医患矛盾多。

上述题干的逆否命题为：医患矛盾不多→患者数量不多 ∨ 医生数量不少。

A 项，¬ 患者数量多 ∧ ¬ 医生数量少→医患矛盾多，与题干不符。

B 项，医患矛盾不多→患者数量不多 ∧ 医生数量不少，与题干不符。

C 项，医患矛盾不多→患者数量不多 ∨ 医生数量不少，是题干的逆否命题。

D 项，医患矛盾多→患者数量多∧医生数量少，与题干不符。

E 项，医患矛盾多→患者数量多∨医生数量少，与题干不符。

55. B

【解析】母题 3・箭头的串联

将题干信息形式化：

①1→2∧┐5。

②2∨5→┐4。

③┐(┐3∧┐4)，等价于：3∨4，又等价于：┐4→3。

④┐5→6。

⑤1。

由题干信息⑤、①、④可知：1→2∧┐5→6，故 2 号转动，5 号停，6 号转动。

由题干信息⑤、①、②、③可知：1→2→┐4→3，故 4 号停，3 号转动。

综上所述，同时转动的三个齿轮为 2 号、3 号、6 号。

四、写作

56. 论证有效性分析

【谬误分析】

①"很多公司、很多人想'996'都没有机会"，这一观点缺少论据支持。而且，即使真的存在这样的人，也不代表我们都需要"996"工作。

②"996"仅为一种工作方式，和"年轻"捆绑，未免过于极端。而且，并非只有年轻的时候才能"996"，马云也不是年轻的小伙子，却依然保持"12×12"的工作时长。

③难道朝九晚五的人就不能干出一番事业？不值得自我肯定吗？

④马云的成功是多方面、多因素的结果，不能仅仅归因于工作时间。如果马云在本职工作——英语教学上努力，每天都"996"，被本职工作掏空身体的他没有精力和时间创业，他现在还会成为互联网巨头之一吗？

⑤作为老板的"12×12"，与普通雇员的"996"是无法相比的，类比不当。老板的所有努力都是投入在属于个人的事业里，而普通雇员不是。

⑥没有工作的人境遇不佳，不能反推出"996"工作的人的情况就更好。而且，评价一个人的工作，不能仅看工作时长，还要看效果如何。

⑦热爱工作也不代表一定要工作 8 小时以上，充分、高效地利用 8 小时难道不是热爱工作吗？由 8 小时的工作没有意义，也不能推断出"996"的工作就有意义，"996"的工作也可能仅仅是重复没有意义的事情。

⑧"阿里"的盈利情况好，员工收入高，并不是让员工"996"工作的充分条件，也不能证明"996"工作是一种福报。事实上，评价一个人的生活好坏，不仅仅要看工作和收入，是否有时间休息、娱乐，也是重要的衡量标准。

参考范文

“996”是一种福气吗?

上述材料试图用一系列论述，得出“能‘996’是一种巨大的福气”的结论。看似有理，实则有失偏颇，现分析如下：

首先，“很多公司、很多人想‘996’都没有机会”并无法得出我们都要贯彻“996”的工作制度。例如，有很多人想移民都没有机会，能得出我们一定都要移民吗？

其次，“996”仅为一种工作方式，和“年轻”捆绑，未免过于极端。而且，并非只有年轻的时候才能“996”，马云也不是年轻的小伙子，却依然保持“12×12”的工作时长。所以只要找到自己热爱的事业，选对了方向，任何时间开始都不晚。

再次，“渴望成功所付出的努力”并非“为了现在的工作去不停地加班”。因为很有可能自己所热爱的恰好不是现在的工作，马云在创业的时候，初期不也是一位老师吗？如果他当初一直是“996”工作制，在下班之后已经精疲力竭，又怎么有精力萌生创业的想法，从而创立阿里巴巴呢？

又次，作为老板的“12×12”的工作时长，与普通雇员的“996”工作制是无法相比的。老板的所有努力都是投入在属于个人的事业里，而大部分普通员工的“996”是从事重复劳动。

最后，“阿里”的盈利情况好，员工收入高，并不是让员工“996”工作的充分条件，也不能证明“996”工作是一种福报。事实上，评价一个人的生活好坏，不仅仅要看工作和收入，是否有时间休息、娱乐，也是重要的衡量标准。

所以，上述论证存在诸多逻辑问题，难以得出“能‘996’是一种巨大的福气”的结论。

57. 论说文

善借外力

老吕写作特训营学员　丁芳芳

面对一片汪洋，只能望洋兴叹；设想一日千里，奈何蜗行龟步。对此种种，该当如何？借助外力即可。借助于船，就能横渡汪洋；借助于车，便可一日千里。当力所不能及时，善于借助外力，方可心想事成。

试问，论书法，你能与王羲之相比吗？论谱曲，你敢与贝多芬相较吗？答案如何，不言而喻。每个人都不是完美的个体，无人敢保证自己十项全能，只要是人，总会有不足与缺陷。正所谓“梅须逊雪三分白，雪却输梅一段香”是也。况且，人类本来就有自己的局限性，不能同鱼一样在水底畅游，也无法像鸟一般在空中翱翔。人总会有力所不能及之处，此时何不借助外力，实现自身无法达成的目标？

当人力所不能及时，一味强调依靠自身能力，只会徒劳无功。所谓：“他山之石，可以攻玉。”凡能成就大事者，无一不是善于借助他人之力的高手。汉高祖刘邦，带兵打仗，不如韩信；运筹帷幄，不如张良；治国安邦，不如萧何。可谓事事不如人，却仍成就千秋霸业，为什么？正是他懂得借众人之力。善于借助别人的优势，将其化作己有，弥补自身不足，成功便唾手可得。

但是，借助外力，并非一味去依赖外力。借助的外力，毕竟不是自身能力，你并不知道现在支撑你的拐杖何时会断。若一味地依赖，往往会忽略自身努力，遇事得过且过，毫无进步。当借助外力成功后，便以为所借之力，就是自身的能力，一旦失去，便会措手不及，摔得遍体鳞伤。因此，依靠自身努力，辅以外部助力，才是正道。

鲲鹏借巨风以腾飞万里，明月借日光以照亮黑夜。借，是短的延伸、弱的强化。善于借助外力，便可越自己无法越过之坎，成自己无法成就之事。

绝密★启用前

全国硕士研究生招生考试
管理类专业学位联考综合能力试题
密押卷 5

（科目代码：199）

考试时间：8：30—11：30

考生注意事项

1. 答题前，考生须在试题册指定位置上填写考生姓名和考生编号；在答题卡指定位置上填写报考单位、考生姓名和考生编号，并涂写考生编号信息点。
2. 选择题的答案必须涂写在答题卡相应题号的选项上，非选择题的答案必须书写在答题卡指定位置的边框区域内。超出答题区域书写的答案无效；在草稿纸、试题册上答题无效。
3. 填(书)写部分必须使用黑色字迹签字笔或者钢笔书写，字迹工整、笔迹清楚；涂写部分必须使用 2B 铅笔填涂。
4. 考试结束，将答题卡和试题册按规定交回。

考生编号															
考生姓名															

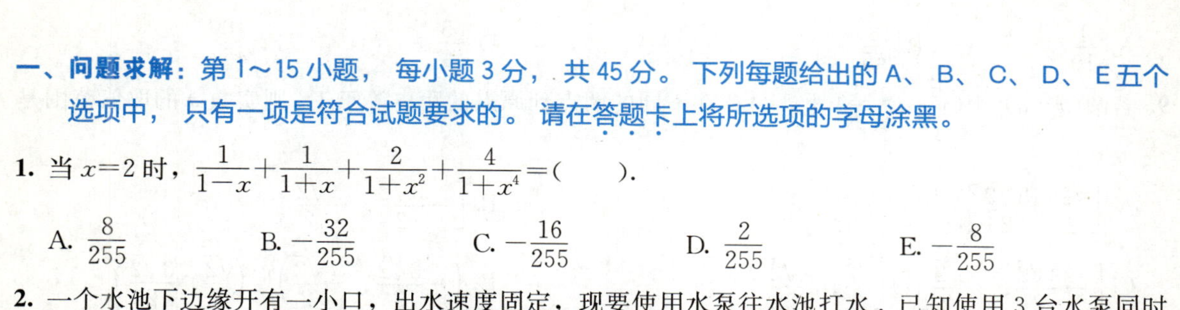

一、问题求解：第1～15小题，每小题3分，共45分。下列每题给出的A、B、C、D、E五个选项中，只有一项是符合试题要求的。请在答题卡上将所选项的字母涂黑。

1. 当$x=2$时，$\frac{1}{1-x}+\frac{1}{1+x}+\frac{2}{1+x^2}+\frac{4}{1+x^4}=$(　　).

A. $\frac{8}{255}$　　B. $-\frac{32}{255}$　　C. $-\frac{16}{255}$　　D. $\frac{2}{255}$　　E. $-\frac{8}{255}$

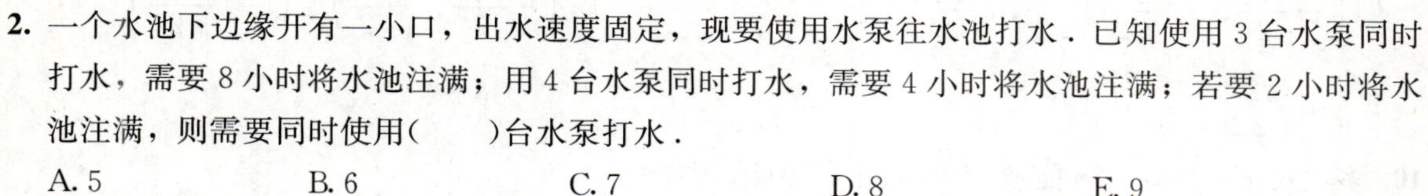

2. 一个水池下边缘开有一小口，出水速度固定，现要使用水泵往水池打水．已知使用3台水泵同时打水，需要8小时将水池注满；用4台水泵同时打水，需要4小时将水池注满；若要2小时将水池注满，则需要同时使用(　　)台水泵打水．

A. 5　　B. 6　　C. 7　　D. 8　　E. 9

3. 甲、乙两人同时从A城前往B城，A，B两城相距180千米，甲开车每小时行驶60千米，乙骑车每小时行进20千米，甲先行到达B城，停留2个小时后原路返回，在返回的途中与乙相遇，此时乙距离B城(　　)千米．

A. 20　　B. 30　　C. 60　　D. 45　　E. 50

4. 甲烧杯中有200 g浓度为25%的酒精溶液，乙烧杯中有500 g浓度为16%的酒精溶液，现在往两个烧杯中加入等量的水，使两个烧杯中的酒精溶液的浓度一样，则要加水(　　)g.

A. 180　　B. 240　　C. 300　　D. 360　　E. 400

5. 如图5-1所示，矩形的边长分别为2和3，以两个边长分别为半径作弧线，形成图中的阴影部分，则阴影部分的面积为(　　).

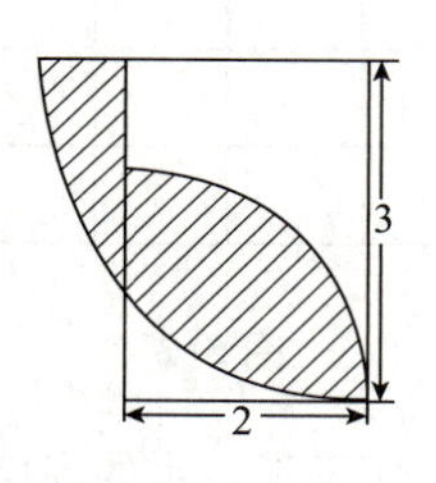

图5-1

A. $\frac{9\pi}{4}-6$　　B. $\frac{13\pi}{4}-6$　　C. $\frac{9\pi}{4}+2$　　D. $\frac{13\pi}{4}-4$　　E. $\frac{9\pi}{4}$

6. 已知α，β是方程$x^2+mx+n=0$的根，$\alpha+1$，$\beta+1$是方程$x^2-mx-n=0$的根，则$m+n=$(　　).

A. -2　　B. -1　　C. 0

D. 1　　E. 2

7. 数列$\{a_n\}$是首项为1的正项数列，且$(n+1)a_{n+1}^2-na_n^2+a_{n+1}a_n=0$，则$a_{99}=$(　　).

A. $\frac{1}{100}$　　B. $\frac{1}{99}$　　C. 0　　D. 99　　E. 100

8. 一个袋中装有仅有颜色不同的黑、白、红球共10个．从袋中任意摸出1个球，是黑球的概率为$\frac{1}{5}$；从袋中任意摸出两个球，至少一个白球的概率为$\frac{2}{3}$．则从袋中任意取出两个球，1红1白的概率为(　　).

A. $\frac{1}{10}$　　B. $\frac{8}{45}$　　C. $\frac{8}{15}$　　D. $\frac{5}{9}$　　E. $\frac{16}{45}$

9. 若圆$(x-a)^2+(y-a)^2=4$上，总存在不同的两点到原点的距离等于1，则实数a的取值范围是(　　).

A. $\left[\frac{\sqrt{2}}{2}, \frac{3\sqrt{2}}{2}\right]$　　B. $\left[-\frac{3\sqrt{2}}{2}, -\frac{\sqrt{2}}{2}\right]$

C. $\left[-\frac{3\sqrt{2}}{2}, -\frac{\sqrt{2}}{2}\right]\cup\left[\frac{\sqrt{2}}{2}, \frac{3\sqrt{2}}{2}\right]$　　D. $\left(-\frac{3\sqrt{2}}{2}, -\frac{\sqrt{2}}{2}\right)\cup\left(\frac{\sqrt{2}}{2}, \frac{3\sqrt{2}}{2}\right)$

E. $\left[0, \frac{\sqrt{2}}{2}\right]$

10. 多项式$x^3-3mx+2n$能被$x^2+2ax+a^2$整除，则(　　).

A. $m^3=-n^2$　　B. $m^3=n^2$　　C. $n^3=-m^2$

D. $n^3=m^2$　　E. $m=n$

11. 有8个人围着一个圆桌开会，甲、乙两人必须相邻，一共有(　　)种不同的坐法？

A. 8!　　B. 7!　　C. $A_6^6A_2^2$　　D. $A_7^7A_2^2$　　E. $\frac{A_7^7}{A_2^2}$

12. 某城市的街区由12个全等的矩形区组成，如图5-2所示，其中实线表示马路，从A走到B的最短路径有(　　)种？

A. 35　　B. 70　　C. 140　　D. 120　　E. 60

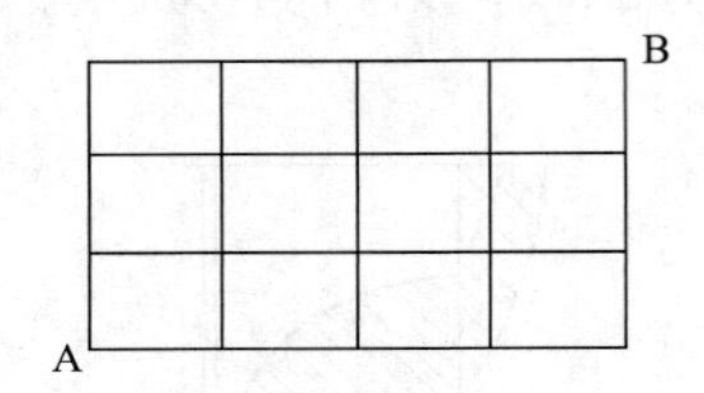

图 5-2

13. 如图5-3所示，一个内直径是8 cm的瓶子里，水的高度是7 cm，把瓶盖拧紧倒置放平，无水部分是圆柱形，高度是18 cm，则这个瓶子的容积是(　　)cm^2.

A. 200π　　B. 288π　　C. 320π

D. 400π　　E. 460π

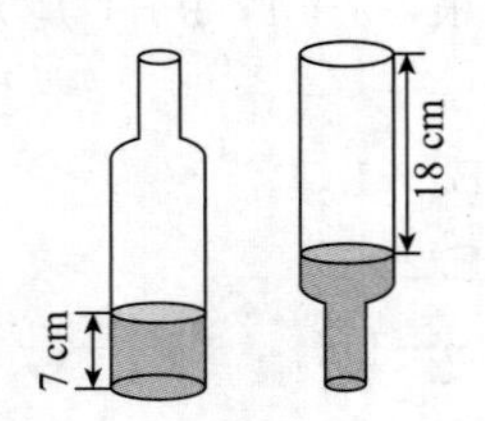

图 5-3

14. 圆C_1：$x^2+y^2-2x-5=0$和圆C_2：$x^2+y^2+2x-4y-4=0$的交点为A、B，则线段AB的垂直平分线方程为(　　).

A. $x+y-1=0$　　B. $2x-y+1=0$　　C. $x-2y+1=0$

D. $x-y+1=0$　　　　E. $x-y-1=0$

15. 若数列$\{a_n\}$是首项为1，公比为$a-\frac{3}{2}$的无穷等比数列，其所有项的和为a，则$a=$(　　).

A. $\frac{1}{4}$　　B. $\frac{1}{2}$　　C. 2　　D. $\frac{3}{2}$　　E. $\frac{1}{2}$或2

二、条件充分性判断：第16～25小题，每小题3分，共30分。要求判断每题给出的条件(1)和条件(2)能否充分支持题干所陈述的结论。A、B、C、D、E五个选项为判断结果，请选择一项符合试题要求的判断，在答题卡上将所选项的字母涂黑。

A. 条件(1)充分，但条件(2)不充分.

B. 条件(2)充分，但条件(1)不充分.

C. 条件(1)和条件(2)单独都不充分，但条件(1)和条件(2)联合起来充分.

D. 条件(1)充分，条件(2)也充分.

E. 条件(1)和条件(2)单独都不充分，条件(1)和条件(2)联合起来也不充分.

16. 某种股票经历两次价格变动，价格保持不变.

(1)第一天跌了20%，第二天上涨20%.

(2)第一天跌了20%，第二天上涨25%.

17. $\left|\frac{4}{3x-2}\right|+\frac{4}{3x-2}=0$.

(1)$x\in\left(0, \frac{2}{3}\right)$.

(2)$x\in\left(-\infty, \frac{2}{3}\right]$.

18. 在等比数列$\{a_n\}$中，$(a_4+a_5+a_6):(a_1+a_2+a_3)=8:1$.

(1)$a_2=6$，$a_5=48$.

(2)公比$q=2$.

19. a，b的算数平均值为$\frac{5}{2}$.

(1)a，b为不同的自然数.

(2)a^2和b^2的算术平均值为$\frac{13}{2}$.

20. 已知二次函数$f(x)=ax^2+bx+c$，则方程$f(x)=0$有两个不同的根.

(1)$a+c=0$.

(2)$a+b+c=0$.

21. 甲、乙两名特工共同破解一台保险箱的密码，则能够成功破解的概率为$\frac{2}{3}$.

(1)甲能够成功破解的概率为$\frac{1}{4}$，乙能够成功破解的概率为$\frac{1}{3}$.

(2)甲能够成功破解的概率为$\frac{1}{3}$，乙能够成功破解的概率为$\frac{1}{2}$.

22. 点A在圆$(x-1)^2+(y-2)^2=2$上，则过A点的切线的斜率为-1.

(1)A点的坐标为(2，3).

(2)A 点的坐标为$(1, 2+\sqrt{2})$.

23. 若球的半径为 R，则这个球的内接正方体的表面积为 72.

(1)$R=2$.

(2)$R=\sqrt{3}$.

24. 直线 $ax+by-c=0$ 被圆 $x^2+y^2=1$ 所截得的弦长为$\sqrt{2}$.

(1)$a^2+b^2-2c^2=0$.

(2)$a+b=c$.

25. 等差数列$\{a_n\}$中，可以确定 $S_{100}=a_1+a_2+\cdots+a_{100}=250$.

(1)$a_2+a_3+a_{98}+a_{99}=10$.

(2)$a_2+a_5+a_{97}+a_{98}=10$.

三、逻辑推理：第 26～55 小题，每小题 2 分，共 60 分。下列每题给出的 A、B、C、D、E五个选项中，只有一项是符合试题要求的。请在答题卡上将所选项的字母涂黑。

26. 某大型晚会的导演组在对节目进行终审时，有六个节目尚未确定是否通过，这六个节目分别是歌曲 A、歌曲 B、相声 C、相声 D、舞蹈 E 和魔术 F。综合考虑各种因素，导演组确定了如下方案：

①歌曲 A 和歌曲 B 至少要通过一个。

②如果相声 C 不能通过或相声 D 不能通过，则歌曲 A 也不能通过。

③如果相声 C 不能通过，那么魔术 F 也不能通过。

④只有舞蹈 E 通过，歌曲 B 才能通过。

如果导演组最终确定舞蹈 E 不能通过，则以下哪项必然为真?

A. 无法确定魔术 F 是否能通过。

B. 歌曲 A 不能通过。

C. 无法确定两个相声节目是否能通过。

D. 歌曲 B 能通过。

E. 相声 D 不能通过。

27. 仿制药物和拥有商标的原创药物在活性成分上既相同又等量，因为仿制药物就是用以替代拥有商标的原创药物的。但是，仿制药物有时候在服用该药的病人身上所体现出来的效果，和拥有商标的原创药物相比，又存在着一些重要的不同之处。

下面哪一项如果为真，则最有助于解释上文中所体现出来的矛盾?

A. 当拥有商标的原创药物的专利到期后，中国法律允许在不进一步研究该药物活性成分功效的情况下生产该药的仿制药物。

B. 因为一些医生对该种药物的仿制药物的剂量不熟悉，因此他们只开某种药物的拥有商标的原创药物的处方。

C. 药物中没有活性的成分和填充物能够影响该药物有效成分被吸收的速率和在血液中浓度的分布情况，仿制药物和原创药物各自所含有的填充物和没有活性的成分相互之间有很大的不同。

D. 由于仿制药物的生产者无须为该药物的研究开发进行投资，因此它们的产品能够以较低的价格出售。

E. 和年轻人的身体相比，更可能经常使用处方药的老年人的身体对药物剂量的微小改变所引致的反应显得更敏感。

28. 甲、乙、丙、丁四人商量周末出游。

甲说：乙去，我就肯定去。

乙说：丙去，我就不去。

丙说：无论丁去不去，我都去。

丁说：甲、乙中至少有一人去，我就去。

如果他们四人说的都是真话，则以下哪项推论可能是正确的？

A. 乙、丙两个人去了。

B. 甲一个人去了。

C. 甲、丙、丁三个人去了。

D. 四个人都去了。

E. 四个人都不去。

29. “扶贫必扶智。”让贫困地区的孩子们接受良好的教育，是扶贫开发的重要任务，也是阻断贫困代际传递的重要途径。

以下哪项最可能是上述论证的假设？

A. 贫困的代际传递导致教育的落后。

B. 富有阶层大都受过良好的教育。

C. 扶贫工作难，扶智工作更难。

D. 知识改变命运，教育成就财富。

E. 贫困使穷人深陷穷人思维。

30. 复活节岛是位于太平洋上的一座孤岛。在报道中，复活节岛文明的衰落常作为一个警世故事，讲述人类肆意采伐棕榈树林，致使肥沃的土壤流失，最终导致岛中食物短缺，文明自此衰落。然而近日有专家提出，复活节岛文明的衰落与树木砍伐并无必然联系。

以下哪项如果为真，则最能支持上述专家的观点？

A. 大约公元1200年，岛上居民开始砍伐棕榈树，用于建造木船，运送大型石质雕像。

B. 考古发现，当岛上最后的树木(棕榈树)被砍伐完之后，仍有大量原住民生活着，其农业耕作的水平没有下降。

C. 花粉分析表明，早在公元800年，森林的毁灭就已经开始，岛屿地层中的大棕榈树和其他树木的花粉越来越少。

D. 1772年荷兰殖民者开始登陆复活节岛，并对当地居民进行奴役，那时岛上的土著人口是4 000人，到1875年时仅有200人。

E. 岛上森林的肆意砍伐引发了沙尘暴，从而使致死疾病泛滥。

31. 研究显示，约200万年前，人类开始使用石器处理食物，例如切肉和捣碎植物。与此同时，人类逐渐演化形成较小的牙齿和脸型，以及更弱的咀嚼肌和咬力。因此研究者推测，工具的使用减弱了咀嚼的力量，从而导致人类脸型的变化。

以下哪项如果为真，则最能削弱上述研究者的观点？

A. 对与人类较为接近的灵长类动物进行研究，发现它们白天有一半时间用于咀嚼，它们的口腔肌肉非常发达，脸型也较大。

B. 200万年前人类食物类型发生了变化，这加速了人类脸型的变化。

C. 在利用石器处理食物后，越来越多的食物经过了程度更高的处理，变得易于咀嚼。

D. 早期人类进化出较小的咀嚼结构，这一过程使其他变化成为可能，比如大脑体积的增大。

E. 早期肉类和工具的使用演化出较小的咀嚼结构。

32. 在某次模拟考试中，张珊、李思、王伍、赵柳、孙琪的成绩分列第一至第五名。已知下列条件：

①张珊的名次既不挨着李思，也不挨着王伍。

②赵柳的名次既不挨着孙琪，也不挨着王伍。

③孙琪的名次既不挨着李思，也不挨着王伍。

④张珊没有染发。

⑤染发的是排在第一名和第四名的同学。

由此可见，排在第二名的是以下哪位同学？

A. 张珊。　　B. 王伍。　　C. 赵柳。

D. 孙琪。　　E. 李思。

33. 每次核聚变都会发射出中子。为了检验一项关于太阳内部核聚变频繁程度的假设，物理学家们计算了在太阳核聚变假设正确的条件下，每年会产生的中子数。他们再从这一点出发，计算出在地球某一特定地点应该经过的中子数。事实上，检测到经过该地点的中子数要比预计的少得多，看起来这一事实证明了该假设是错误的，除非有以下哪项？

A. 物理学家们应用了另一种方法来估计可能到达该地点的中子数，结果验证了他们最初的估计。

B. 关于太阳核聚变反应频率还存在着其他几种竞争性假设。

C. 太阳内部没有足够的能量来破坏它释放出的中子。

D. 用来检测中子数的方法仅发现了约不足10%的通过该地区的中子。

E. 其他星球核聚变反应所发射出的中子也到达了地球。

34. 电学工程师已多次重申，最好的晶体管扩音机与最好的电子管扩音机在通常测量评价扩音机的音乐再现质量方面的性能是一样的。因此那些坚持认为录制的音乐在最好的电子管扩音机里播放时要比在最好的晶体管扩音机里播放时听起来好的音乐爱好者，一定是在想象他们声称的听到的质量上的差异。

下面哪一项如果正确，则最能严重地削弱上述论证？

A. 许多人仅凭耳听不能区分正在播放的音乐是在好的晶体管扩音机里播放还是在好的电子管扩音机里播放。

B. 电子管扩音机的音乐再现质量的变化范围要比晶体管扩音机的大。

C. 有些重要的决定音乐听起来怎么样的特性不能被测量出来。

D. 当放出相同的音量时，晶体管扩音机比电子管扩音机的体积小，用电少且产生的热量少。

E. 在试验室里通常测定的用以评价扩音机的音乐再现质量的特性方面，有些电子管扩音机明显地比晶体管扩音机好。

35. 北京农业大学的教授在河北省推广柿树剪枝技术时，为了说服当地的群众，教授把一块柿树园一劈为二，除自然条件相同外，其他的条件包括施肥、灭虫、浇水、除草等也都相同，不同的是：其中一块柿树剪枝，而另一块不剪枝。到收获季节，剪枝的一块柿树的产量比不剪枝的多三成以上。这下农民信服了，先进的剪枝技术很快推广开来。

以下哪一项与北京农业大学教授所用的方法相同？

A. 某班同学一半学英语，另一半学日语。学期结束时，学英语的同学的成绩比学日语的同学的成绩好。这说明，该班学英语的能力要强。

B. 某部队的一支球队参加排球比赛，另一支球队参加篮球比赛。比赛结束后，篮球队拿到了冠军，而排球队只拿到第四名。看来，该部队应大力开展篮球运动。

C. 某班同学在讨论中，一部分同学认为真理有阶级性，另一部分同学认为真理没有阶级性。后来从报纸上了解到，真理是没有阶级性的。

D. 蛆是不是由肉变成的，多年来人们对此迷惑不解。1668 年，意大利医生雷地把相同的肉分别放在两个容器内，一个容器封闭，另一个容器敞开。结果，敞开的容器内肉里生蛆，而封闭的容器内肉里没有生蛆。他宣布，蛆并不是由肉变的。

E. 经常从事体育运动的人，体质普遍较好。由此看来，必须提倡体育锻炼。

36. 宝宝、贝贝、聪聪每人有两个外号，每两个人的外号都不相同。人们有时以数学博士、短跑健将、跳高冠军、小画家、大作家和歌唱家称呼他们，此外：

(1)数学博士夸跳高冠军跳得高。

(2)跳高冠军和大作家常与宝宝一起看电影。

(3)短跑健将请小画家画贺年卡。

(4)数学博士和小画家关系很好。

(5)贝贝向大作家借过书。

(6)聪聪下象棋常赢贝贝和小画家。

以下各项除了哪一项外都一定为真？

A. 宝宝的两个外号分别是小画家和歌唱家。

B. 贝贝的外号不是数学博士。

C. 聪聪的两个外号并不是数学博士和小画家。

D. 宝宝的外号不是跳高冠军。

E. 聪聪的外号是短跑健将。

37. 阿尔茨海默病是一种较为严重的疾病，4 号基因突变曾被认为是阿尔茨海默病的一项致病因素。但近期有科学家提出导致这一复杂疾病的病因可能很简单，就是一些能引起脑部感染的微生物，如 HSV-1 病毒。

以下哪项如果为真，则最能支持上述科学家的观点？

A. 携带 4 号突变基因同时感染了 HSV-1 病毒的人群罹患阿尔茨海默病的概率会比单独具有此类突变基因的群体高 2 倍。

B. 当大鼠脑部受到 HSV-1 感染时，携带 4 号突变基因的大鼠产生的病毒 DNA 是正常大鼠的 14 倍。

C. 有些携带 4 号突变基因的患者使用抗病毒药物治疗后，其病情有所好转。

D. 在一些健康老年人的大脑中也存在着 HSV-1 病毒。

E. 4 号基因突变是引发老年病的重要原因。

38. 在某学校的一次调查中，所有的教师都接受了调查。调查结果表明，所有男教师都是精力充沛的人。同时还发现，不爱运动的人，其精力也不充沛。让人惊奇的是，有一些男教师很害羞。

如果上面的陈述是正确的，则下面哪一项也是正确的？

Ⅰ. 有些害羞的人是爱运动的人。

Ⅱ. 有些害羞但爱运动的人不是男教师。

Ⅲ. 并非所有不爱运动的人都是男教师。

A. 仅Ⅰ。　　B. 仅Ⅱ。　　C. 仅Ⅲ。

D. 仅Ⅰ和Ⅲ。　　E. Ⅰ、Ⅱ和Ⅲ。

39. 在海滩旅游胜地的浅海游泳区的外延，设置渔网以保护在海水中游泳的度假者免遭鲨鱼攻击的措施，一直受到环境保护人员的指责，因为设置的渔网每年不必要地杀死了成千上万的海生动物。然而，最近环境保护人员发现，埋在游泳区外延海底的通电电缆能够让鲨鱼远离该区域，同时对游泳者和海洋生物没有造成危害。因此，该海滩旅游胜地通过实施在海底设置通电电缆而不是设置渔网的措施，可以既保证海滩旅游业的发展，又能解决那些环境保护人员所关心的问题。

下面哪一项如果为真，则能最严重地削弱原文中的推理？

A. 许多从来就没有看见鲨鱼曾经在附近水域出现过的海滩旅游胜地，没有计划要设置这种通电电缆。

B. 尽管大多数人宣称害怕鲨鱼，但是那些被看到有鲨鱼出没的海滩旅游胜地的旅游业只受到了轻微的损害。

C. 大多数旅游者不会到那些他们不能亲眼看见，但拥有实实在在的保护他们在海滩浅海游泳区游泳时免遭鲨鱼攻击的保护性屏障的海滩旅游胜地游玩。

D. 在海底埋通电电缆不是唯一的得到环境保护人员准许而又能够成功地无伤害驱逐鲨鱼的创新措施。

E. 掩埋在浅海海底的电缆里通过的电流将驱逐许多种类的海鱼，但是对那些许多海滩旅游胜地用以吸引游客眼球的海生动物不产生驱逐作用。

40. 张教授：如果医院都是私人企业，都要靠利润才能维持的话，那么，主要用于教学和科研的医科大学附属医院就要关门了，因为办这样的医院的费用是极高的。

李研究员：我不同意你的看法。医科大学附属医院所提供的医学上的挑战性课题吸引了大批最优秀的医师，这使得这样的医院能够有效地处理许多疑难病症。

以下哪项如果为真，则能够最强有力地支持李研究员对张教授的反驳？

A. 在医科大学附属医院工作的医师要求较高的工资。

B. 疑难病症的诊治要收取高价。

C. 现在的医科大学附属医院的病人死亡率要高于普通医院。

D. 医科大学附属医院的病人死亡率要高于普通医院。

E. 现在的医师都趋于高度专业化，“万金油”式的医师尽管很需要，但越来越难找。

41～42 题基于以下题干：

张珊、李思、王伍、赵柳、孙琪五位同学准备报考 MBA。他们各自准备报考北大、清华、人大三所学校中的一所。已知下列条件：

①王伍和孙琪报考的学校互不相同。

②张珊和赵柳报考同一所学校。

③李思或者报考北大或者报考清华。

④如果王伍报考人大，则张珊和他一起报考。

⑤没有一位同学独自报考了某一所学校。

41. 根据以上信息，可以推断以下哪一项可能正确？

A. 张珊、李思、王伍报考清华，赵柳和孙琪报考人大。

B. 张珊、李思、王伍、赵柳报考北大，孙琪报考人大。

C. 张珊、王伍、赵柳报考清华，李思和孙琪报考北大。

D. 张珊、赵柳、孙琪报考北大，李思和王伍报考人大。

E. 张珊、李思、王伍报考北大，赵柳和孙琪报考人大。

42. 若张珊和孙琪报考了同一所学校，则以下哪项可能正确？

A. 张珊和李思报考了同一所学校。

B. 李思和赵柳报考了同一所学校。

C. 王伍报考了人大。

D. 王伍报考了清华。

E. 李思和王伍报考了不同的学校。

43. 有调查显示，部分学生缺乏创造力。研究者认为，具有创造力的孩子在幼年时都比较淘气，而在一些家庭中，小孩子如果淘气，就会被家长严厉呵斥，这导致他们只能乖乖听话，创造力就有所下降。

这项调查最能支持的论断是：

A. 幼年是创造力发展的关键时期。

B. 教育方式会影响孩子创造力的发展。

C. 幼年听话的孩子长大之后可能缺乏创造力。

D. 有些家长对小孩子淘气倾向于采取比较严厉的态度。

E. 创造力的发展很大程度上源于个体所投身的某个知识领域的状态。

44. 人们普遍认为，保持乐观心态会促进健康。但一项对 7 万名 50 岁左右的女性进行的长达十年的追踪研究发现，长期保持乐观心态的被测试者与心态悲观的被测试者在死亡率上并没有差异。研究者据此认为，心态乐观与否和健康没有关系。

以下哪项如果为真，则最能质疑研究者的结论？

A. 在这项研究的被测试者中心态悲观的人更多患有慢性疾病，虽然尚未严重到致命的程度。

B. 与悲观的人相比，乐观的人患病后会更积极主动地治疗。

C. 乐观的人往往对身体不会特别关注，有时一些致命性疾病无法及早发现。

D. 女性更善于维持和谐的人际关系，而良好的人际关系有助于健康。

E. 我们的幸福感很大程度上取决于身体是否健康。

45. 自 20 世纪 50 年代以来，全球每年平均暴发的大型龙卷风的次数从 10 次左右上升至 15 次。与此同时，人类活动激增，全球气候明显变暖，有人据此认为，气候变暖导致龙卷风暴发的次数增加。

以下哪项如果为真，则不能削弱上述结论？

A. 龙卷风的类型多样，全球变暖后，小型龙卷风出现的次数并没有明显的变化。

B. 气候温暖是龙卷风形成的一个必要条件，几乎所有龙卷风的形成都与当地较高的温度有关。

C. 尽管全球变暖，龙卷风依然最多地发生在美国的中西部地区，其他地区的龙卷风现象并不多见。

D. 龙卷风是雷暴天气(即伴有雷击和闪电的局地对流性天气)的产物，只要在雷雨天气下出现极强的空气对流，就容易发生龙卷风。

E. 调查显示，有些地区随着龙卷风的暴发，气温急剧升高。

46. 一项关于研究青少年吸烟的调查显示，追踪那些吸烟的青少年的精神健康，一年之后，那些吸烟的青少年患抑郁症的人数是那些不吸烟的青少年患抑郁症的 4 倍。因此，吸烟后的尼古丁可以改变大脑的化学机制，从而导致青少年患抑郁症。

以下选项如果正确，则哪一项最能支持上述论证?

A. 相对于那些不抑郁的人，那些在研究最开始就抑郁的参与者更不会成为吸烟者。

B. 研究没有区分那些偶尔吸烟和重度吸烟的人。

C. 很少有研究的参与者是朋友或者亲属。

D. 某些参与者在一年的研究中表现了一段时间的抑郁。

E. 研究人员没有跟踪这些青少年的酒精摄入量。

47. 张教授：除非所有的驾驶员都必然遵守交通规则，否则有些驾车导致的纠纷可能难以避免。

李研究员：我不同意你的看法。

以下哪一项准确地表达了张教授的看法?

A. 除非所有的驾驶员都必然遵守交通规则，否则所有驾车导致的纠纷必然可以避免。

B. 或者所有驾车导致的纠纷必然可以避免，或者所有的驾驶员都必然遵守交通规则。

C. 有的驾车导致的纠纷可能难以避免，但是所有的驾驶员都必然遵守交通规则。

D. 只有并非所有的驾驶员都必然遵守交通规则，才会使所有驾车导致的纠纷必然可以避免。

E. 或者并非所有驾车导致的纠纷必然可以避免，或者所有的驾驶员都必然遵守交通规则。

48. 某企业最近开发出一种体积很小的洗碗机。该公司总经理向新闻界介绍该产品的时候说：“这种洗碗机有出口欧美市场的前景，因为西方国家的单身家庭越来越多，而这种体积小、价格低的洗碗机最适合于低收入家庭。”

下列哪项陈述有利于反驳上述观点?

Ⅰ. 洗碗机在国内市场的销售前景很好。

Ⅱ. 单身家庭并不一定是收入低的家庭。

Ⅲ. 双亲家庭一般需要大洗碗机。

A. 仅Ⅰ。　　B. 仅Ⅱ。　　C. 仅Ⅰ和Ⅱ。

D. 仅Ⅲ。　　E. 仅Ⅱ和Ⅲ。

49. 某公司准备举办趣味运动会，对于运动会采用何种形式，甲、乙、丙三人意见如下：

甲：如果采用托球跑、两人三足跑，那么单腿斗鸡和螃蟹赛跑不能都采用。

乙：如果单腿斗鸡和螃蟹赛跑不都采用，那就采用托球跑和两人三足跑。

丙：托球跑和两人三足跑不都采用。

上述三人的意见只有一个人的意见与最后结果相符合，则最后的结果是以下哪项?

A. 采用托球跑、两人三足跑，也采用单腿斗鸡和螃蟹赛跑。

B. 采用托球跑、两人三足跑，不采用单腿斗鸡和螃蟹赛跑。

C. 采用托球跑、两人三足跑和单腿斗鸡，不采用螃蟹赛跑。

D. 采用单腿斗鸡和螃蟹赛跑，不采用托球跑、两人三足跑。

E. 不采用托球跑、两人三足跑，也不采用单腿斗鸡和螃蟹赛跑。

50. 普里兰的人口普查数据表明，当地 30 多岁未婚男性的人数是当地 30 多岁未婚女性人数的 10 倍。这些男性都想结婚，但是很显然，除非他们多数与普里兰以外的女性结婚，否则除去一小部分外，大多数还会是独身。

以上论述依据下面哪个假设？

A. 女性比男性更容易离开普里兰。

B. 30 多岁的女性比同年龄的男性更趋向于独身。

C. 普里兰的男性不大可能和相差几岁的女性结婚。

D. 绝大部分未婚的普里兰的男性都不愿和外地女性结婚。

E. 普里兰的离婚率很高。

51. X 公司有 3 位管理者赵强、钱勇、周刚可以胜任分公司总经理职位，还有 3 位管理者张大大、李晓晓、王贵贵可以胜任分公司销售总监职位。现在该公司的北京、上海、杭州、广州分公司都需要新的总经理和销售总监。

已知下列条件：

①每位总经理都需要销售总监配合工作。

②一个人最多只能管理一个分公司，并应安排在熟悉的市场环境。

③张大大熟悉北京和上海市场。

④钱勇已出任杭州分公司。

如果李晓晓出任广州分公司，则以下哪项陈述一定为真？

A. 张大大出任上海分公司。

B. 赵强出任广州分公司。

C. 王贵贵出任杭州分公司。

D. 周刚出任北京分公司。

E. 张大大出任北京分公司。

52. 得 W 急性病的患者，其血液中的脂肪含量的平均水平低于正常人的水平。然而，大多数医生却认为降低血液中的脂肪含量是预防 W 这种急性病的有效方法。

以下哪项如果为真，则能对上文中看似自相矛盾的观点作出最适当的解释？

A. 给实验中的动物注射大量的人造脂肪会产生得 W 急性病的某些症状，尽管 W 这种病实际上还没有产生。

B. 只有当导致 W 急性病的介质从患者的血液中吸收大量的脂肪时，W 这种病才会从慢性转为急性。

C. 得 W 病的患者血液中的脂肪含量水平在对脂肪的吸收进行限制的饮食结构中，其变化是异常缓慢的。

D. 血液中的脂肪含量水平过高会导致其他与 W 同样严重的疾病。

E. W 急性病有可能使患者血液中的脂肪含量降低。

53. 已知下列案情：

①只有破获 003 号案件，才能确认张珊、李思、王伍三人都是罪犯。

②003 号案件没有被破获。

③如果张珊不是罪犯，则张珊的供词是真的，而张珊说李思不是罪犯。

④如果李思不是罪犯，则李思的供词是真的，而李思说自己与王伍是好朋友。

⑤现查明王伍根本不认识李思。

根据以上案情，可以推断以下哪一项为真？

A. 三人都是罪犯。

B. 三人都不是罪犯。

C. 张珊、李思是罪犯，王伍不是罪犯。

D. 张珊、李思是罪犯，王伍不能确定。

E. 张珊、王伍不能确定，李思是罪犯。

54. 所有高三(5)班的学生都获得了“三好学生”称号，但有的文科生没有获得“三好学生”称号。

如果上述断定为真，则以下哪一项也一定为真？

A. 有的获得“三好学生”称号的学生不是高三(5)班的学生。

B. 有的获得“三好学生”称号的学生不是文科生。

C. 所有获得“三好学生”称号的学生都是高三(5)班的学生。

D. 有的没获得“三好学生”称号的学生是文科生。

E. 有的获得“三好学生”称号的学生是文科生。

55. 张老师将文房四宝装在一个有四层抽屉的柜子里，让学生猜笔、墨、纸、砚分别在哪一层。按照笔、墨、纸、砚的顺序，小李猜测文房四宝分别依次装在第一、第二、第三和第四层；小王猜测文房四宝分别依次装在第一、第三、第四和第二层；小赵猜测文房四宝分别依次装在第四、第三、第一和第二层；而小杨猜测文房四宝分别依次装在第四、第二、第三和第一层。张老师说，小赵一个都没有猜对，小李和小王各猜对了一个，而小杨猜对了两个。

如果以上陈述为真，则以下哪项也一定为真？

A. 第一层抽屉里装的是墨。

B. 第一层抽屉里装的是纸。

C. 第二层抽屉里装的是纸。

D. 第三层抽屉里装的不是笔。

E. 第四层抽屉里装的不是砚。

四、写作：第56～57小题，共65分。其中论证有效性分析30分，论说文35分。请答在答题纸相应的位置上。

56. 论证有效性分析：分析下述论证中存在的缺陷和漏洞，选择若干要点，写一篇600字左右的文章，对该论证的有效性进行分析和评论。（论证有效性分析的一般要点是：概念特别是核心概念的界定和使用是否准确并前后一致，有无各种明显的逻辑错误，论证的论据是否成立并支持结论，结论成立的条件是否充分等。）

日前，曾姓女星大闹首都机场曾一度成为热点话题。在国家严令规定关于公民边检规范的情况下，她不仅藐视相关规定，在其微博上大放厥词，大有一种“我是明星，我怕谁”的态度，还在网上披露民警个人信息及照片，这是对民警身心造成严重影响的侵权行为。当然，曾姓女星最终的结果大家也是可想而知，与警察作对就是与全中国人民作对，她的星途也算是画上了一个“圆满”的句号。

曾姓女星事件虽然已经有了结果，可笔者却陷入了沉思：到底是什么原因让这些明星产生了莫名的自豪感，有勇气在微博上对粉丝大肆辱骂、对政府大放厥词呢?

笔者认为，所谓明星，放在古代就是所谓的“戏子”，只是为了博人一笑，丝毫没有尊严；放在现代也只是一名公民，顶多是一名人人都认识的公民罢了。明星存在的价值完全取决于观众对其的喜爱程度，简而言之，观众爱他(她)，那么他(她)的收入会更多；观众厌他(她)，那么他(她)的收入就会更少。因此，明星区别于常人的仅仅是获得收入的方式不同，而绝非违法犯罪、煽动社会情绪的特权。但是，最近的“柯某吸毒”和“范某事件”说明这种违法乱纪的现象在明星群体中十分普遍。

因此，明星这个职业所拥有的受人追捧的权利应该与其所承担的责任挂钩，普通人也没必要盲目地去追逐星途。咱们普通人要认清楚“明星”只是一个职业，是广大老百姓所赋予的职业，虽然那些明星不必像古代那样祈求我们这些衣食父母，但是起码的尊重是必须的，因为天底下没有一个人愿意花钱求你虐。

由此可见，下一次还有哪个明星敢仗着自己的名气站在人民的对立面时，请想一想，到底是谁能让你们吃饱喝足?在大众给了你们光荣和金钱的同时，请照顾好大众的情绪、维护好国家的尊严。

57. 论说文：根据下述材料，写一篇700字左右的论说文，题目自拟。

一位商人买下了一块晶莹剔透、大如蛋黄的钻石，他请专家检验，专家大加赞赏，但为钻石中有道裂纹表示惋惜，并说：“如果沿着裂纹切割成两块，能使钻石增值，只是一旦失败，损失就大了。”怎样切割这块钻石呢?

后来，一位技艺高超的老切割师答应试试，他设计了周密的切割方案，然后指导年轻的徒弟动手操作。当着商人的面，徒弟一下子就把钻石切成了两块。商人问老切割师为什么不自己动手，老切割师说：“我提供了计划，但我老了，不如徒弟执行得好，好的计划得有好的执行才能取得理想的效果。”

答案速查

一、问题求解

1～5　EBCCB　　6～10　DBEDB　　11～15　CADAC

二、条件充分性判断

16～20　BADCA　　21～25　BAEAD

三、逻辑推理

26～30　ACCDB　　31～35　BADCD　　36～40　EADCB

41～45　CDCAB　　46～50　AEBAC　　51～55　CBCDE

四、写作

略

答案详解

一、问题求解

1. E

【解析】母题 9・实数的运算技巧

$$\frac{1}{1-x}+\frac{1}{1+x}+\frac{2}{1+x^2}+\frac{4}{1+x^4}$$
$$=\frac{2}{1-x^2}+\frac{2}{1+x^2}+\frac{4}{1+x^4}$$
$$=\frac{4}{1-x^4}+\frac{4}{1+x^4}$$
$$=\frac{8}{1-x^8}.$$

故当 $x=2$ 时，$\frac{1}{1-x}+\frac{1}{1+x}+\frac{2}{1+x^2}+\frac{4}{1+x^4}=\frac{8}{1-x^8}=-\frac{8}{255}$.

【快速得分法】将 $x=2$ 直接代入原式可快速求解.

2. B

【解析】母题 59・工程问题

设每台水泵每小时的注水量为 x，出水口每小时的出水量为 y，水池的容量为 1.

则由题意得 $\begin{cases}1=4(4x-y),\\1=8(3x-y),\end{cases}$ 解得 $\begin{cases}x=\frac{1}{8},\\y=\frac{1}{4}.\end{cases}$

设需要 z 台水泵可以两小时注满，则 $2\times\left(\frac{1}{8}z-\frac{1}{4}\right)=1$，解得 $z=6$.

所以需要 6 台水泵.

3. C

【解析】母题 60 · 行程问题

在甲返程途中与乙相遇时，甲、乙两人共行驶了 $180\times2=360$（千米），设相遇时乙行驶了 t 小时．由题干得

$$60(t-2)+20t=360,$$

解得 $t=6$. 此时乙距离 B 城 $180-20\times6=60$（千米）.

4. C

【解析】母题 64 · 溶液问题

设加入 x g 水，可使两个烧杯中的酒精溶液的浓度一样，则由题干得

$$\frac{200\times25\%}{200+x}=\frac{500\times16\%}{500+x},$$

解得 $x=300$.

5. B

【解析】母题 70 · 阴影部分面积问题

$$S_{\text{阴影部分}}=S_{\text{大扇形}}+S_{\text{小扇形}}-S_{\text{矩形}}=\frac{1}{4}\pi\cdot3^2+\frac{1}{4}\pi\cdot2^2-2\times3=\frac{13\pi}{4}-6.$$

6. D

【解析】母题 37 · 韦达定理问题

α，β 是方程 $x^2+mx+n=0$ 的根，由韦达定理得 $\begin{cases}\alpha+\beta=-m,\\ \alpha\beta=n,\end{cases}$ ①

$\alpha+1$，$\beta+1$ 是方程 $x^2-mx-n=0$ 的根，由韦达定理得 $\begin{cases}(\alpha+1)+(\beta+1)=m,\\ (\alpha+1)\cdot(\beta+1)=-n,\end{cases}$ ②

将①式代入②式可得 $\begin{cases}-m+2=m,\\ n-m+1=-n,\end{cases}$ 解得 $\begin{cases}m=1,\\ n=0,\end{cases}$ 故 $m+n=1$.

7. B

【解析】母题 56 · 数列的递推公式问题

方法一：

$$(n+1)a_{n+1}^2-na_n^2+a_{n+1}a_n=0,$$
$$na_{n+1}^2-na_n^2+a_{n+1}^2+a_{n+1}a_n=0,$$
$$n(a_{n+1}+a_n)(a_{n+1}-a_n)+a_{n+1}(a_{n+1}+a_n)=0,$$
$$(a_{n+1}+a_n)[n(a_{n+1}-a_n)+a_{n+1}]=0,$$
$$(a_{n+1}+a_n)[(n+1)a_{n+1}-na_n]=0.$$

方法二：十字相乘法

如图 5-4 所示：

$$(n+1)a_{n+1}^2+a_{n+1}a_n-na_n^2=0,$$

故有 $(a_{n+1}+a_n)[(n+1)a_{n+1}-na_n]=0$.

因为 $a_{n+1}+a_n\neq0$，故 $(n+1)a_{n+1}-na_n=0$，即 $\frac{a_{n+1}}{a_n}=\frac{n}{n+1}$.

使用叠乘法：$a_n=\frac{a_n}{a_{n-1}}\cdot\frac{a_{n-1}}{a_{n-2}}\cdot\cdots\cdot\frac{a_3}{a_2}\cdot\frac{a_2}{a_1}\cdot a_1=\frac{n-1}{n}\cdot\frac{n-2}{n-1}\cdot\cdots\cdot\frac{2}{3}\times\frac{1}{2}\times1=\frac{1}{n}$.

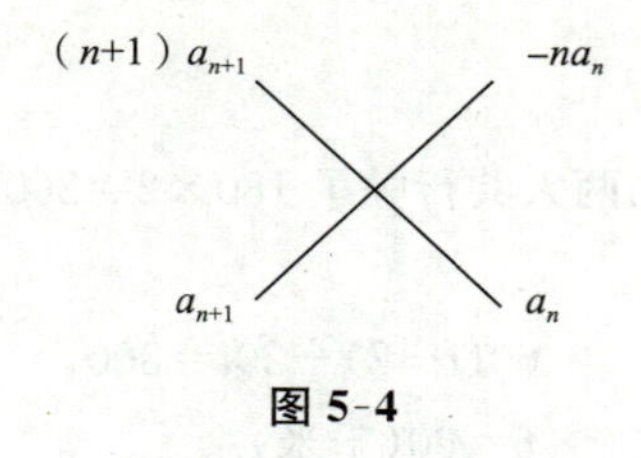

图 5-4

故 $a_{99}=\dfrac{1}{99}$.

8. E

【解析】母题 101 · 袋中取球问题

从袋中任意摸出 1 个球，是黑球的概率为$\dfrac{1}{5}$，可知黑球有 2 个.

从袋中任意摸出两个球，至少一个白球的概率为$\dfrac{2}{3}$，可知没有白球的概率为$\dfrac{1}{3}$.

设黑球和红球共有 m 个，则没有白球的概率为$\dfrac{C_m^2}{C_{10}^2}=\dfrac{m\times(m-1)}{10\times9}=\dfrac{1}{3}$，解得 $m=6$，即黑球和红球共有 6 个，可知共有黑球 2 个，红球 4 个，白球 4 个.

故，从袋中任意取出两个球，1 红 1 白的概率为$\dfrac{C_4^1C_4^1}{C_{10}^2}=\dfrac{4\times4}{\frac{10\times9}{2\times1}}=\dfrac{16}{45}$.

9. D

【解析】母题 76 · 点与圆的位置关系

由题干可得圆的圆心为$(a,\ a)$，半径为 2.

当圆心到原点的距离为 3 时，圆上恰有 1 个点到原点的距离为 1；

当圆心到原点的距离为 1 时，圆上恰有 1 个点到原点的距离为 1；

故，当圆心到原点的距离大于 1 小于 3 时，圆上有 2 个点到原点的距离为 1.

所以 $1<\sqrt{(a-0)^2+(a-0)^2}<3$，解得 $a\in\left(-\dfrac{3\sqrt{2}}{2},\ -\dfrac{\sqrt{2}}{2}\right)\cup\left(\dfrac{\sqrt{2}}{2},\ \dfrac{3\sqrt{2}}{2}\right)$.

10. B

【解析】母题 27 · 整式的除法

使用待定系数法，设 $x^3-3mx+2n=(x^2+2ax+a^2)(x+b)$，

展开，得

$$x^3-3mx+2n=x^3+(2a+b)x^2+(2ab+a^2)x+a^2b,$$

对应项相等，得$\begin{cases}2a+b=0,\\2ab+a^2=-3m,\\a^2b=2n,\end{cases}$解得$\begin{cases}m=a^2,\\n=-a^3,\end{cases}$故有 $m^3=n^2$.

11. C

【解析】母题 85 · 排队问题

甲、乙两人捆绑有 A_2^2 种排法.

由于圆形没有队首、队尾之分，所以首先要确定一个位置作为队首(同时也是队尾)，不妨设甲、

乙两人捆绑的这一位置为队首(队尾)，余下 6 人全排列有 A_6^6 种排法．

故，一共有 $A_6^6A_2^2$ 种不同的坐法．

12. A

【解析】母题 89・组合问题

从 A 点走到 B 点的最短路径需要经过 7 步，4 步向右，3 步向上．

故从 7 步中任选 4 步向右，余下 3 步向上即可，$C_7^4C_3^3=35$.

13. D

【解析】母题 71・立体几何基本问题

$$\begin{aligned}瓶子的容积&=水的体积+无水部分体积\\&=\pi\times4^2\times7+\pi\times4^2\times18=400\pi.\end{aligned}$$

14. A

【解析】母题 77・圆与圆的位置关系

线段 AB 的垂直平分线即为两圆圆心所在的直线．由题干可知，圆 C_1 的圆心为(1，0)，圆 C_2 的圆心为(−1，2)，由直线的两点式方程可得

$$\frac{y-0}{x-1}=\frac{2-0}{-1-1},$$

则线段 AB 的垂直平分线方程为 $x+y-1=0$.

15. C

【解析】母题 50・等比数列基本问题

由无穷等比数列的前 n 项和公式可得 $S=\dfrac{1}{1-\left(a-\dfrac{3}{2}\right)}=a$.

整理得 $2a^2-5a+2=0$，解得 $a=\dfrac{1}{2}$或 2.

当 $a=\dfrac{1}{2}$时，公比为 $a-\dfrac{3}{2}=-1$，此时，无穷等比数列的所有项和不存在，舍掉．

故 $a=2$.

二、条件充分性判断

16. B

【解析】母题 63・增长率问题

设股票原价为 x.

条件(1)：变动后的价格为 $x(1-20\%)(1+20\%)=0.96x$，不充分．

条件(2)：变动后的价格为 $x(1-20\%)(1+25\%)=x$，充分．

17. A

【解析】母题 16・求解绝对值方程和不等式

由绝对值的性质可知 $3x-2<0$，解得 $x<\dfrac{2}{3}$.

所以，条件(1)充分，条件(2)不充分．

18. D

【解析】母题 50 · 等比数列基本问题

$$(a_4+a_5+a_6):(a_1+a_2+a_3)=(a_1q^3+a_2q^3+a_3q^3):(a_1+a_2+a_3)=q^3:1=8:1,$$

条件(1)：可知 $q^3=\frac{a_5}{a_2}=8$，充分．

条件(2)：可知 $q^3=2^3=8$，充分．

两个条件都充分，故选 D.

19. C

【解析】母题 20 · 平均值与方差

两个条件显然单独都不充分，联立之．

由条件(2)得 $\frac{a^2+b^2}{2}=\frac{13}{2}\Rightarrow a^2+b^2=13.$

因为 a，b 为不同的自然数，则 $a=2$，$b=3$ 或 $a=3$，$b=2$.

所以，有 $\frac{a+b}{2}=\frac{5}{2}$，即联立起来充分，选 C.

20. A

【解析】母题 36 · 根的判别式问题

由方程 $f(x)=0$ 有两个不同的根，可得 $a\neq0$ 且 $\Delta=b^2-4ac>0$.

条件(1)：$a+c=0\Rightarrow a=-c$，所以 $\Delta=b^2-4ac=b^2+4a^2$.

又因为 $a\neq0$，所以 $\Delta>0$. 所以，条件(1)充分．

条件(2)：$a+b+c=0\Rightarrow b=-a-c$，所以 $\Delta=b^2-4ac=(-a-c)^2-4ac=(a-c)^2\geqslant0$，无法得出 $\Delta>0$ 的结论．所以，条件(2)不充分．

21. B

【解析】母题 102 · 独立事件的概率

条件(1)：密码能够被破解的概率为 $P=1-\left(1-\frac{1}{4}\right)\left(1-\frac{1}{3}\right)=\frac{1}{2}$，不充分．

条件(2)：密码能够被破解的概率为 $P=1-\left(1-\frac{1}{3}\right)\left(1-\frac{1}{2}\right)=\frac{2}{3}$，充分．

22. A

【解析】母题 76 · 直线与圆的位置关系

过圆 $(x-a)^2+(y-b)^2=r^2$ 上一点 (x_0, y_0) 的切线为 $(x_0-a)(x-a)+(y_0-b)(y-b)=r^2$.

条件(1)：切线为 $(2-1)(x-1)+(3-2)(y-2)=2$，整理得 $x+y-5=0$，斜率为 -1，充分．

条件(2)：切线为 $(1-1)(x-1)+(2+\sqrt{2}-2)(y-2)=2$，整理得 $y=2+\sqrt{2}$，斜率为 0，不充分．

23. E

【解析】母题 71 · 立体几何基本问题

设其内接正方体的边长为 a，则有

$$(2R)^2=a^2+a^2+a^2,$$

解得 $a=\frac{2\sqrt{3}R}{3}$.

则正方体的表面积为 $6a^2=6\times\left(\frac{2\sqrt{3}}{3}R\right)^2=8R^2$.

条件(1)：内接正方体的表面积为 $8R^2=8\times2^2=32$，不充分.

条件(2)：内接正方体的表面积为 $8R^2=8\times(\sqrt{3})^2=24$，不充分.

24. A

【解析】母题 76 · 直线与圆的位置关系

直线被圆截得的弦长为 $2\sqrt{r^2-d^2}=\sqrt{2}$，解得圆心到直线的距离 $d=\frac{\sqrt{2}}{2}$.

由点到直线的距离公式得 $\frac{|a\cdot0+b\cdot0-c|}{\sqrt{a^2+b^2}}=\frac{\sqrt{2}}{2}$，整理得 $a^2+b^2-2c^2=0$.

故条件(1)充分，条件(2)不充分.

25. D

【解析】母题 45 · 等差数列基本问题

条件(1)：$a_1+a_{100}=a_2+a_{99}=a_3+a_{98}=5$，故 $S_{100}=\frac{(a_1+a_{100})\times100}{2}=\frac{5\times100}{2}=250$.

条件(1)充分.

条件(2)：$a_2+a_{98}=2a_{50}$，$a_5+a_{97}=2a_{51}$，所以 $a_{50}+a_{51}=\frac{10}{2}=5$.

又 $a_1+a_{100}=a_{50}+a_{51}=5$，故 $S_{100}=\frac{(a_1+a_{100})}{2}\times100=\frac{5}{2}\times100=250$.

条件(2)也充分.

三、逻辑推理

26. A

【解析】母题 3 · 箭头的串联

将题干信息符号化：

①歌曲 A∨歌曲 B=¬ 歌曲 B→歌曲 A。

②¬ 相声 C∨¬ 相声 D→¬ 歌曲 A=歌曲 A→相声 C∧相声 D。

③¬ 相声 C→¬ 魔术 F。

④歌曲 B→舞蹈 E=¬ 舞蹈 E→¬ 歌曲 B。

⑤¬ 舞蹈 E。

将题干信息⑤、④、①、②串联得：¬ 舞蹈 E→¬ 歌曲 B→歌曲 A→相声 C∧相声 D，即歌曲 A 能通过，歌曲 B 不能通过，相声 C 能通过，相声 D 能通过，舞蹈 E 不能通过，魔术 F 是否能通过无法确定。

故 A 项正确。

27. C

【解析】母题 28 · 解释题

待解释的矛盾：仿制药物和拥有商标的原创药物在活性成分上既相同又等量，但是，仿制药物的效果和原创药物相比，又存在着一些重要的不同之处。

A 项，无关选项。

B项，无关选项，医生给病人开的是原创药物还是仿制药物，与这两种药物的效果无关。

C项，说明两种药物各自所含有的没有活性的成分和填充物的不同，影响了药物的效果，可以解释题干中的矛盾。

D项，无关选项。

E项，题干没有涉及年轻人和老年人在使用效果上的对比，无关选项。

28. C

【解析】母题3·箭头的串联

将题干信息符号化：

①乙→甲。

②丙→┐乙。

③丙。

④甲∨乙→丁。

由题干信息②、③可知，丙去，乙不去。甲、丁不能确定。

A项，由“乙不去”可知此项为假。

B项，由“丙去”可知此项为假。

C项，由题干可知“乙不去，丙去”，又由题干信息④知，若甲去，丁也去，故此项可能为真。

D项，由“乙不去”可知此项为假。

E项，由“丙去”可知此项为假。

29. D

【解析】母题25·因果型假设题

题干论点：让贫困地区的孩子们接受良好的教育，是扶贫开发的重要任务，也是阻断贫困代际传递的重要途径。

A项，说明贫困导致了教育的落后，因果倒置，削弱题干。

B项，说明富有的人会加强教育，题干讨论的是接受教育是否会阻断贫困代际传递，不必假设。

C项，题干的论证与扶智工作的难度无关，无关选项。

D项，将“教育”与“财富”搭桥，需要假设。

E项，无关选项，题干没有涉及穷人思维。

30. B

【解析】母题21·因果关系型支持题

专家的观点：复活节岛文明的衰落与树木砍伐并无必然联系。

A项，此项只表明了岛上居民砍伐树木的用途，但未指明这与文明衰落有关，无关选项。

B项，说明岛上居民砍伐完全部树木后并没有影响其生活，补充论据支持专家的观点。

C项，此项只表明了森林的毁灭，但未指明这与文明衰落有关，无关选项。

D项，说明是荷兰的殖民统治导致了岛上“土著人口”的下降，但土著人口下降未必能证明岛上“总人口”的下降和文明的衰落，因此不能算另有他因，支持力度弱。

E项，说明森林的砍伐是文明衰落的原因，削弱专家的观点。

31. B

【解析】母题14·因果关系型削弱题

研究者的观点：工具的使用减弱了咀嚼的力量$\xrightarrow[\text{导致}]{}$人类脸型的变化。

A 项，说明灵长类动物咀嚼时间长，脸型大，支持题干。

B 项，另有他因，说明是食物类型的变化导致了人类脸型的变化，削弱题干。

C 项，说明是石器的使用导致了咀嚼能力的下降，支持题干。

D 项，无关选项，题干没有涉及大脑体积的增大。

E 项，说明工具的使用改变了咀嚼结构，支持题干。

32. A

【解析】母题 40 · 综合推理题

由条件①、②、③可知，王伍的名次只能挨着李思，故王伍只能在第一名或者第五名。

假设王伍排在第一名，那么李思排在第二名。

由条件①、③可知，李思的名次只能挨着王伍和赵柳，故赵柳排在第三名。

由条件②可知，赵柳的名次不挨着孙琪，故赵柳的名次挨着张珊，故张珊排在第四名，孙琪排在第五名。

由条件④、⑤可知，张珊不能排在第四名，故该假设与题干矛盾。

故王伍排在第五名，那么由以上所述可知，李思排在第四名，赵柳排在第三名，张珊排在第二名，孙琪排在第一名。

故 A 项正确。

33. D

【解析】母题 13 · 论证型削弱题

题干中的假设：通过检测经过地球上某一特定地点的中子数，来检验太阳内部核聚变频繁程度。

题干中的事实：检测到经过该地点的中子数，比这一假设预计的数量少得多，可见这一假设是错误的。

A 项，无关选项，不确定“最初的估计”是否就是题干中的假设。

B 项，说明还存在其他假设，那么题干中的假设有可能是错误的。

C 项，排除中子被太阳破坏的可能，说明如果题干中的假设正确的话，应该是可以检测到相应的中子数的，因而有助于说明题干中的假设错误。

D 项，说明之所以检测到的中子数少，是因为检测方法有问题，而不是假设错误，是正确的选项。

E 项，说明检测到的到达地球的中子中包含其他星球核聚变所发射出的中子，那么来自太阳核聚变产生的中子比检测到的还少，更能证明假设错误。

34. C

【解析】母题 13 · 论证型削弱题

题干：最好的晶体管扩音机与最好的电子管扩音机在通常测量评价扩音机的音乐再现质量方面的性能是一样的$\xrightarrow[\text{证明}]{}$音乐爱好者认为最好的电子管扩音机播放音乐更好听仅仅是他们的想象。

A 项，仅凭耳听不能区分正在播放的音乐是在好的晶体管扩音机里播放还是在好的电子管扩音机里播放，这说明题干中音质的差异不是事实而是想象，支持题干。

B 项，题干只比较“最好的晶体管扩音机与最好的电子管扩音机音乐再现质量方面的性能”，音乐再现质量的变化范围与这一比较无关。

C项，说明音乐爱好者听到了不能被检测出来的特性，削弱题干。

D项，无关选项，题干只比较音效，没有比较“用电量”和“热量”。

E项，“有些”电子管扩音机的情况与“最好的晶体管扩音机”的情况无关，不能削弱。

35. D

【解析】母题36·论证逻辑型结构相似题

题干采用求异法，在相同的自然条件下，以及施肥、灭虫、浇水、除草等条件也相同的情况下，剪枝的一块柿树的产量比不剪枝的多三成以上，得出剪枝是柿树产量高的原因。

D项，把相同的肉放在两个容器内，一个容器封闭，另一个容器敞开，进行对比实验，从而探求生蛆的原因，也是使用求异法，与题干相同。

其余各项的论证方法均与题干不同。

36. E

【解析】母题40·综合推理题

由题干已知下列信息：

①数学博士不是跳高冠军。

②跳高冠军、大作家、宝宝是三个人。

③短跑健将不是小画家。

④数学博士不是小画家。

⑤贝贝不是大作家。

⑥聪聪、贝贝、小画家是三个人。

由题干信息⑥可知，小画家是宝宝。

由题干信息②、③、④可知，宝宝不是大作家、跳高冠军、短跑健将、数学博士，故宝宝还是歌唱家。

由题干信息⑤可知，贝贝也不是大作家，故聪聪是大作家。

由题干信息②可知，聪聪也不是跳高冠军，故贝贝是跳高冠军。

由题干信息①可知，贝贝也不是数学博士，故聪聪是数学博士。

因此，贝贝还是短跑健将。

综上所述，三人的外号情况见表5-1：

表5-1

人名＼外号	数学博士	短跑健将	跳高冠军	小画家	大作家	歌唱家
宝宝	×	×	×	√	×	√
贝贝	×	√	√	×	×	×
聪聪	√	×	×	×	√	×

故此题正确答案为E项。

37. A

【解析】母题21·因果关系型支持题

题干：能引起脑部感染的微生物，如 HSV-1 病毒$\xrightarrow{\text{导致}}$阿尔茨海默病。

A 项，求异法，有因有果，说明 HSV-1 病毒会提高罹患阿尔茨海默病的概率，支持题干的观点。

B 项，转移论题，“病毒 DNA”与“阿尔茨海默病”不是同一概念。

C 项，选项说明的是携带 4 号突变基因的患者的治疗，并非引起的疾病，无关选项。

D 项，有因无果，说明存在 HSV-1 病毒但没有患阿尔茨海默病，削弱题干。

E 项，“老年病”不等同于“阿尔茨海默病”，无关选项。

38. D

【解析】母题 3 · 箭头的串联

将题干信息符号化：

①男教师→精力充沛。

②┐爱运动→┐精力充沛＝精力充沛→爱运动。

③有的男教师→害羞，等价于：有的害羞→男教师。

将题干信息③、①、②串联得：④有的害羞→男教师→精力充沛→爱运动，逆否得：⑤┐爱运动的人→┐精力充沛→┐男教师。

Ⅰ项，有的害羞→爱运动，由题干信息④知此项为真。

Ⅱ项，由题干信息④知，有的害羞的男教师爱运动，即：有的害羞的爱运动的人是男教师，与此项是下反对关系，故此项可真可假。

Ⅲ项，并非所有不爱运动的人都是男教师，即有的不爱运动的人不是男教师，由题干信息⑤知此项为真。

故 D 项正确。

39. C

【解析】母题 16 · 措施目的型削弱题

题干：通过实施在海底设置通电电缆而不是设置渔网的措施，可以既保证海滩旅游业的发展，又能解决那些环境保护人员所关心的问题。

A 项，此项只能说明那些没有鲨鱼出没的海域不必要采取题干中的措施，但无法说明有鲨鱼出没的海域的情况，不能削弱。

B 项，“轻微的损害”也是损害，不能削弱。

C 项，说明旅游者不会到设置通电电缆的地方游玩，措施达不到“保证海滩旅游业的发展”的目的，可以削弱。

D 项，不能削弱，是否是“唯一”措施和其所起的作用无关。

E 项，不能削弱，题干中措施的目的是驱逐鲨鱼，不是别的鱼类。

40. B

【解析】母题 13 · 论证型削弱题

张教授：主要用于教学和科研的医科大学附属医院的费用是极高的，因此，若医院都是私人企业，都要靠利润才能维持的话，这样的医院就要关门了。

李研究员：医科大学附属医院能够有效地处理许多疑难病症，因此，这样的医院不会关门。

A 项，说明医师要求的工资高，那么医院的利润会减少，支持张教授。

B项，说明医科大学附属医院处理疑难病症能获取更多利润，支持李研究员。

其余各项均为无关选项。

41. C

【解析】母题40·综合推理题

采用选项排除法。

A项，不满足题干条件②。

B项，不满足题干条件⑤。

C项，满足题干条件。

D项，不满足题干条件③。

E项，不满足题干条件②。

42. D

【解析】母题40·综合推理题

由本题条件"张珊和孙琪报考了同一所学校"，再结合条件②可知，张珊、赵柳、孙琪报考了同一所学校。

由条件⑤可知，李思、王伍报考了同一所学校。

由条件③可知，李思、王伍报考了北大或者清华。

故D项可能正确。

43. C

【解析】母题29·推论题

题干：

①部分学生缺乏创造力。

②具有创造力的孩子在幼年时都比较淘气。

③在一些家庭中，小孩子如果淘气，就会被家长严厉呵斥，这导致他们只能乖乖听话，创造力就有所下降。

A项，题干无法体现哪个年龄段是创造力发展的关键时期，无关选项。

B项，"教育方式"范围较大，扩大了论证范围，不能推出。

C项，根据题干②逆否可得：¬淘气→¬具有创造力，可以推出。

D项，题干中"小孩子如果淘气，就会被家长严厉呵斥"是假设性的情况，而非事实情况，不能推出。

E项，无关选项。

44. A

【解析】母题15·求异法型削弱题

题干：长期保持乐观心态的被测试者与心态悲观的被测试者在死亡率上并没有差异$\xrightarrow{\text{证明}}$心态乐观与否和健康没有关系。

A项，说明心态悲观的人比乐观的人更多地患有慢性疾病，影响身体健康，提出反面论据，削弱题干。

B项，不能削弱题干。第一，乐观与悲观的人是否都会患病不明确；第二，乐观的人"主动地治疗"后是否恢复健康不明确。

C 项，说明有些人因为乐观影响了健康，但悲观是不是有更坏的影响不明确，故此项削弱力度小。

D 项，题干没有涉及性别与人际关系，更没有涉及人际关系对健康的影响，无关选项。

E 项，题干没有涉及幸福感，无关选项。

45. B

【解析】母题 14・因果关系型削弱题

题干：全球每年平均暴发的大型龙卷风的次数从 10 次左右上升至 15 次。与此同时，人类活动激增，全球气候明显变暖 $\xrightarrow{\text{证明}}$ 气候变暖导致龙卷风暴发的次数增加。

A 项，说明全球变暖没有使小型龙卷风出现的次数增加，提出反面论据，削弱题干。

B 项，说明气候温暖与龙卷风的形成有关，支持题干。

C 项，有因无果，说明虽然全球变暖，但有些地区的龙卷风现象并不多见，削弱题干。

D 项，另有他因，说明是雷暴天气导致了龙卷风，削弱题干。

E 项，因果倒置，说明龙卷风的暴发是气候变暖的原因，削弱题干。

46. A

【解析】母题 22・求异法型支持题

论据：吸烟的青少年患抑郁症的人数是那些不吸烟的青少年患抑郁症的 4 倍。

结论：吸烟后的尼古丁可以改变大脑的化学机制，从而导致青少年患抑郁症。

A 项，并非因果倒置，说明抑郁不会导致吸烟，可以支持题干的论证。

B 项，无关选项，题干比较的是"吸烟"与"不吸烟"，并非吸烟的程度。

C 项，无关选项。

D 项，不能得知抑郁者是否吸烟。

E 项，无关选项。

47. E

【解析】母题 6・假言命题的负命题

张教授：¬（所有的驾驶员都必然遵守交通规则）→有些驾车导致的纠纷可能难以避免，等价于：有的驾驶员可能不遵守交通规则→有些驾车导致的纠纷可能难以避免，等价于：所有的驾驶员都必然遵守交通规则 ∨ 有些驾车导致的纠纷可能难以避免，还等价于：所有的驾驶员都必然遵守交通规则 ∨ 并非所有驾车导致的纠纷必然可以避免。

故 E 项准确地表达了张教授的看法。

48. B

【解析】母题 14・因果关系型削弱题

题干：西方国家的单身家庭越来越多，而这种体积小、价格低的洗碗机最适合于低收入家庭 $\xrightarrow{\text{导致}}$ 这种洗碗机有出口欧美市场的前景。

Ⅰ项，无关选项，题干不涉及国内市场。

Ⅱ项，说明洗碗机价格低的优势可能在单身家庭中无法体现，可以削弱。

Ⅲ项，无关选项，题干不涉及"双亲家庭"。

故此题正确答案为 B 项。

49. A

【解析】母题 7・复言命题的真假话问题

设"托球跑∧两人三足跑"为事件 A，"单腿斗鸡∧螃蟹赛跑"为事件 B，则：

甲：A→¬ B，等价于：¬ A∨¬ B。

乙：¬ B→A，等价于：A∨B。

丙：¬ A。

假设丙说的话为真，那么甲说的话也为真，与题干"只有一个人的意见与最后结果相符合"矛盾。故丙的话为假，即事件 A 为真。

由事件 A 为真可知，乙的话为真，因此，甲的话为假。故有：¬ A∨¬ B 为假，可得：A∧B 为真，即：托球跑∧两人三足跑∧单腿斗鸡∧螃蟹赛跑为真。

故 A 项正确。

50. C

【解析】母题 24・论证型假设题

题干：普里兰当地 30 多岁未婚男性的人数是当地 30 多岁未婚女性人数的 10 倍 $\xrightarrow{\text{证明}}$ 除非他们多数与普里兰以外的女性结婚，否则除去一小部分外，大多数还会是独身。

C 项，必须假设，如果当地男性愿意与相差几岁的女性结婚的话，他们无须和普里兰以外的女性结婚，依然可以不用独身。

其余各项均不必假设。

51. C

【解析】母题 38・简单匹配题

由条件②、③可知，张大大不能出任杭州分公司。

又由于"李晓晓出任广州分公司"，由条件②可知，李晓晓不能出任杭州分公司。

又由于"钱勇已出任杭州分公司"，由条件①可知，应该有一位销售总监出任杭州分公司。

故王贵贵出任杭州分公司。

所以，C 项正确。

52. B

【解析】母题 28・解释题

待解释的现象：得 W 急性病的患者血液中的脂肪含量的平均水平低于正常人的水平，但医生却认为降低血液中的脂肪含量是预防 W 这种急性病的有效方法。

A 项，指出提高人造脂肪会出现得 W 急性病的某些症状，但是不知道降低是否能够预防，不能解释。

B 项，指出当介质从患者血液中吸收大量脂肪时，W 这种病才会由慢性变为急性，说明降低脂肪含量有效，可以解释。

C 项，无关选项，题干不涉及患者血液中的脂肪含量水平变化的快慢情况。

D 项，无关选项，题干不涉及"其他严重的疾病"。

E 项，指出题干中的医生因果倒置，可以削弱医生的观点，但不能解释医生的观点。

53. C

【解析】母题 3・箭头的串联

由题干已知下列信息：

①张珊是罪犯∧李思是罪犯∧王伍是罪犯→破获003号案件。

②¬ 破获003号案件。

③¬ 张珊是罪犯→¬ 李思是罪犯＝李思是罪犯→张珊是罪犯。

④¬ 李思是罪犯→李思与王伍是好朋友＝¬ 李思与王伍是好朋友→李思是罪犯。

⑤¬ 李思与王伍是好朋友。

将题干信息⑤、④、③串联得：¬ 李思与王伍是好朋友→李思是罪犯→张珊是罪犯。

故由“¬ 李思与王伍是好朋友”，可知：⑥张珊是罪犯∧李思是罪犯。

将题干信息②、①串联得：⑦¬ 破获003号案件→¬ 张珊是罪犯∨¬ 李思是罪犯∨¬ 王伍是罪犯。

由题干信息⑥、⑦可得：¬ 王伍是罪犯。

故C项正确。

54. D

【解析】母题3·箭头的串联＋母题8·对当关系

由题干已知下列信息：

①高三(5)班的学生→获得“三好学生”称号＝¬ 获得“三好学生”称号→¬ 高三(5)班的学生。

②有的文科生→¬ 获得“三好学生”称号。

将题干信息②、①串联得：有的文科生→¬ 获得“三好学生”称号→¬ 高三(5)班的学生。

A项，不能由题干推出，可真可假。

B项，若文科生包含获得“三好学生”称号的所有学生，则此项为假；若文科生与获得“三好学生”称号的所有学生是交叉关系，则此项为真，故此项可真可假。

C项，“获得‘三好学生’称号”后面没有箭头指向，不能由题干推出，可真可假。

D项，根据“有的”互换原则，该选项等价于题干信息②，为真。

E项，该项与题干信息②是下反对关系，可真可假。

55. E

【解析】母题40·综合推理题

由题干已知下列信息，如表5-2所示：

表5-2

项目 / 姓名	笔	墨	纸	砚	猜对数
小李	一	二	三	四	1
小王	一	三	四	二	1
小赵	四	三	一	二	0
小杨	四	二	三	一	2

由于“小赵一个都没猜对”，所以，与小赵猜的相同的均是错的，可知表5-3：

表 5-3

项目 姓名	笔	墨	纸	砚	猜对数
小李	一	二	三	四	1
小王	一	三(×)	四	二(×)	1
小赵	四(×)	三(×)	一(×)	二(×)	0
小杨	四(×)	二	三	一	2

由于“小王猜对了一个”，假设他认为“笔在第一层”为真，则小李猜“笔在第一层”也为真。

又由于“小李猜对了一个”，所以小李猜的“墨在第二层，纸在第三层”均为假，那么小杨把笔、墨、纸都猜错了，与“小杨猜对了两个”矛盾，故“笔在第一层”为假，所以“纸在第四层”。

综上，可得表 5-4：

表 5-4

项目 姓名	笔	墨	纸	砚	猜对数
小李	一(×)	二	三(×)	四	1
小王	一(×)	三(×)	四(√)	二(×)	1
小赵	四(×)	三(×)	一(×)	二(×)	0
小杨	四(×)	二	三(×)	一	2

由于小杨猜对了两个，故墨在第二层，砚在第一层。

综上所述，砚在第一层，墨在第二层，笔在第三层，纸在第四层。

故 E 项正确。

四、写作

56. 论证有效性分析

【谬误分析】

①“与警察作对”不代表“与全中国人民作对”，警察只是中国人民的一部分，警察虽然拥有人民赋予的执法权，但二者并不等价。

②将明星称为“戏子”，有失妥当。古代的“戏子”是一种蔑视性称呼，主要是指戏曲艺人。而现代的明星涵盖歌手、演员、主持人和演奏家等多种职业，所以明星和“戏子”并不等同。

③同样是公民，有人是官员、有人是科学家、有人是军人、有人是警察、有人是工人、有人是农民，这些职业都有自己的独特性。明星也是一样，不能因为明星是公民，就否定了明星的独特性。

④观众对其的喜爱程度确实是影响明星收入和明星价值的重要因素之一，但并不是唯一因素。明星的价值也并不能简单地通过收入来衡量，如今许多明星自愿用自己的影响力助力公益活动，虽然没有获得收入，但不能说其行为没有价值。

⑤“‘柯某吸毒’和‘范某事件’”仅仅是个例，并不能说明这种违法乱纪的现象在明星群体中“十分普遍”。

⑥明星也是一种职业，所有职业不分高低贵贱，董事长和服务员都值得被尊重。所以，不能因为“我”是“衣食父母”就要求明星“尊重”甚至“祈求”。

⑦金钱不代表正义，人人需要遵纪守法，明星也不例外，但这并不是因为大众给了明星荣光和金钱。

参考范文

有失偏颇的论证

上述材料通过曾姓女星大闹首都机场的事件，试图探寻“何种原因致使明星藐视相关规定、公然违规”，然而在其论证过程中存在诸多逻辑漏洞，现分析如下：

首先，“与警察作对”不代表“与全中国人民作对”，警察只是中国人民的一部分，警察虽然拥有人民赋予的执法权，但二者并不等价。

其次，将明星称为“戏子”，有失妥当。古代的“戏子”是一种蔑视性称呼，主要是指戏曲艺人。而现代的明星涵盖歌手、演员、主持人和演奏家等多种职业，所以明星和“戏子”并不等同。况且，材料认为“戏子只是为了博人一笑，丝毫没有尊严”，未免过于狭隘。我国京剧表演艺术家梅兰芳，发展和提高了京剧旦角的演唱和表演艺术，形成“梅派”。梅兰芳先生不仅受人尊敬，还将永载戏剧史册。

再次，观众的偏好确实在一定程度上能反映明星存在的价值，但并不唯一。譬如，为演艺事业作出的贡献、为艺术传承作出的努力，这同样具有价值。进一步说，明星存在的价值并不能简单地通过收入来衡量，如今许多明星自愿用自己的影响力助力公益活动，虽然没有获得收入，但能说其行为没有价值吗？显然不能。

而且，“‘柯某吸毒’和‘范某事件’”仅仅是个例，并不能说明这种违法乱纪的现象在明星群体中“十分普遍”。按照材料的逻辑，A 班有两名同学考试成绩不及格，就能说明 A 班同学考试成绩不及格的现象十分普遍吗？这显然不妥。

所以，上述材料中存在诸多逻辑问题，对有关明星的问题我们仍需正确理性地看待。

57. 论说文

计划重在执行

老吕学员　KKW

老切割师设计了周密的切割方案，年轻的徒弟完成了完美的切割操作，实现了钻石的增值。可见，好的执行使得计划能够达到理想的效果，因此，设计计划重在执行。

计划是为了明确目标，而只有真正采取行动才能实现这一目标。对于企业，制定长远的战略有助于其发展壮大，但实际执行才是成功的根本保障。阿里巴巴首先明确了其横向及纵向一体化的发展战略，然后在几年内，陆续投资并购了十余家不同领域的公司，为其带来了大量的客户。正是阿里巴巴良好的执行力，使其市场占有率大大提高，在实现战略目标的同时获得了丰厚的利润。

言之易，行之难。实际上，有了好的计划却没有执行的情况数不胜数。有人制订了每天的学习计划，却不按时完成；有人制订了减肥计划，却从来不会管住嘴或是迈开腿。时间一长，这些看似完美的计划就会被搁置在一旁，或干脆不了了之，过一段时间又会制订新的计划，执行力的缺乏开启了这一恶性循环，最终导致一事无成。

既然已经制订了好的计划，为什么许多人不能执行呢？首先，计划的执行需要一定的时间，需要耐心与毅力，且一般不会产生立竿见影的效果，所以许多人因为惰性难以坚持。其次，坚持完成了计划却没有得到任何好处，就会缺乏执行的动力。尤其在企业中，完成了任务与出错甚至未完成别无二致，没有任何适当的激励，必然就会降低员工的积极性。

执行计划的过程虽然可能是艰难的、有风险的，但应着眼于完成计划后的长远利益。年轻的徒弟将钻石切割后使其增值，为商人带来了利益；员工在工作中积极完成各项任务，必然会增加以后升职加薪的可能性；企业努力探索实现战略目标的方法，能够增强其竞争力，以实现更大的利润。所以，执行后的好处显而易见。

“与其临渊羡鱼，不如退而结网。”将计划付诸行动，方能达到理想的效果。

绝密★启用前

全国硕士研究生招生考试
管理类专业学位联考综合能力试题
密押卷 6

（科目代码：199）

考试时间：8：30—11：30

考生注意事项

1. 答题前，考生须在试题册指定位置上填写考生姓名和考生编号；在答题卡指定位置上填写报考单位、考生姓名和考生编号，并涂写考生编号信息点。
2. 选择题的答案必须涂写在答题卡相应题号的选项上，非选择题的答案必须书写在答题卡指定位置的边框区域内。超出答题区域书写的答案无效；在草稿纸、试题册上答题无效。
3. 填(书)写部分必须使用黑色字迹签字笔或者钢笔书写，字迹工整、笔迹清楚；涂写部分必须使用 2B 铅笔填涂。
4. 考试结束，将答题卡和试题册按规定交回。

考生编号															
考生姓名															

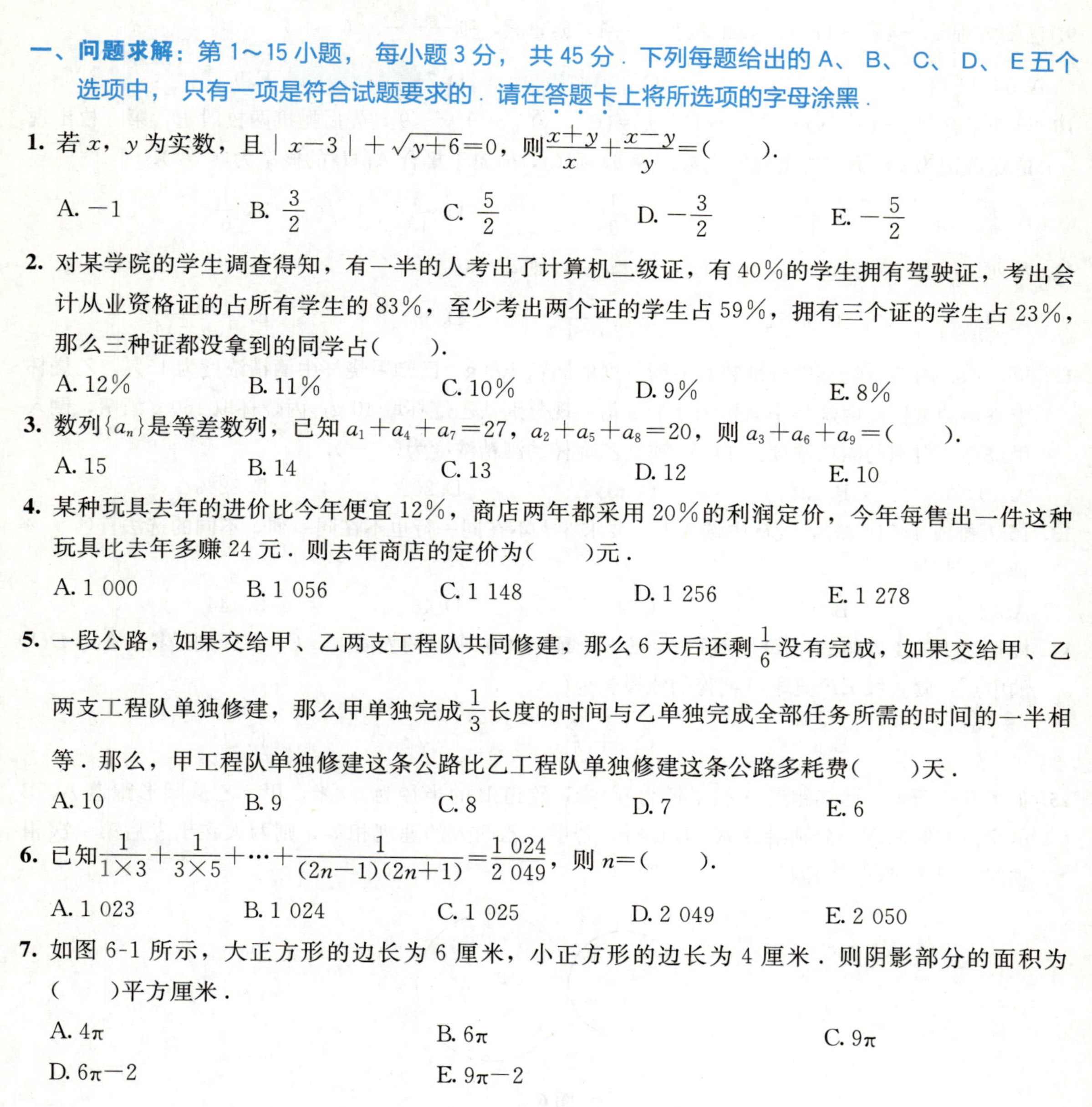

一、问题求解：第 1～15 小题，每小题 3 分，共 45 分．下列每题给出的 A、B、C、D、E 五个选项中，只有一项是符合试题要求的．请在答题卡上将所选项的字母涂黑．

1. 若 x，y 为实数，且 $|x-3|+\sqrt{y+6}=0$，则 $\frac{x+y}{x}+\frac{x-y}{y}=$（　　）．

A. -1　　B. $\frac{3}{2}$　　C. $\frac{5}{2}$　　D. $-\frac{3}{2}$　　E. $-\frac{5}{2}$

2. 对某学院的学生调查得知，有一半的人考出了计算机二级证，有 40%的学生拥有驾驶证，考出会计从业资格证的占所有学生的 83%，至少考出两个证的学生占 59%，拥有三个证的学生占 23%，那么三种证都没拿到的同学占（　　）．

A. 12%　　B. 11%　　C. 10%　　D. 9%　　E. 8%

3. 数列 $\{a_n\}$ 是等差数列，已知 $a_1+a_4+a_7=27$，$a_2+a_5+a_8=20$，则 $a_3+a_6+a_9=$（　　）．

A. 15　　B. 14　　C. 13　　D. 12　　E. 10

4. 某种玩具去年的进价比今年便宜 12%，商店两年都采用 20%的利润定价，今年每售出一件这种玩具比去年多赚 24 元．则去年商店的定价为（　　）元．

A. 1 000　　B. 1 056　　C. 1 148　　D. 1 256　　E. 1 278

5. 一段公路，如果交给甲、乙两支工程队共同修建，那么 6 天后还剩 $\frac{1}{6}$ 没有完成，如果交给甲、乙两支工程队单独修建，那么甲单独完成 $\frac{1}{3}$ 长度的时间与乙单独完成全部任务所需的时间的一半相等．那么，甲工程队单独修建这条公路比乙工程队单独修建这条公路多耗费（　　）天．

A. 10　　B. 9　　C. 8　　D. 7　　E. 6

6. 已知 $\frac{1}{1\times3}+\frac{1}{3\times5}+\cdots+\frac{1}{(2n-1)(2n+1)}=\frac{1\ 024}{2\ 049}$，则 $n=$（　　）．

A. 1 023　　B. 1 024　　C. 1 025　　D. 2 049　　E. 2 050

7. 如图 6-1 所示，大正方形的边长为 6 厘米，小正方形的边长为 4 厘米．则阴影部分的面积为（　　）平方厘米．

A. 4π　　B. 6π　　C. 9π

D. $6\pi-2$　　E. $9\pi-2$

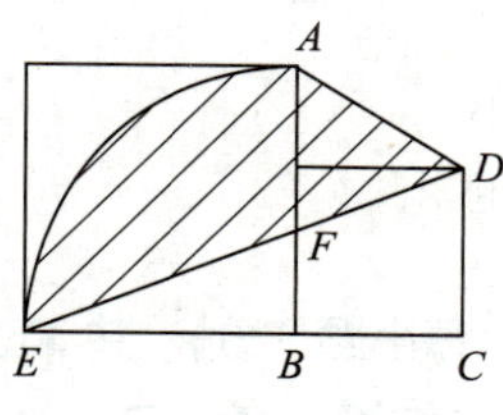

图 6-1

8. 直线 $2x-y+m=0$ 向右平移一个单位后，与圆 $x^2+y^2-2x+4y=0$ 相切．则 m 的值为（　　）．

A. 2 或 -8　　B. 3 或 -7　　C. 4 或 -6

D. 1 或 -9　　E. 5 或 -5

9. 已知方程 $x^3-4x^2+4x-1=0$ 的根为 $x_1=1$，x_2，x_3，则 $\frac{x_3}{x_2}+\frac{x_2}{x_3}=$(　　).

A. 0　　B. 1　　C. 3　　D. 7　　E. 9

10. 已知集合 $A=\{(x,\ y)\mid y\geqslant x-1\}$，$B=\{(x,\ y)\mid x^2+y^2\leqslant 9\}$. 先后抛掷两枚骰子，第一枚出现的点数记为 a，第二枚出现的点数记为 b，则 $(a,\ b)$ 属于集合 $A\cap B$ 的概率为(　　).

A. $\frac{1}{18}$　　B. $\frac{1}{12}$　　C. $\frac{1}{9}$　　D. $\frac{5}{18}$　　E. $\frac{1}{6}$

11. 数列 $\{a_n\}$ 中，首项 $a_1=3$，$a_n-a_{n+1}=5a_na_{n+1}$，则 $a_n=$(　　).

A. $\frac{6}{2n+1}$　　B. $2n+1$　　C. $\frac{6}{3n-1}$　　D. $5n-2$　　E. $\frac{3}{15n-14}$

12. 甲、乙、丙三个烧杯中分别装有不同浓度的酒精 400 g，已知甲烧杯中酒精浓度为 15%，乙烧杯中酒精的浓度是丙烧杯中酒精浓度的 2 倍．现分别从乙烧杯取 40 g，丙烧杯取 160 g 酒精，倒入甲烧杯．得到的酒精浓度为 14%. 那么乙烧杯的酒精浓度为(　　).

A. 10%　　B. 13%　　C. 15%　　D. 20%　　E. 22%

13. 16 人排成 4×4 方阵，现从中选 3 人，要求 3 人不在同一行也不在同一列，不同的选法有(　　)种．

A. 16　　B. 96　　C. 24　　D. 48　　E. 144

14. 棱长为 1 的正方体 $ABCD\text{-}A_1B_1C_1D_1$ 的 8 个顶点都在球 O 的表面上，E，F 分别是棱 AA_1，DD_1 的中点，则直线 EF 被球 O 截得的线段长为(　　).

A. $\frac{\sqrt{2}}{2}$　　B. 1　　C. $1+\frac{\sqrt{2}}{2}$　　D. $\sqrt{2}$　　E. 2

15. 如图 6-2 所示，已知跑道 A 的半径为 60 米，跑道 B 的半径为 80 米，甲、乙从圆形跑道 A、B 的交点同时出发，分别沿着 A、B 步行，若甲、乙两人的速度相等，则两人在出发后第一次相遇时，甲走了(　　)圈．

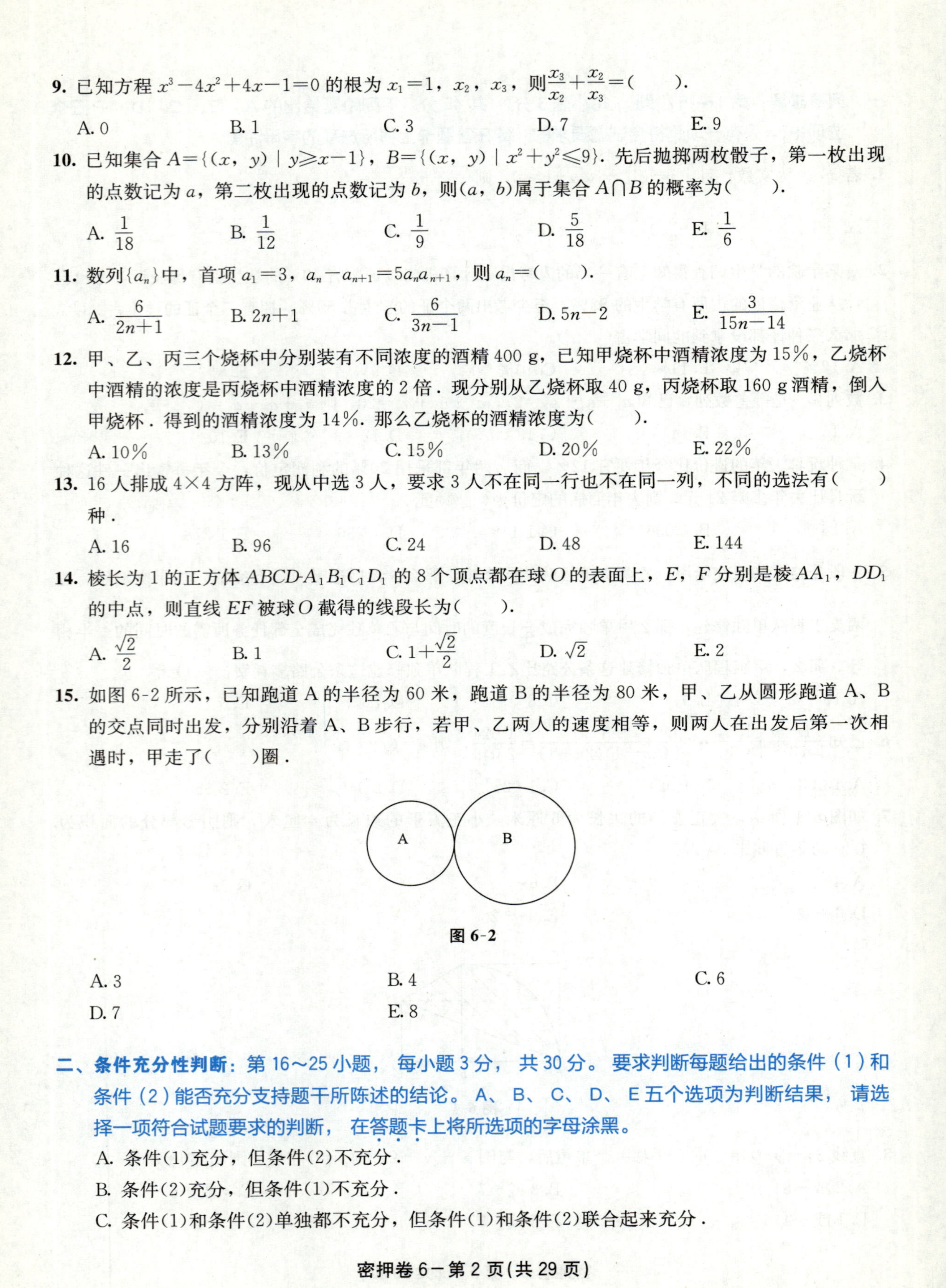

图 6-2

A. 3　　B. 4　　C. 6

D. 7　　E. 8

二、条件充分性判断：第 16～25 小题，每小题 3 分，共 30 分。要求判断每题给出的条件（1）和条件（2）能否充分支持题干所陈述的结论。A、B、C、D、E 五个选项为判断结果，请选择一项符合试题要求的判断，在答题卡上将所选项的字母涂黑。

A. 条件(1)充分，但条件(2)不充分．

B. 条件(2)充分，但条件(1)不充分．

C. 条件(1)和条件(2)单独都不充分，但条件(1)和条件(2)联合起来充分．

D. 条件(1)充分，条件(2)也充分．

E. 条件(1)和条件(2)单独都不充分，条件(1)和条件(2)联合起来也不充分．

16. 甲瓶装纯盐酸 20 千克，乙瓶装水 60 千克，分别从两瓶中各取出等量溶液 x 千克倒入对方瓶中，然后再从两瓶中各取出 x 千克倒入对方瓶中，则甲、乙两瓶溶液浓度相等．

(1)$x=15$.

(2)$x=12$.

17. 从 5 对夫妻中选出 4 人，则 $P=\frac{4}{7}$.

(1)选出的 4 人中至少有一对夫妻．

(2)选出的 4 人中恰有一对夫妻．

18. $P=\frac{3}{4}$.

(1)从 5 个红球，3 个白球，2 个绿球的 10 个除颜色外完全相同的球中任取 3 个，则所取 3 个中至少有 2 个颜色相同的概率．

(2)从 5 个红球，4 个白球，1 个绿球的 10 个除颜色外完全相同的球中任取 3 个，则所取 3 个中至少有 2 个颜色相同的概率．

19. 一元二次方程 $x^2+bx+c=0$ 的两个根为一正一负．

(1)$c<0$.

(2)$b^2-4c>0$.

20. 关于 x 的一元方程 $x^4-3x^2+k=0$ 有四个相异的实根．

(1)$0<k<\frac{1}{4}$.

(2)$-\frac{1}{2}\leqslant k<1$.

21. 设 A、B 为随机事件，$A=B$ 成立．

(1)$P(\overline{A}B)=0$.

(2)$P(A\overline{B})=0$.

22. 直线 l 与直线 $y=3x+1$ 关于直线 $x+y=0$ 对称．

(1)直线 l 的方程为 $3x-y-1=0$.

(2)直线 l 的方程为 $x-3y+1=0$.

23. 已知 $x>0$，$y>0$，则 $\frac{(a+b)^2}{cd}$ 的最小值为 6.

(1)x，a，b，y 成等差数列．

(2)x，c，d，y 成等比数列．

24. $A=10$

(1)在数字 1，2，3 与符号“+”，“−”总共 5 个元素的所有全排列中，任意两个数字都不相邻的全排列个数是 A.

(2)将 4 个颜色互不相同的球全部放入编号为 1 和 2 的两个盒子里，使得放入每个盒子里的球的个数不小于该盒子的编号，则不同的放球方法有 A 种．

25. 设 $f(x)=ax^2+bx+c$，能确定 $\frac{f(-1)}{f(1)}=-3$.

(1)对任意的 x 有 $f(x+1)=f(1-x)$.

(2)函数 $f(x)$ 的图像过点(2，0).

三、逻辑推理：第 26～55 小题，每小题 2 分，共 60 分。下列每题给出的 A、B、C、D、E 五个选项中，只有一项是符合试题要求的。请在答题卡上将所选项的字母涂黑。

26. 除非能保证四个小时的睡眠，否则大脑将不能得到很好的休息；除非大脑得到很好的休息，否则第二天大部分人都会感觉到精神疲劳。

如果上述断定为真，则以下哪项也一定为真？

A. 只要大脑得到充分休息，就能消除精神疲劳。

B. 大部分人的精神疲劳源于睡眠不足。

C. 或者大脑得到充分休息，或者第二天能消除精神疲劳。

D. 如果大脑得到了很好的休息，则必定保证了四个小时的睡眠。

E. 如果你只睡三个小时，那么第二天一定会精神疲劳。

27. 科学家对 76 位心脏病患者进行了研究，采用"一名志愿者带一只狗前去探望病人""一名志愿者前去探望病人"以及"没有志愿者前去探望病人"三种方法分别测试这些病人的反应。结果发现第一种情况下病人的焦虑程度下降了 24%，第二种情况下病人的焦虑程度只下降了 10%，第三种情况下病人的焦虑程度仍保持原来的水平。因此，科学家认为狗能帮助心脏病患者降低焦虑情绪。

以下哪项如果为真，则最能对上述科学家的观点提出质疑？

A. 带狗和不带狗探视的试验分别选择在两个不同的时间段进行。

B. 在带狗的志愿者中，绝大多数喜欢并自己饲养宠物狗。

C. 在被探视的病人中，绝大多数喜欢并自己饲养宠物狗。

D. 志愿者带去探望病人的狗大多数都是性情比较温顺的。

E. 志愿者带去探望病人的狗大多数都不是性情比较温顺的。

28. 针对某种溃疡最常用的一种疗法可在 6 个月内将 44% 的患者的溃疡完全治愈。针对这种溃疡的一种新疗法在 6 个月的试验中使 80% 的患者的溃疡取得了明显改善，61% 的患者的溃疡得到了痊愈。由于该试验只选取了那些病情比较严重的溃疡患者，因此这种新疗法在疗效方面显然比最常用的疗法更显著。

对下列哪一项的回答能最有效地对上文的论述作出评价？

A. 这两种疗法使用的方法有何不同？

B. 这两种疗法的使用成本是否存在很大差别？

C. 在 6 个月中以最常用疗法治疗的该种溃疡的患者中，有多大比例取得了明显康复？

D. 这种溃疡如果不进行治疗的话，病情显著恶化的速度有多快？

E. 在参加 6 个月的新疗法试验的患者中，有多大比例的人对康复的比例不满意？

29. 张老师的班里有 60 个学生，男、女生各一半。有 40 个学生喜欢数学，有 50 个学生喜欢语文。如果以上陈述为真，那么以下哪项可能是真的？

Ⅰ. 20个男生喜欢数学而不喜欢语文。

Ⅱ. 20个喜欢语文的男生不喜欢数学。

Ⅲ. 30个喜欢语文的女生不喜欢数学。

A. 仅仅Ⅰ。　B. 仅仅Ⅱ。　C. 仅仅Ⅲ。

D. 仅Ⅰ和Ⅱ。　E. Ⅰ、Ⅱ和Ⅲ。

30. 在建筑设计工作中，如果它对公众的使用来说是既美观又实用的话，那么它必然是不惹眼的，即与周围环境是和谐的。现代的建筑师由于受利己主义的干扰而违背了这一原则，使他们的设计工作染上了很强的个性色彩，创造出来的建筑不是不惹眼的。

如果上述命题为真，那么以下哪个选项可能为真？

A. 某些建筑虽然美观实用，但与周围环境并不和谐。

B. 某些染上很强个性色彩的建筑设计是美观而实用的。

C. 某些染上很强个性色彩的建筑设计与周围环境是和谐的。

D. 与周围环境和谐的建筑设计可能是既美观又实用的。

E. 某些惹眼的建筑设计美观而实用。

31. 如果贯彻绝对公平，那么必然导致按劳分配。若按劳分配，将出现贫富不均。除非贫富均等，否则不能贯彻绝对公平。

如果上述断定都是真的，那么以下哪项也一定是真的？

A. 必须实行按劳分配。

B. 必须实行按需分配。

C. 必须贯彻绝对公平。

D. 不能贯彻绝对公平。

E. 不能实行按劳分配。

32. 爬行动物不是两栖动物，两栖动物都是卵生的。所以，凡是卵生的动物都不是爬行动物。

以下哪项在推理结构上和题干最为类似？

A. 商品都是有使用价值的，貂皮大衣是有使用价值的。所以，貂皮大衣是商品。

B. 考试不及格就会补考，补考的学生不能参加三好学生评选。所以，所有不能参加三好学生评选的都曾经考试不及格。

C. 所有说粤语的人都不是广东人。因为广东人不是香港人，而香港人都说粤语。

D. 过度溺爱孩子会导致孩子经常哭闹，经常哭闹都有肠胃问题。所以，孩子的肠胃问题可能是由家长溺爱孩子造成的。

E. 香港人不说普通话，台湾人都说普通话。所以，所有台湾人都不是香港人。

33. 一种非侵犯性诊断程序——磁共振造影(MRI)，能被用来确认冠状动脉堵塞。与一种经常使用的侵犯性诊断程序A相比，磁共振造影不会对病人产生危害。因此，为了在探测冠状动脉是否堵塞时确保病人的安全，磁共振造影应在所有尝试诊断冠状动脉堵塞时取代A程序。

以下哪项如果为真，则最能削弱上述论证？

A. A程序能被用来诊断冠状动脉堵塞之外的情况。

B. 磁共振造影主要是用来诊断冠状动脉堵塞的。

C. A程序能比磁共振造影揭示更多的关于堵塞物本性的信息。

D. 磁共振造影与A程序一样能够确认冠状动脉堵塞。

E. 使用A程序时没有造成风险的一些病人不愿意使用磁共振造影。

34～35题基于以下题干：

张教授：在中国，韩语不应当作为外语，因为中国的朝鲜族人都把韩语作为日常语言。

李研究员：你的说法不能成立。因为依照你的说法，在美国，法语和西班牙语也不应当作为外语，因为相当一部分美国人把法语或西班牙语作为日常语言。

34. 以下哪项最为准确地概括了张教授和李研究员争论的焦点？

A. 在中国，韩语是否应当作为外语？

B. 中国的朝鲜族人是否把韩语作为日常语言？

C. 一个国家的母语是否应当只限于一种？

D. 一种语言被作为外语的标准是什么？

E. 在美国，法语和西班牙语是否应当作为外语？

35. 以下哪项最为准确地概括了李研究员的反驳所运用的方法？

A. 指出一个与对方的论据相矛盾的事实。

B. 对对方论据的真实性提出质疑。

C. 举出一个反例直接反驳对方的一般性结论。

D. 对对方的论据提出一个不同的解释。

E. 从对方的论据得出一个不能接受的结论。

36. 高塔公司是一家占用几栋办公楼的公司，正在考虑在它所有的办公楼内安装节能灯泡，这种节能灯泡与目前正在使用的传统灯泡相比能发出相同亮度的光，但所需的电量仅是传统灯泡的一半，并且这种节能灯泡的寿命比传统灯泡大大加长。因此，在旧灯泡坏掉的时候换上这种节能灯泡，高塔公司可以大大降低其总体照明的成本。

下列哪一项如果正确，则最能支持题干的论证？

A. 如果广泛地采用这种节能灯泡，这是非常可能的，那么节能灯泡的产量就会大大增加，从而使其价格与那些传统灯泡相当。

B. 为高塔公司提供电力的公共事业公司向其最大的客户们提供折扣。

C. 高塔公司最近签订了一份合同，要再占用一栋小的办公楼。

D. 高塔公司发起了一项活动，鼓励其员工在每次离开房间时关灯。

E. 生产这种节能灯泡的公司对灯泡中使用的革新技术取得了专利，因此它享有生产节能灯泡的独家权利。

37. 研究人员报告说，动物脑部具有不同功能的区域占总脑量的比例是物种的一个重要特征。他们发现，在同物种中不同个体之间的脑容量可能有明显差别，但脑部结构特征基本一致；而不同物种之间，其脑部结构特征就有较大差异。研究人员据此认为，脑部结构特征将有助于分辨不同物种间的亲缘关系。他们还指出，脑部结构的变化，通常标志着由进化产生了新的种群。例如，从较为原始的狐猴进化到现代的猴子、从猿进化到人，脑部的重要变化是新大脑皮层所占比例增加。

以下哪项能够从以上陈述中推出？

A. 聪明人的大脑皮层比常人发达。

B. 人的大脑皮层比猴子发达。

C. 黑猩猩和大猩猩脑结构的相似度大于黑猩猩和猴子的脑结构相似度。

D. 人脑与猿脑的结构相似度大于猴脑和狐猴脑的结构相似度。

E. 人脑和猴脑的脑容量有很大的区别。

38. 《冰与火之歌》第八季上映前，几位影迷对剧情作了如下猜测：

张珊说：只要雪诺和夜王能活下来，三傻就不能活下来。

李思说：除非龙母不能活下来，否则夜王能活下来。

王伍说：雪诺和三傻都能活下来。

该片上映后，发现上述断定都是真的，那么以下哪项也一定是真的？

A. 夜王和龙母都能活下来。

B. 并非夜王能活下来或者龙母能活下来。

C. 夜王能活下来但龙母不能活下来。

D. 夜王不能活下来但龙母能活下来。

E. 不能确定到底谁能活下来。

39. 康哥是一位体育爱好者，有一天，他去逛迪卡侬。在迪卡侬的橱窗里摆放着3双不同的运动鞋。康哥通过观察后发现：

(1)篮球鞋右边的2双鞋中至少有1双是足球鞋。

(2)足球鞋左边的2双鞋中至少有1双是足球鞋。

(3)红色鞋左边的2双鞋中至少有1双是黑色的。

(4)黑色鞋右边的2双鞋中至少有1双是白色的。

那么，以下哪项正确地指出了这3双鞋从左向右的陈列？

A. 黑色篮球鞋、白色篮球鞋、白色足球鞋。

B. 白色篮球鞋、白色足球鞋、红色足球鞋。

C. 红色篮球鞋、红色足球鞋、红色足球鞋。

D. 黑色篮球鞋、白色足球鞋、红色足球鞋。

E. 黑色足球鞋、白色篮球鞋、红色足球鞋。

40. 在世界总人口中，男、女比例相当，但黄种人大大多于黑种人，在除黄种人和黑种人以外其他肤色的人种中，男性比例大于女性。

如果上述断定为真，则可推出以下哪项也是真的？

Ⅰ. 黄种人女性多于黑种人男性。

Ⅱ. 黄种人男性多于黑种人女性。

Ⅲ. 黄种人女性多于黑种人女性。

A. 仅仅Ⅰ。　　B. 仅仅Ⅱ。　　C. 仅仅Ⅲ。

D. 仅仅Ⅰ和Ⅱ。　　E. Ⅰ、Ⅱ和Ⅲ。

41. M公司的最新产品成本是如此之低，以至于公司不大可能在出售产品时不增加公司通常允许赚取的成本加价，因为潜在的客户可能完全不能相信这么便宜的东西会真好使。但M公司的信誉是建立在仅包括合理的边际利润的公平价格基础上的。

以上论述如果正确，则能最强有力地支持下面哪个选项？

A. M公司在试图为其最新产品定价、使价格能在不损害公司信誉的前提下促进销售时会遇到困难。

B. 尽管售出的每件产品利润很小，但通过大规模的销售，M公司仍取得了巨大的年利润。

C. M公司在为其最新产品计算生产成本时犯了计算错误。

D. M公司的最新产品将要执行的任务是其他制造成本更低的设备也能胜任的。

E. M公司的生产程序的设计和M公司制造的产品一样具有新颖之处。

42. 永久型赛马场的休闲用骑乘设施每年都要拆卸一次，供独立顾问们进行安全检查。流动型赛马场每个月迁移一次，所以可以在长达几年的时间里逃过安全检查网及独立检查。因此，在流动型赛马场骑马比在永久型赛马场骑马更加危险。

下列关于流动型赛马场的陈述如果是正确的，则哪一项最能削弱上面的论述？

A. 在每次迁移前，管理员们都拆卸其骑乘设施，检查并修复潜在的危险源，如磨损的滚珠轴承。

B. 它们的经理们拥有的用于安全方面及维护骑乘设施的资金要少于永久型赛马场的经理们。

C. 由于它们可用迁徙来寻找新的顾客，建立安全方面的良好信誉对于他们而言不是特别重要。

D. 在它们迁移时，赛马场无法接收到来自它们的骑乘设施生产商的设备回收通知。

E. 骑乘设施的管理员们经常忽视骑乘设施管理的操作指南。

43. 公司董事会决定调整公司的经理层，现有A、B、C、D、E、F、G共7个合格人选，可供董事会挑选4名进入新组建的经理层，如何选定此4人，公司人力资源部门经过充分调查论证，已形成下列意见：

(1)如果选A，最好也同时选B，即让A和B一起进入经理层。

(2)如果不选C进入经理层，那么最好选D进入经理层。

(3)如果不选A，而选定C进入经理层，那么最好选E进入经理层。

(4)最好不让E和F同时进入经理层。

(5)最好让F成为新的总经理。

根据以上意见，理想的人选方案是以下哪项？

A. F、A、B、E。　　B. F、D、E、C。　　C. F、C、E、A。

D. F、C、B、D。　　E. F、D、B、A。

44. 低收入家庭通常无力提供所需的儿童抚养费用。一项政府计划想给低收入家庭退还他们所支付的收入税，每个低于4岁的儿童1 000美元。这一计划使所有的有4岁以下儿童的低收入家庭能获得比本来可支付的更多的儿童资助。

下面哪项如果正确，则能最严重地对该计划可使所有低收入家庭获得更多的儿童资助的说法提出质疑？

A. 有4岁以下儿童的普通家庭每年花费1 000美元以上用于抚养儿童。

B. 一些父母一方有空照顾4岁以下儿童的低收入家庭也许不愿意把他们的收入税的退还款用于抚养儿童。

C. 许多有4岁以下孩子的低收入家庭不支付收入税，因为他们总的收入很低，尚未达到纳税标准。

D. 退还收入税导致的政府收入的降低使得其他政府计划的资金削减成为必要，如对高等教育的补助。

E. 过去20年来收入税显著增加了，减少了低收入家庭可用于抚养儿童的资金。

45. 美国食品和药物管理局(FDA)在市场中引入了新的治疗药剂。新治疗药剂在提高美国人的健康水平方面起了非常关键的作用。那些在学校、政府研究团体内的人的职责是从事长期的研究，以发现新的治疗药剂，并对它们进行临床验证。而使实验室里的新发现比较容易地转移到市场上是FDA的作用和职责。新的、重要的治疗药剂只有在转移之后才能有助于病人。

下面哪一项陈述可从上述段落中推出？

A. FDA有责任确保任何销售到市场上的治疗药剂在当时都处于受控状态。

B. 在新的治疗药剂到达市场之前，它们不能帮助病人。

C. 研究团体有责任对新药进行长期的测试，而FDA没有这样的责任。

D. FDA应该更紧密地与研究者合作以确保治疗药剂的质量不会下降。

E. 如果一种新的医药发现已从实验室转移到了市场上，那么它将有助于病人。

46～48题基于以下题干：

某办公室有王莉、李明和丁勇3名工作人员，本周有分别涉及网络、财务、管理、人事和教育的5项工作需要他们完成。关于任务安排，需要满足下列条件：

①每人均需至少完成其中的一项工作，一项工作只能由一人完成。

②人事和管理工作都不是由王莉完成的。

③如果人事工作由丁勇完成，那么财务工作由李明完成。

④完成教育工作的人至少还需完成一项其他工作。

到了周末，3人顺利地完成了上述5项工作。

46. 如果李明只完成5项工作中的一项，那么包括该工作的所有可能性是以下哪项？

A. 人事、财务。

B. 人事、管理、财务。

C. 人事、网络。

D. 财务。

E. 教育、财务。

47. 以下哪项中的工作不可能均由李明完成？

A. 教育、人事、财务。

B. 教育、人事、网络。

C. 教育、管理、财务。

D. 教育、管理、网络。

E. 教育、财务。

48. 如果管理工作和网络工作是由同一个人完成的，则以下哪项是可能的？

A. 教育工作是由李明完成的。

B. 财务工作是由丁勇完成的。

C. 管理工作是由李明完成的。

D. 人事工作是由丁勇完成的。

E. 王莉只需完成教育工作。

49. 甲、乙、丙、丁 4 个人玩游戏，在每张纸上写出 1～9 中的一个数字，然后叠起来，每人从中抽取 2 张，然后报出两数的关系，由此猜出剩下没有人拿的那个数字是多少。已知：

(1)甲说他手里的两数相加为 10。

(2)乙说他手里的两数相减为 1。

(3)丙说他手里的两数之积为 24。

(4)丁说他手里的两数之商为 3。

由此他们 4 个人都猜出了剩下没有人拿的那个数字，此数字是：

A. 5。　B. 6。　C. 7。　D. 8。　E. 9。

50. 在一次体育课上，20 名学生进行了箭靶射击测试。随后，这些学生上了两天的射箭技能培训课，之后又重新进行了测试，他们的准确率提高了 30%。该结果表明，培训课对于提高人们的射靶准确率是十分有效的。

下列哪个选项如果为真，则最能支持以上论述？

A. 这些学生都是出色的田径运动员，出色的田径运动员一般都善于射箭。

B. 第一次测试是作为第二次测试的演习阶段的。

C. 人们射箭的准确性和他们的视觉敏锐度有很大关系。

D. 只有少数从事射箭运动的人才能掌握精湛的射箭技艺。

E. 另一组学生也进行了箭靶射击测试，但没有进行培训，他们的准确率没有得到提高。

51. 某校决定从张珊、李思、王伍、赵柳、孙琪中保送一个或几个人去北大读研。辅导员建议：

①如果保送张珊，那么必须保送李思并且不能保送王伍。

②如果保送李思或者保送王伍，则不能保送赵柳。

③不能既不保送孙琪也不保送赵柳。

经讨论，该校确认必须保送张珊，则以下哪项指出了其他的保送人员？

A. 李思和孙琪。　B. 李思和赵柳。　C. 孙琪和王伍。

D. 赵柳和王伍。　E. 赵柳和孙琪。

52. 社会评论家：因为青少年缺乏基本的开车技巧，所以应给青少年的驾驶执照附加限制。尽管 19 岁及 19 岁以下的司机只占注册司机的 7%，但是他们却是超过 14%的交通死亡事故的肇事者。

下面每一项如果正确，则都能削弱青少年缺乏基本的开车技巧的论述，除了：

A. 与其他人开的车相比，青少年开的车较旧，且稳定性差。

B. 青少年司机和他们的乘客使用安全带的可能性不如其他人的大。

C. 青少年司机平均每年开车的距离超过其他司机的两倍。

D. 青少年引起的交通事故比其他人引起的交通事故严重。

E. 青少年开车时的乘客人数很有可能比一般的司机多。

53. 有确凿的证据显示，偏头痛(严重的周期性头痛)不是由心理上的原因引起的，而是完全由生理上的原因所致的。然而，数项研究结果表明那些因为偏头痛受到专业治疗的人患有标准心理尺度的焦虑症的比例比那些没经过专业治疗的偏头痛患者的高。

下面哪一项如果正确，则最有助于解释上面论述中的明显矛盾？

A. 那些患有偏头痛的人，倾向于有患偏头痛的亲戚。

B. 那些患偏头痛的人，在情绪紧张时经常头痛。

C. 那些患有标准心理尺度的焦虑症且偏头痛发作率较高的人追求专业治疗的可能性要比那些在同样尺度上偏头痛发作率较低的人大。

D. 在许多有关偏头痛起因的研究中，大多数认为偏头痛是由像焦虑这样的心理因素引起的研究已被广泛宣传。

E. 不管他们的医生认为偏头痛的起因是心理方面的还是生理方面的，大多数患有偏头痛且追求专业治疗的人在他们停止患有偏头痛后仍坚持治疗。

54～55 题基于以下题干：

某学院在开学之初，利用 4 天时间开设了哲学、逻辑、数学、统计、宗教、历史和艺术 7 门课程让学生试听。每天上午、下午各一门。除一门课程可以开设两次之外，其他课程均不重复。这 4 天的课程设置还须满足以下条件：

(1)艺术课程至少有一次安排在第 3 天。

(2)数学课程只能安排在逻辑课程的次日。

(3)第 1 天或第 2 天至少有一天安排统计课程。

(4)哲学课程与数学课程或艺术课程安排在同一天。

(5)开设两次的课程不能安排在同一天，也不能安排在第 3 天，其中一次要安排在第 4 天。

54. 以下哪门课程安排在任意一天都有可能？

A. 数学。 B. 宗教。 C. 统计。

D. 艺术。 E. 艺术和宗教。

55. 以下哪门课程不能开设两次？

A. 哲学。 B. 逻辑。 C. 统计。 D. 历史。 E. 数学。

四、写作：第 56～57 小题，共 65 分。其中论证有效性分析 30 分，论说文 35 分。请答在答题纸相应的位置上。

56. 论证有效性分析：分析下述论证中存在的缺陷和漏洞，选择若干要点，写一篇 600 字左右的文章，对该论证的有效性进行分析和评论。(论证有效性分析的一般要点是：概念特别是核心概念的界定和使用是否准确并前后一致，有无各种明显的逻辑错误，论证的论据是否成立并支持结论，结论成立的条件是否充分等。)

网络上的专家都在谈“学历不等于能力，更不等于成功”。我要反其道而行之，告诉大家：

学历就是能力，有了学历就能成功。

一个人在社会上生存，除耕种田地外，无非从事两种职业：一种是自己当老板，另一种是给老板打工。这两种职业无所谓优劣，你都可以把它们当作事业并获得成功。

前一种职业，除了需要个人能力之外，还需要有优质的人际关系，关系越广，你成功的概率就越高。在这里，个人的成功与否与社会关系资源的多少、质量高低成正比。正如当年比尔·盖茨之所以辍学去创业并获得成功，就是因为他父母的人际关系，他母亲是IBM的董事，是她给儿子促成了第一单生意。

后一种职业，需要的是你的老板给你搭建平台，平台越大，你施展才能的舞台就越大，你成功的概率就越高。在这里，个人的成功与否与单位的平台大小成正比。“打工皇帝”唐骏，是中国著名的职业经理人，他的成功就主要与微软公司给他提供的平台有关。

作为一个年轻人，在还是一无所有的时候，如何能够进入一个拥有优质资源的圈子进而拥有平台和人际关系呢？“学历”是对未来你将拥有资源的国家证明。你毕业的学校越好，你的学历越高，证明你的能力就越高，也说明你在未来将拥有更多的资源，人家也更愿意与你交往。说得俗气一点就是，有了学历之后，你的档次提高了，就可以在高层次上搭建关系网络。

对于我们普通人来说，应试能力就是最大的素质，所以，没有通过应试，也就无所谓素质了。

57. 论说文：根据下述材料，写一篇700字左右的论说文，题目自拟。

“以汤止沸，沸乃不止，诚知其本，则去火而已矣。”

——《淮南子·精神训》

答案速查

一、问题求解

1～5　EDCBE　　6～10　BCBDC　　11～15　EDBDB

二、条件充分性判断

16～20　ABAAA　　21～25　CBEBC

三、逻辑推理

26～30　DCCBD　　31～35　DCCAE　　36～40　ACBDA

41～45　AAECB　　46～50　ADACE　　51～55　ADCBA

四、写作

略

答案详解

一、问题求解

1. E

【解析】母题 13 · 非负性问题

根据非负性知识，由 $|x-3|+\sqrt{y+6}=0$，可得 $\begin{cases} x=3, \\ y=-6, \end{cases}$ 代入可得

$$\frac{x+y}{x}+\frac{x-y}{y}=\frac{3-6}{3}+\frac{3+6}{-6}=-\frac{5}{2}.$$

2. D

【解析】母题 65 · 集合问题

恰好拥有两个证的同学占的比例为 $59\%-23\%=36\%$.

有证比例为 $50\%+40\%+83\%-36\%-2\times23\%=91\%$.

所以，三种证都没拿到的同学占比为 $100\%-91\%=9\%$.

3. C

【解析】母题 45 · 等差数列基本问题

由题意可得

$$(a_3+a_6+a_9)-(a_2+a_5+a_8)=(a_2+a_5+a_8)-(a_1+a_4+a_7)=20-27=-7.$$

所以，$a_3+a_6+a_9=20-7=13$.

4. B

【解析】母题 62 · 利润问题

设今年的进价为 x 元，由题干可得

$$20\%x-(1-12\%)\times 20\%x=24,$$

解得 $x=1\ 000$.

所以，去年商店的定价为 $1\ 000\times(1-12\%)(1+20\%)=1\ 056$(元).

5. E

【解析】母题 59 · 工程问题

设甲、乙两个工程队修建完成这条公路分别需要 x 天，y 天. 由题干得

$$\begin{cases}6\left(\frac{1}{x}+\frac{1}{y}\right)=1-\frac{1}{6},\\ \frac{x}{3}=\frac{y}{2},\end{cases}\quad 解得\begin{cases}x=18,\\ y=12,\end{cases}$$

所以，$x-y=18-12=6$，故甲工程队单独修建这条公路比乙工程队单独修建这条公路多耗费 6 天.

6. B

【解析】母题 9 · 实数的运算技巧

因为$\frac{1}{(2n-1)(2n+1)}=\frac{1}{2}\left(\frac{1}{2n-1}-\frac{1}{2n+1}\right)$，故

$$\begin{aligned}&\frac{1}{1\times 3}+\frac{1}{3\times 5}+\cdots+\frac{1}{(2n-1)(2n+1)}\\ &=\frac{1}{2}\left[\left(1-\frac{1}{3}\right)+\left(\frac{1}{3}-\frac{1}{5}\right)+\cdots+\left(\frac{1}{2n-1}-\frac{1}{2n+1}\right)\right]\\ &=\frac{1}{2}\left(1-\frac{1}{2n+1}\right)\\ &=\frac{n}{2n+1}=\frac{1\ 024}{2\ 049}.\end{aligned}$$

解得 $n=1\ 024$.

7. C

【解析】母题 70 · 阴影部分面积问题

$$S_{\triangle CDE}=\frac{1}{2}\times(EB+BC)\times CD=\frac{1}{2}\times(6+4)\times 4=20,$$

$$S_{梯形ABCD}=\frac{(AB+CD)\times CD}{2}=\frac{1}{2}\times(6+4)\times 4=20,$$

即 $S_{\triangle CDE}=S_{梯形ABCD}$，即 $S_{\triangle BEF}+S_{梯形FBCD}=S_{\triangle ADF}+S_{梯形FBCD}$，得 $S_{\triangle BEF}=S_{\triangle ADF}$.

故，$S_{阴影部分}=S_{扇形ABE}=\frac{1}{4}\pi\cdot 6^2=9\pi$.

8. B

【解析】母题 76 · 直线与圆的位置关系

直线 $2x-y+m=0$ 右移一个单位的方程为 $2(x-1)-y+m=0$，即 $2x-y+m-2=0$.

圆的方程可化为$(x-1)^2+(y+2)^2=5$，圆心为$(1，-2)$，半径为$\sqrt{5}$.

又直线与圆相切，故圆心到直线的距离等于半径，即

$$\frac{|2\times1-(-2)+m-2|}{\sqrt{2^2+(-1)^2}}=\sqrt{5}，解得 m=3 或 -7.$$

9. D

【解析】母题 37 · 韦达定理问题

将原方程进行化简：

$$x^3-4x^2+4x-1=0,$$
$$(x^3-1)-(4x^2-4x)=0,$$
$$(x-1)(x^2+x+1)-4x(x-1)=0,$$
$$(x-1)(x^2-3x+1)=0,$$

可知 x_2，x_3 是方程 $x^2-3x+1=0$ 的根，由韦达定理可知：$x_2+x_3=3$，$x_2x_3=1$.

故$\frac{x_3}{x_2}+\frac{x_2}{x_3}=\frac{{x_3}^2+{x_2}^2}{x_2x_3}=\frac{(x_2+x_3)^2-2x_2x_3}{x_2x_3}=\frac{(x_2+x_3)^2}{x_2x_3}-2=7.$

10. C

【解析】母题 98 · 古典概型问题

使用穷举法，由题意可知 a，$b\in\{1, 2, 3, 4, 5, 6\}$，共有 $6\times6=36$ 种可能.

a，b 需要满足：$\begin{cases}b\geqslant a-1,\\ a^2+b^2\leqslant9,\end{cases}$ 共有(1，1)(2，1)(1，2)(2，2)四种可能.

故概率为$\frac{4}{36}=\frac{1}{9}$.

11. E

【解析】母题 56 · 数列的递推公式问题

由 $a_n-a_{n+1}=5a_na_{n+1}$，可得$\frac{1}{a_{n+1}}-\frac{1}{a_n}=5$.

所以$\left\{\frac{1}{a_n}\right\}$是一个首项为$\frac{1}{3}$、公差为 5 的等差数列.

通项公式为$\frac{1}{a_n}=\frac{1}{3}+(n-1)\cdot5=5n-\frac{14}{3}=\frac{15n-14}{3}$，故 $a_n=\frac{3}{15n-14}$.

12. D

【解析】母题 64 · 溶液问题

设乙烧杯中酒精的浓度为 x，丙烧杯中酒精的浓度为$\frac{1}{2}x$.

由题干可得$\frac{400\times15\%+40x+160\times\frac{1}{2}x}{400+40+160}\times100\%=14\%$，解得 $x=0.2=20\%$.

13. B

【解析】母题 85 · 排队问题

方法一：

第一步，任选 3 行 3 列，构成 3×3 方阵：$C_4^3C_4^3$；

第二步，从 3×3 方阵中选 3 人：$C_3^1C_2^1C_1^1$.

故不同的选法有 $C_4^3C_4^3C_3^1C_2^1C_1^1=96$ 种．

方法二：

第一步，从 4 行中任选 3 行：C_4^3；

第二步：从这 3 行中的第 1 行中任选一人：C_4^1；

第三步，从这 3 行中的第 2 行中选一人，但上一步被选的那一列不能选：C_3^1；

第四步，从这 3 行中的第 3 行中选一人，但上一步被选的那一列不能选：C_2^1.

故不同的选法有 $C_4^3C_4^1C_3^1C_2^1=96$ 种．

方法三：消序法

第一步，从 16 人中任选 1 人：C_{16}^1；

第二步，删掉这个人所在的行和列，余下 9 人中选 1 人：C_9^1；

第三步，删掉这个人所在的行和列，余下 4 人中选 1 人：C_4^1.

但这 3 个人不存在顺序之分，故需要消序：除以 A_3^3.

故不同的选法有 $\frac{C_{16}^1C_9^1C_4^1}{A_3^3}=96$ 种．

14. D

【解析】母题 72 · 几何体的“接”与“切”

由题干可知，球为正方体的外接球．平面 AA_1D_1D 截面所得圆面的半径 $R=\frac{|AD_1|}{2}=\frac{\sqrt{2}}{2}$，得直线 EF 被球 O 截得的线段就是球的截面圆的直径 $\sqrt{2}$.

15. B

【解析】母题 60 · 行程问题

由题干知，甲、乙的速度相同，圆周长度比为 3∶4.

故任一次相遇时两人走的路圈数比都为 4∶3.

所以，第一次相遇时甲走了 4 圈．

二、条件充分性判断

16. A

【解析】母题 64 · 溶液问题

根据题意，甲、乙两瓶溶液浓度相等，则有

$$\frac{20-x-\frac{20-x}{20}x+\frac{x}{60}x}{20}=\frac{x+\frac{20-x}{20}x-\frac{x}{60}x}{60},$$

整理得 $x^2-30x+225=0$，解得 $x=15$.

故条件(1)充分，条件(2)不充分，选 A.

17. B

【解析】母题 95 · 成双成对问题＋母题 97 · 古典概型

条件(1)：概率为 $P=1-\frac{C_5^4C_2^1C_2^1C_2^1C_2^1}{C_{10}^4}=\frac{13}{21}$，不充分.

条件(2)：概率为 $P=\frac{C_5^1C_4^2C_2^1C_2^1}{C_{10}^4}=\frac{4}{7}$，充分.

18. A

【解析】母题 101 · 袋中取球问题

条件(1)：取 3 个中至少有 2 个颜色相同的对立事件为 3 个球的颜色都不相同，则所求概率为

$1-\frac{C_5^1C_3^1C_2^1}{C_{10}^3}=\frac{3}{4}$，充分.

条件(2)：取 3 个中至少有 2 个颜色相同的对立事件为 3 个球的颜色都不相同，则所求概率为

$1-\frac{C_5^1C_4^1C_1^1}{C_{10}^3}=\frac{5}{6}$，不充分.

19. A

【解析】母题 37 · 韦达定理问题

条件(1)：$c<0$，则 $\Delta=b^2-4c$ 必然大于 0，又 $x_1x_2=c<0$，则两个根必一正一负，充分.

条件(2)：无法判断两个根为一正一负，不充分.

20. A

【解析】母题 36 · 根的判别式问题

使用换元法，令 $t=x^2$，$t\geqslant 0$，则原方程可化为 $t^2-3t+k=0$.

原方程有四个相异的实根，则 $t^2-3t+k=0$ 应有两个不相等的正实根. 所以

$$\begin{cases}t_1+t_2=3>0,\\ \Delta=9-4k>0,\\ t_1t_2=k>0,\end{cases}\quad 解得\ 0<k<\frac{9}{4}.$$

故条件(1)充分，条件(2)不充分.

21. C

【解析】母题 102 · 独立事件的概率

条件(1)：$P(\overline{A}B)=0$，即 $\overline{A}$ 与 B 不相交，故有 $B\subseteq A$，如图 6-3 所示：

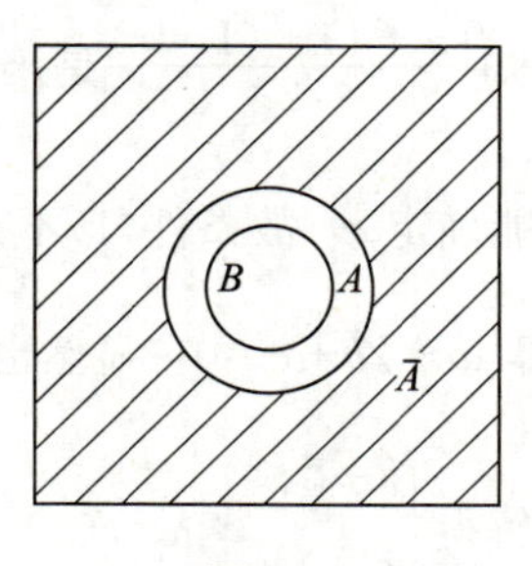

图 6-3

故条件(1)单独不充分.

条件(2)：$P(A\overline{B})=0$，同理可得 $A\subseteq B$，故条件(2)单独不充分．

两个条件联立可得 $B\subseteq A$ 且 $A\subseteq B$，故 $A=B$ 成立．

22. B

【解析】母题 81 · 对称问题

由曲线 $f(x, y)=0$ 关于直线 $x+y+c=0$ 的对称曲线为 $f(-y-c, -x-c)=0$.

可得 $y=3x+1$ 关于直线 $x+y=0$ 的对称直线为 $-x=-3y+1$，即 $x-3y+1=0$.

故条件(1)不充分，条件(2)充分．

23. E

【解析】母题 21 · 均值不等式问题

条件(1)和条件(2)显然单独都不充分，联立两个条件：

由条件(1)得 $a+b=x+y$.

由条件(2)得 $cd=xy$.

故 $\frac{(a+b)^2}{cd}=\frac{(x+y)^2}{xy}=\frac{x^2+y^2}{xy}+2\geqslant\frac{2xy}{xy}+2=4$，故 $\frac{(a+b)^2}{cd}$ 的最小值为 4.

条件(1)和条件(2)联立也不充分，选 E.

24. B

【解析】母题 85 · 排队问题＋母题 90 · 不同元素的分配问题

条件(1)：使用插空法，先排三个数字有 A_3^3 种，再在中间的两个空里插入“＋”，“－”有 A_2^2 种，故共有 $A_3^3A_2^2=12$(种)，条件(1)不充分．

条件(2)：有两种情况：

情况一，1 号盒从 4 个球中任选 2 个球 C_4^2，余下两个球放入 2 号盒 C_2^2，故有 $C_4^2C_2^2=6$(种)放法．

情况二，1 号盒从 4 个球中任选 1 个球 C_4^1，余下三个球放入 2 号盒 C_3^3，故有 $C_4^1C_3^3=4$(种)放法．

故总共有 $6+4=10$(种)放法，条件(2)充分．

25. C

【解析】母题 35 · 一元二次函数的基本问题

条件(1)：由 $f(x+1)=f(1-x)$ 可知 $\frac{(x+1)+(1-x)}{2}$ 是函数 $f(x)=ax^2+bx+c$ 图像的对称轴，

即对称轴为 $x=1$，得 $\frac{b}{-2a}=1$，不能确定 c，故条件(1)不充分．

条件(2)：将(2，0)代入方程，可得 $4a+2b+c=0$，显然也不充分．

联立两个条件，得 $\begin{cases}\frac{b}{-2a}=1,\\4a+2b+c=0,\end{cases}$ 解得 $\begin{cases}c=0,\\b=-2a,\end{cases}$ 故 $f(x)=ax^2+bx+c=ax^2-2ax$.

所以 $\frac{f(-1)}{f(1)}=\frac{a\cdot(-1)^2-2a\cdot(-1)}{a\cdot1^2-2a\cdot1}=\frac{3a}{-a}=-3$，两个条件联立充分，选 C.

三、逻辑推理

26. D

【解析】母题 3·箭头的串联

将题干信息符号化：

①¬ 保证四个小时的睡眠→¬ 大脑得到很好的休息。

②¬ 大脑得到很好的休息→第二天大部分人都会感觉到精神疲劳。

将题干信息①、②串联得：¬ 保证四个小时的睡眠→¬ 大脑得到很好的休息→第二天大部分人都会感觉到精神疲劳，逆否得：¬ 第二天大部分人都会感觉到精神疲劳→大脑得到很好的休息→保证四个小时的睡眠。

A 项，大脑得到充分休息→消除精神疲劳＝精神疲劳→¬ 大脑得到充分休息，根据题干信息②可知，可真可假。

B 项，大脑得不到很好的休息会让大部分人感觉到精神疲劳，但大部分人感觉到精神疲劳的原因未必是大脑得不到休息，可能是其他原因，不能推出。

C 项，大脑得到充分休息 ∨ 第二天能消除精神疲劳，等价于：¬ 大脑得到很好的休息→¬ 第二天精神疲劳，不能推出。

D 项，大脑得到很好的休息→保证四个小时的睡眠，能够推出。

E 项，题干说的是"大部分人"，不是"所有人"，不能推出。

27. C

【解析】母题 15·求异法型削弱题

题干：

第一种情况：一名志愿者带一只狗前去探望病人，病人的焦虑程度下降了 24%；

第二种情况：一名志愿者前去探望病人，病人的焦虑程度只下降了 10%；

第三种情况：没有志愿者前去探望病人，病人的焦虑程度仍保持原来的水平；

结论：狗能帮助心脏病患者降低焦虑情绪。

A 项，因为无法断定不同时间段探视是否会影响心脏病患者的焦虑程度，故此项不能削弱科学家的观点。

B 项，无关选项，志愿者是否喜欢狗与病人无关。

C 项，指出样本之间有差异，第一组病人本身喜欢狗，所以才降低了他们的焦虑情绪，削弱题干。

D、E 项，无关选项，狗是否温顺与狗是否可以帮助心脏病患者降低焦虑程度无关。

28. C

【解析】母题 33·评价题

最常用的疗法：在 6 个月内将 44%的患者的溃疡完全治愈。

新疗法：在 6 个月内使 80%的患者的溃疡取得了明显改善，61%的患者的溃疡得到了痊愈。

因此：新疗法的疗效更显著。

衡量疗效有两个标准：改善和治愈。但题干中仅比较了治愈的数据，缺少最常用的疗法的改善数据，因此，C 项的数据对于评价题干的论证最为重要。

其余各项均为无关选项。

29. B

【解析】母题 40 · 综合推理题

题干：①张老师的班里有 60 个学生，男生 30 个，女生 30 个。

②40 个学生喜欢数学。

③50 个学生喜欢语文。

若Ⅰ项为真，那么喜欢语文的人最多有 40 个，不符合题干③，故Ⅰ项为假。

若Ⅱ项为真，那么喜欢数学的人最多有 40 个，符合题干，故Ⅱ项可能为真。

若Ⅲ项为真，那么喜欢数学的人最多有 30 个，不符合题干②，故Ⅲ项为假。

故 B 项正确。

30. D

【解析】母题 3 · 箭头的串联

题干：①在建筑设计工作中，如果它对公众的使用来说是既美观又实用的话，那么它必然是不惹眼的，即与周围环境是和谐的。此句符号化可得：美观∧实用→┐惹眼(和谐)。

②现代的建筑师的设计工作染上了很强的个性色彩，创造出来的建筑不是不惹眼的。此句符号化可得：个性→惹眼。

将题干①、②串联得：③美观∧实用→┐惹眼(和谐)→┐个性，逆否得：④个性→惹眼(不和谐)→┐美观∨┐实用。

A 项，美观∧实用∧不和谐，与题干①矛盾，为假。

B 项，个性→美观∧实用，与题干④矛盾，为假。

C 项，个性∧和谐，与题干④矛盾，为假。

D 项，由题干①知，可能为真。

E 项，由题干④知，惹眼→┐美观∨┐实用，故此项为假。

31. D

【解析】母题 5 · 二难推理

将题干信息符号化：

①绝对公平→按劳分配。

②按劳分配→贫富不均。

③贫富不均→┐绝对公平。

将题干信息①、②串联得：绝对公平→按劳分配→贫富不均，逆否得：贫富均等→┐按劳分配→┐绝对公平。

联合题干信息③，由二难推理可得：┐绝对公平。故 D 项正确。

32. C

【解析】母题 35 · 形式逻辑型结构相似题

题干：A→┐B，B→C，所以，C→┐A。

A 项，A→B，C→B，所以，C→A，与题干的推理结构不同。

B 项，A→B，B→¬ C，所以，¬ C→A，与题干的推理结构不同。

C 项，A→¬ B，B→C，所以，C→¬ A，与题干的推理结构相同。

D 项，A→B，B→C，所以，C→A，与题干的推理结构不同。

E 项，A→¬ B，C→B，所以，C→¬ A，与题干的推理结构不同。

33. C

【解析】母题 13 · 论证型削弱题

题干：①磁共振造影(MRI)能被用来确认冠状动脉堵塞；②与 A 程序相比，磁共振造影不会对病人产生危害 $\xrightarrow[\text{证明}]{}$ 磁共振造影应在所有尝试诊断冠状动脉堵塞时取代 A 程序 $\xrightarrow[\text{以求}]{}$ 确保病人的安全。

A 项，无关选项，题干讨论的是“诊断冠状动脉堵塞”，与其他情况无关。

B 项，不能支持题干，此项说明了磁共振造影具有诊断冠状动脉堵塞的作用，但是没有与 A 程序进行比较。

C 项，提出反面论据，说明 A 程序在揭示堵塞物本性的信息上更有优势，削弱题干。

D 项，说明磁共振造影在确认冠状动脉堵塞的作用上和 A 程序一样，但是它不会对病人产生危害，所以支持题干。

E 项，无关选项，“是否愿意”与“是否应该使用”不是同一概念。

34. A

【解析】母题 34 · 争论焦点题

张教授认为：“在中国，韩语不应当作为外语。”并给出了自己的理由。

而李研究员举了一个类似的例子，这一例子的结论是让人无法接受的(归谬法)，从而反驳了张教授的观点。

故两个人争论的焦点是：在中国，韩语是否应当作为外语，故 A 项正确。

B 项，李研究员没有提及，违反双方表态原则。

C 项，双方均未提及，违反双方表态原则。

D 项，张教授认为韩语不应当作为外语，并给出了一个标准：“中国的朝鲜族人都把韩语作为日常语言。”但是，李研究员并未提出另外一种标准。因此，两人并未争论一种语言被作为外语的标准到底是什么。

E 项，显然不是双方的争论焦点。

35. E

【解析】母题 32 · 评论逻辑技法

李研究员先假设张教授的结论正确，然后以此推出一个令人不能接受的结论，从而得出该结论不能成立，即归谬法，故 E 项正确。

36. A

【解析】母题 23 · 措施目的型支持题

题干：传统灯泡与节能灯泡相比所需电量多、寿命短$\xrightarrow[\text{导致}]{}$在旧灯泡坏掉的时候换上节能灯泡$\xrightarrow[\text{以求}]{}$大大降低高塔公司总体照明的成本。

A项，要想衡量传统灯泡和节能灯泡哪个更省钱，不仅要衡量用电量，还要衡量购买灯泡的价格。因此，如果A项为真，那么在节能灯泡的价格与传统灯泡相当的情况下，使用节能灯泡的总成本要低于传统灯泡，可以支持题干。

其余各项均与灯泡的价格无关，无关选项，不能支持题干的论证。

37. C

【解析】母题29·推论题

题干：①动物脑部具有不同功能的区域占总脑量的比例是物种的一个重要特征。

②在同物种中不同个体之间的脑容量可能有明显差别，但脑部结构特征基本一致；而不同物种之间，其脑部结构特征就有较大差异。

③脑部结构特征将有助于分辨不同物种间的亲缘关系。

④脑部结构的变化，通常标志着由进化产生了新的种群。

⑤从较为原始的狐猴进化到现代的猴子、从猿进化到人，脑部的重要变化是新大脑皮层所占比例增加。

A项，由题干②知，此项未必成立。

B项，由题干⑤只能判断人类相对于猿"新大脑皮层所占比例增加"，但无法得知人类与猴子的比较情况。

C项，因为黑猩猩和大猩猩是同一物种，黑猩猩和猴子是不同物种，故由题干②知，前两者脑结构特征的相似度大于后两者，可以推出。

D项，由题干⑤知，进化过程中脑结构产生了变化，但无法得知由猿到人的变化大还是由狐猴到猴的变化大，不能推出。

E项，由题干②知，无法确认E项中的差别，不能推出。

38. B

【解析】母题2·箭头＋德摩根定律

由题干已知下列信息：

①雪诺∧夜王→¬三傻，等价于：三傻→¬雪诺∨¬夜王。

②龙母→夜王。

③雪诺∧三傻。

题干信息①等价于：¬三傻∨¬雪诺∨¬夜王，故有：雪诺∧三傻→¬夜王。

结合题干信息③可知：¬夜王。

由题干信息②逆否得：¬夜王→¬龙母，故有：¬龙母。

B项，并非夜王能活下来或者龙母能活下来，等价于：¬夜王∧¬龙母，为真。

其余各项均有误。

39. D

【解析】母题 40 · 综合推理题

由(1)知，最左边的鞋是篮球鞋，右边 2 双鞋中有 1 双是足球鞋。

由(2)知，最右边的鞋是足球鞋，左边 2 双鞋中有 1 双是足球鞋。

故 3 双鞋从左到右依次为：篮球鞋、足球鞋、足球鞋。

由(3)知，最右边的鞋是红色鞋，左边 2 双鞋中有 1 双是黑色的。

由(4)知，最左边的鞋是黑色鞋，右边 2 双鞋中有 1 双是白色的。

故 3 双鞋从左到右依次为：黑色鞋、白色鞋、红色鞋。

综上所述，3 双鞋从左到右的陈列顺序为：黑色篮球鞋、白色足球鞋、红色足球鞋，D 项正确。

40. A

【解析】母题 40 · 综合推理题

题干：①黄种人男性＋黑种人男性＋其他男性＝黄种人女性＋黑种人女性＋其他女性。

②黄种人男性＋黄种人女性＞黑种人男性＋黑种人女性。

③其他男性＞其他女性。

由题干①、③可知，④黄种人女性＋黑种人女性＞黄种人男性＋黑种人男性。

题干②、④相加得：黄种人男性＋黄种人女性＋黄种人女性＋黑种人女性＞黑种人男性＋黑种人女性＋黄种人男性＋黑种人男性，化简得：黄种人女性＞黑种人男性。

故 A 项正确。

41. A

【解析】母题 3 · 箭头的串联

题干有以下信息：

①给新产品定低价(合理边际利润)→客户不相信。

②信誉→合理边际利润。

将题干信息②、①串联得：信誉→合理边际利润→客户不相信。

即如果 M 公司想维护其信誉，就要给新产品定低价，这会使客户不相信这一产品而给销售带来困难。故 A 项正确。

42. A

【解析】母题 15 · 求异法型削弱题

题干采用求异法：

永久型赛马场：每年都要对骑乘设施拆卸一次进行安全检查；

<u>流动型赛马场：每个月迁移一次，可以在长达几年的时间里逃过安全检查；</u>

因此，在流动型赛马场骑马比在永久型赛马场骑马更加危险。

A 项，提供新论据，说明流动型赛马场的安全检查比永久型赛马场更频繁，削弱题干。

B 项，流动型赛马场用于安全方面的资金少，支持题干。

C 项，流动型赛马场没有必要在意安全方面的信誉，支持题干。

D项，流动型赛马场可能会错过设备回收通知，从而带来安全隐患，支持题干。

E项，显然支持题干。

43. E

【解析】母题3·箭头的串联+母题5·二难推理

将题干信息符号化：

①A→B。

②¬ C→D。

③¬ A∧C→E，等价于：¬ E→A∨¬ C。

④¬（E∧F），等价于：¬ E∨¬ F，又等价于：F→¬ E。

⑤F。

将题干信息⑤、④、③串联得：F→¬ E→A∨¬ C，即E不能入选，排除A、B、C项。A应该入选，排除D项。

由E不能入选，可知A∨¬ C，再结合题干信息①、②，由二难推理得：B∨D。

故E项符合题干，正确。

44. C

【解析】母题16·措施目的型削弱题

题干：低收入家庭通常无力提供所需的儿童抚养费用 —导致→ 计划退还低收入家庭所支付的收入税 —以求→ 帮助低收入家庭抚养儿童。

A项，无关选项，题干讨论的是低收入家庭而不是“普通家庭”。

B项，“一些”“也许”是弱化词，削弱力度不够。

C项，此项说明许多低收入家庭没有交纳收入税，因此也就拿不到“退还的收入税”，题干的措施无效，可以削弱。

D项，措施有恶果，可以削弱，但力度不够。

E项，支持题干，说明有必要实施该计划。

45. B

【解析】母题29·推论题

题干：

①美国食品和药物管理局(FDA)在市场中引入了新的治疗药剂。

②新治疗药剂在提高美国人的健康水平方面起了非常关键的作用。

③那些在学校、政府研究团体内的人的职责是从事长期的研究，以发现新的治疗药剂，并对它们进行临床验证。

④使实验室里的新发现比较容易地转移到市场上是FDA的作用和职责。

⑤新的、重要的治疗药剂只有在转移之后才能有助于病人。

A项，“负责转移”和“确保受控”不是一个概念，不能推出。

B项，是题干⑤的逆否命题，可以推出。

C项，题干没有涉及药物的长期测试，不能推出。

D项，题干不涉及药剂的质量，不能推出。

E项，根据箭头的指向原则，不能由题干⑤推出。

46. A

【解析】母题40・综合推理题

A项，人事和财务两项工作均能由李明完成，符合题干要求。

B项，若李明只从事管理工作，根据条件②可知，丁勇须完成人事工作，再根据条件③可知，李明还应完成财务工作，不符合题干要求。

C项，若李明只从事网络工作，根据条件②可知，丁勇须完成人事工作，再根据条件③可知，李明还应完成财务工作，不符合题干要求。

D项，李明还可以独立完成人事工作，不是所有可能性。

E项，根据条件④可知，李明还需完成另一项工作，不符合题干要求。

47. D

【解析】母题40・综合推理题

D项，根据条件②可知，人事工作须由丁勇完成，再根据条件③可知，李明还应完成财务工作，那么没有工作须由王莉完成，不符合条件①。

其余各项均符合题干条件。

48. A

【解析】母题40・综合推理题

题干条件：⑤管理工作和网络工作是由同一个人完成的。

根据条件①、②、④、⑤可知，王莉只能完成财务工作或者完成教育、财务工作。

A项，若教育工作由李明完成，那么王莉完成财务工作。若管理和网络工作由李明完成，则丁勇完成人事工作，不符合条件③；若管理和网络工作由丁勇完成，则李明完成人事、教育工作，符合题干条件。

B项，根据上述分析可知，财务工作由王莉完成，此项不符合题干条件。

C项，若管理工作由李明完成，那么李明完成管理和网络工作。根据条件②可知，丁勇须完成人事工作，再根据条件③可知，李明还应完成财务工作，那么王莉只需完成教育工作，不符合条件④。

D项，由条件③可知，若丁勇完成人事工作，则财务工作应该由李明完成，不符合题干条件。

E项，由条件④可知，王莉不能只完成教育工作，不符合题干条件。

49. C

【解析】母题39・数字推理题

由题干已知下列信息：

(1)甲说他手里的两数相加为10，则甲拿的可能是1和9，2和8，3和7，4和6。

(2)乙说他手里的两数相减为1。

(3)丙说他手里的两数之积为24，则丙拿的可能是3和8，4和6。

(4)丁说他手里的两数之商为3，则丁拿的可能是1和3，2和6，3和9。

若丙拿的是3和8，那么丁拿的是2和6，因此，甲拿的是1和9，剩余的数字为4、5、7，则乙拿的是 4 和 5，剩下没人拿的数字则为 7。

若丙拿的是 4 和 6，那么分为两种情况：①若丁拿的是 1 和 3，则甲拿的是 2 和 8，剩余的数字为 5、7、9，则乙拿的数字不满足题干要求。②若丁拿的是 3 和 9，则甲拿的是 2 和 8，剩余的数字为 1、5、7，同上，乙拿的数字不满足题干要求。

故此题正确答案为 C 项。

50. E

【解析】母题 22・求异法型支持题

题干：学生上了两天的射箭技能培训课后射靶准确率提高了 30% $\xrightarrow{\text{证明}}$ 培训课对于提高人们的射靶准确率是十分有效的。

A 项，无关选项，无法体现学生在上培训课前后的差异。

B 项，另有他因，有可能是因为演习阶段的成绩低于正式测试，所以导致题干中测试结果的差异，削弱题干。

C 项，无关选项，无法体现学生在上培训课前后的差异。

D 项，无关选项，无法体现学生在上培训课前后的差异。

E 项，无因无果，没有上培训课，射靶准确率没有提高，提供对照组来支持题干。

51. A

【解析】母题 3・箭头的串联

将题干信息符号化：

①张珊→李思 ∧ ┐王伍。

②李思 ∨ 王伍→┐赵柳。

③┐(┐孙琪 ∧ ┐赵柳) = 孙琪 ∨ 赵柳。

④张珊。

将题干信息④、①、②、③串联得：张珊→李思→┐赵柳→孙琪，故李思、孙琪和张珊一起被保送去北大读研。

故 A 项正确。

52. D

【解析】母题 13・论证型削弱题

题干：青少年司机只占注册司机的 7%，但是他们却是超过 14% 的交通死亡事故的肇事者，$\xrightarrow{\text{证明}}$ 青少年缺乏基本的开车技巧，应给青少年的驾驶执照附加限制。

即题干认为青少年造成了更高比例的交通死亡事故的原因是他们缺乏基本的开车技巧。

A 项，另有他因，是车的问题而不是开车的技巧问题。

B 项，另有他因，是安全带的使用问题而不是开车的技巧问题。

C 项，另有他因，青少年开车距离更长，相应地提高了出事故的可能性。

D 项，说明青少年确实造成了更严重的交通事故，支持题干。

E 项，另有他因，青少年车上的乘客人数多，因此平均每起事故可能伤害的人数更多。

53. C

【解析】母题 28・解释题

待解释的矛盾：偏头痛不是由心理上的原因引起的，然而，受到专业治疗的偏头痛患者比没受过专业治疗的偏头痛患者更焦虑。

A项，无关选项，题干中的现象与偏头痛患者的亲戚无关。

B项，情绪紧张时经常头痛，削弱题干中“偏头痛不是由心理上的原因引起的”这一观点，而不能解释题干。

C项，说明焦虑的偏头痛患者更倾向于寻求专业治疗，而不是这种焦虑引起了偏头痛。同时解释了题干中的两种看似矛盾的现象。故此项为正确答案。

D项，削弱题干中“偏头痛不是由心理上的原因引起的”这一观点，而不能解释题干。

E项，无关选项。

54. B

【解析】母题40·综合推理题

根据题干条件(2)可知，数学课程不能安排在第1天，故排除A项。

根据题干条件(3)可知，统计课程须安排在第1天或第2天。若统计课程安排两次的话，根据题干条件(5)可知，第二次须安排在第4天。故排除C项。

根据题干条件(1)、(5)可知，艺术课程只能开设一次，所以只安排在第3天。故排除D、E项。故B项正确。

55. A

【解析】母题40·综合推理题

根据题干条件(1)、(4)、(5)可知，若哲学课程和艺术课程安排在同一天，那么哲学课程不能开设两次；若哲学课程和数学课程安排在同一天，除非数学课程安排两次，哲学课程才能安排两次，显然不能有两门课程安排两次。故哲学课程不能开设两次。

四、写作

56. 论证有效性分析

【谬误分析】

①材料将职业划分为自己当老板和给老板打工两种，有失偏颇。因为除此之外，还有许多自由职业者，比如作家。

②社会关系资源的数量和质量的确与个人的成功与否有关，但未必成正比。影响个人成功的因素有很多，比如时代的机遇、个人的能力和平台的优势，等等。

③材料将比尔·盖茨的成功简单地归因为其父母的人际关系，有些极端。人际关系并非成功的唯一条件，比如刘备的儿子阿斗人际关系不可谓不广，家里还有皇位继承，一样没有取得事业的成功。

④“平台越大，施展才能的舞台就越大，成功的概率就越高”过于绝对。大平台往往意味着更多的人参与竞争，意味着很大可能被淘汰。可以看到，在大平台、大公司终生碌碌无为的人也有很多。

⑤唐骏的例子未必有普遍的代表性。而且，平台也仅是他成功的因素之一，而非唯一因素。

⑥学历高不代表能力高，高分低能者并不少见。同时，学历高也不代表资源好。比如，同样是北大毕业，有人能利用上好的校友资源，有人却不能。

⑦应试能力确实重要，但是并不能决定一个人能力的全部。

参考范文

学历就是能力吗?

上述材料通过一系列论证，试图说明“学历就是能力，有了学历就能成功”。其论证过程中存在诸多漏洞，分析如下：

首先，社会关系资源的数量和质量的确与个人的成功与否有关，但未必成正比。譬如，马云在成立阿里巴巴之前，他只是一个多次创业失败的英语教师。而且，影响个人成功的因素有很多，比如时代的机遇、个人的能力和平台的优势，等等。

其次，材料将比尔·盖茨的成功简单地归因为其父母的人际关系，有些极端。人际关系并非成功的唯一条件，比如刘备的儿子阿斗人际关系不可谓不广，家里还有皇位继承，一样没有取得事业的成功。

再次，不可否认，大平台的确能提供更多的机会，从而提高成功的概率，但二者不一定成正比，个人的能力、时代的机遇也是决定成败的关键因素。正如材料中提及的唐骏，如果仅因平台大使其走向成功，那微软公司的员工不就都应该走向成功吗？然而事实并非如此。

而且，学历高不代表能力高，高分低能者并不少见。同时，学历高也不代表资源好。比如，同样是北大毕业，有人能利用上好的校友资源，有人却不能。

最后，“没有通过应试，也就无所谓素质了”过于绝对。的确，应试能力确实是人的重要能力之一，但并不是一个人能力的全部。想象力、记忆力、观察力、组织能力、沟通能力、领导能力、创新能力、适应能力等都影响一个人的素质。

综上所述，“学历就是能力，有了学历就能成功”的结论有失偏颇，让人难以信服。

57. 论说文

扬汤止沸，不如釜底抽薪

老吕写作特训营学员　杨　旭

“以汤止沸，沸乃不止，诚知其本，则去火而已矣。”以汤止沸只能治标，釜底抽薪才能治本。因此，“治标”切不可取，“治本”才是良策。

“本”乃是问题之根本，从根源上解决问题，才是真正有效的措施。企业亦是如此，苹果公司之所以能取得成功，其根本原因就是它了解到产品的本质是创新，对每一代产品都有所改变，最终成功地吸引了消费者。相反，很多治标不治本的方法只能缓解危机的发生，并不能有效地解决问题。洋务运动便是最好的例子，它的改革坚持不触碰封建主义体制，而只是学习西方的一些先进技术来维护封建主义，最终这场重在“治标”的运动以失败而告终，也就不足为奇了。所以，“治标”不如“治本”，“治本”才是根本。

然而，在生活中，大多数人却坚持以“治标”而不“治本”的策略行事。其实道理很简单，“治本”往往要付出巨大的代价，而其成果并不能立刻见效。试想，若洋务运动把改革的关键对准封建主义，其改革的难度也必然陡然提升。所以，大多数人就望而却步了。而且，苹果公司创新的战略，也并不是一天两天就能见效的，甚至可能是劳而无获的。所以，急功近利的人便更关注能“立竿见影”的“标”。

可是，把表面的问题解决了，真的是圆满结束了吗？其实不然。虽然“治标”有可能会带来短暂的安稳，但其恶果也是你难以承受的。从长远来看，那些看似解决了的危机终将爆发，并且随着时间的累积，它所积蓄的破坏力也越强，你所付出的成本也越大。实际上，“治本”看似困难，实则其收获却远远高于其投资。它不仅可以杜绝问题的再次发生，还可以免去你的后顾之忧。因此，又何乐而不为呢？

古人云：“射人先射马，擒贼先擒王。”治标先治本。

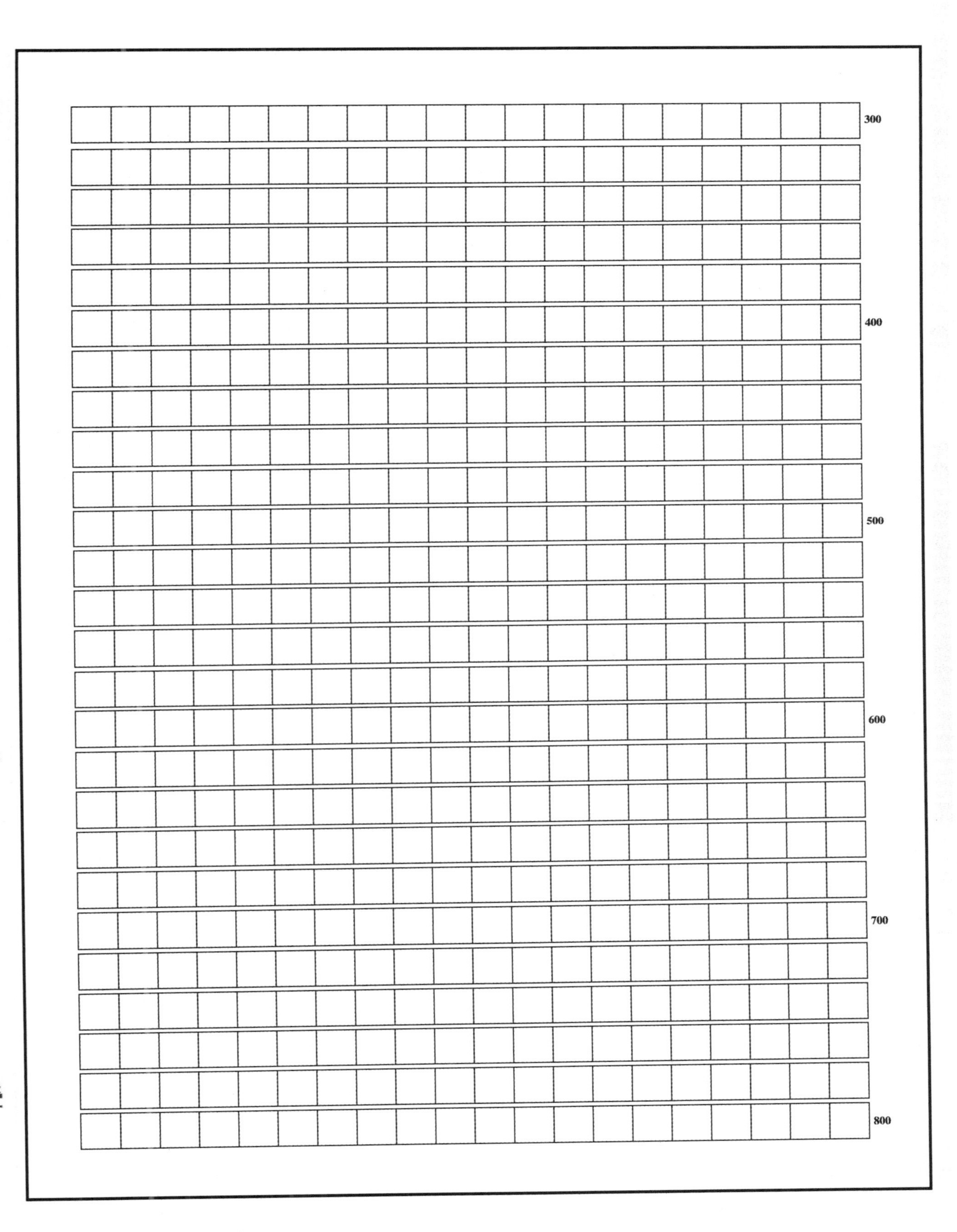

请
勿
折
叠

全国硕士研究生入学统一考试
管理类专业学位联考综合能力答题卡（199）

报 考 单 位	考生编号（左对齐）
姓　名	

考生编号填涂区（每位均为 [0] [1] [2] [3] [4] [5] [6] [7] [8] [9]）

注意事项：

1、填（书）写必须使用黑色字迹签字笔，笔迹工整，字迹清楚，涂写必须使用2B铅笔。

2、选择题必须用2B铅笔涂在答题卡指定题号，非选择题必须用黑色签字笔在指定区域作答。不在指定区域作答、在草稿纸上、试题本上作答无效。

3、请保持答题卡清洁，请勿做任何标记，否则按无效卷处理。

4、请必须将试题本上的试题信息条形码贴在答题卡标有“试题信息条形码”的框内。

正确填涂 ▬	错误填涂
缺考标志 ▭	缺考考生信息由监考员填涂并加盖缺考章，盖章不要遮盖考生信息。

选择题答题区域

1 [A] [B] [C] [D] [E]	16 [A] [B] [C] [D] [E]	31 [A] [B] [C] [D] [E]	46 [A] [B] [C] [D] [E]
2 [A] [B] [C] [D] [E]	17 [A] [B] [C] [D] [E]	32 [A] [B] [C] [D] [E]	47 [A] [B] [C] [D] [E]
3 [A] [B] [C] [D] [E]	18 [A] [B] [C] [D] [E]	33 [A] [B] [C] [D] [E]	48 [A] [B] [C] [D] [E]
4 [A] [B] [C] [D] [E]	19 [A] [B] [C] [D] [E]	34 [A] [B] [C] [D] [E]	49 [A] [B] [C] [D] [E]
5 [A] [B] [C] [D] [E]	20 [A] [B] [C] [D] [E]	35 [A] [B] [C] [D] [E]	50 [A] [B] [C] [D] [E]
6 [A] [B] [C] [D] [E]	21 [A] [B] [C] [D] [E]	36 [A] [B] [C] [D] [E]	51 [A] [B] [C] [D] [E]
7 [A] [B] [C] [D] [E]	22 [A] [B] [C] [D] [E]	37 [A] [B] [C] [D] [E]	52 [A] [B] [C] [D] [E]
8 [A] [B] [C] [D] [E]	23 [A] [B] [C] [D] [E]	38 [A] [B] [C] [D] [E]	53 [A] [B] [C] [D] [E]
9 [A] [B] [C] [D] [E]	24 [A] [B] [C] [D] [E]	39 [A] [B] [C] [D] [E]	54 [A] [B] [C] [D] [E]
10 [A] [B] [C] [D] [E]	25 [A] [B] [C] [D] [E]	40 [A] [B] [C] [D] [E]	55 [A] [B] [C] [D] [E]
11 [A] [B] [C] [D] [E]	26 [A] [B] [C] [D] [E]	41 [A] [B] [C] [D] [E]	
12 [A] [B] [C] [D] [E]	27 [A] [B] [C] [D] [E]	42 [A] [B] [C] [D] [E]	
13 [A] [B] [C] [D] [E]	28 [A] [B] [C] [D] [E]	43 [A] [B] [C] [D] [E]	
14 [A] [B] [C] [D] [E]	29 [A] [B] [C] [D] [E]	44 [A] [B] [C] [D] [E]	
15 [A] [B] [C] [D] [E]	30 [A] [B] [C] [D] [E]	45 [A] [B] [C] [D] [E]	

阴影部分请勿作答或做任何标记

全国硕士研究生入学统一考试
管理类专业学位联考综合能力答题卡（199）

报考单位
姓名

考生编号（左对齐）

[0]	[0]	[0]	[0]	[0]	[0]	[0]	[0]	[0]	[0]	[0]	[0]	[0]	[0]
[1]	[1]	[1]	[1]	[1]	[1]	[1]	[1]	[1]	[1]	[1]	[1]	[1]	[1]
[2]	[2]	[2]	[2]	[2]	[2]	[2]	[2]	[2]	[2]	[2]	[2]	[2]	[2]
[3]	[3]	[3]	[3]	[3]	[3]	[3]	[3]	[3]	[3]	[3]	[3]	[3]	[3]
[4]	[4]	[4]	[4]	[4]	[4]	[4]	[4]	[4]	[4]	[4]	[4]	[4]	[4]
[5]	[5]	[5]	[5]	[5]	[5]	[5]	[5]	[5]	[5]	[5]	[5]	[5]	[5]
[6]	[6]	[6]	[6]	[6]	[6]	[6]	[6]	[6]	[6]	[6]	[6]	[6]	[6]
[7]	[7]	[7]	[7]	[7]	[7]	[7]	[7]	[7]	[7]	[7]	[7]	[7]	[7]
[8]	[8]	[8]	[8]	[8]	[8]	[8]	[8]	[8]	[8]	[8]	[8]	[8]	[8]
[9]	[9]	[9]	[9]	[9]	[9]	[9]	[9]	[9]	[9]	[9]	[9]	[9]	[9]

注意事项：
1、填（书）写必须使用黑色字迹签字笔，笔迹工整，字迹清楚，涂写必须使用2B铅笔。
2、选择题必须用2B铅笔涂在答题卡指定题号，非选择题必须用黑色签字笔在指定区域作答。不在指定区域作答、在草稿纸上、试题本上作答无效。
3、请保持答题卡清洁，请勿做任何标记，否则按无效卷处理。
4、请必须将试题本上的试题信息条形码贴在答题卡标有“试题信息条形码”的框内。

正确填涂 ▬	错误填涂
缺考标志 ▭	缺考考生信息由监考员填涂并加盖缺考章，盖章不要遮盖考生信息。

选择题答题区域

1 [A] [B] [C] [D] [E]	16 [A] [B] [C] [D] [E]	31 [A] [B] [C] [D] [E]	46 [A] [B] [C] [D] [E]
2 [A] [B] [C] [D] [E]	17 [A] [B] [C] [D] [E]	32 [A] [B] [C] [D] [E]	47 [A] [B] [C] [D] [E]
3 [A] [B] [C] [D] [E]	18 [A] [B] [C] [D] [E]	33 [A] [B] [C] [D] [E]	48 [A] [B] [C] [D] [E]
4 [A] [B] [C] [D] [E]	19 [A] [B] [C] [D] [E]	34 [A] [B] [C] [D] [E]	49 [A] [B] [C] [D] [E]
5 [A] [B] [C] [D] [E]	20 [A] [B] [C] [D] [E]	35 [A] [B] [C] [D] [E]	50 [A] [B] [C] [D] [E]
6 [A] [B] [C] [D] [E]	21 [A] [B] [C] [D] [E]	36 [A] [B] [C] [D] [E]	51 [A] [B] [C] [D] [E]
7 [A] [B] [C] [D] [E]	22 [A] [B] [C] [D] [E]	37 [A] [B] [C] [D] [E]	52 [A] [B] [C] [D] [E]
8 [A] [B] [C] [D] [E]	23 [A] [B] [C] [D] [E]	38 [A] [B] [C] [D] [E]	53 [A] [B] [C] [D] [E]
9 [A] [B] [C] [D] [E]	24 [A] [B] [C] [D] [E]	39 [A] [B] [C] [D] [E]	54 [A] [B] [C] [D] [E]
10 [A] [B] [C] [D] [E]	25 [A] [B] [C] [D] [E]	40 [A] [B] [C] [D] [E]	55 [A] [B] [C] [D] [E]
11 [A] [B] [C] [D] [E]	26 [A] [B] [C] [D] [E]	41 [A] [B] [C] [D] [E]	
12 [A] [B] [C] [D] [E]	27 [A] [B] [C] [D] [E]	42 [A] [B] [C] [D] [E]	
13 [A] [B] [C] [D] [E]	28 [A] [B] [C] [D] [E]	43 [A] [B] [C] [D] [E]	
14 [A] [B] [C] [D] [E]	29 [A] [B] [C] [D] [E]	44 [A] [B] [C] [D] [E]	
15 [A] [B] [C] [D] [E]	30 [A] [B] [C] [D] [E]	45 [A] [B] [C] [D] [E]	

阴影部分请勿作答或做任何标记

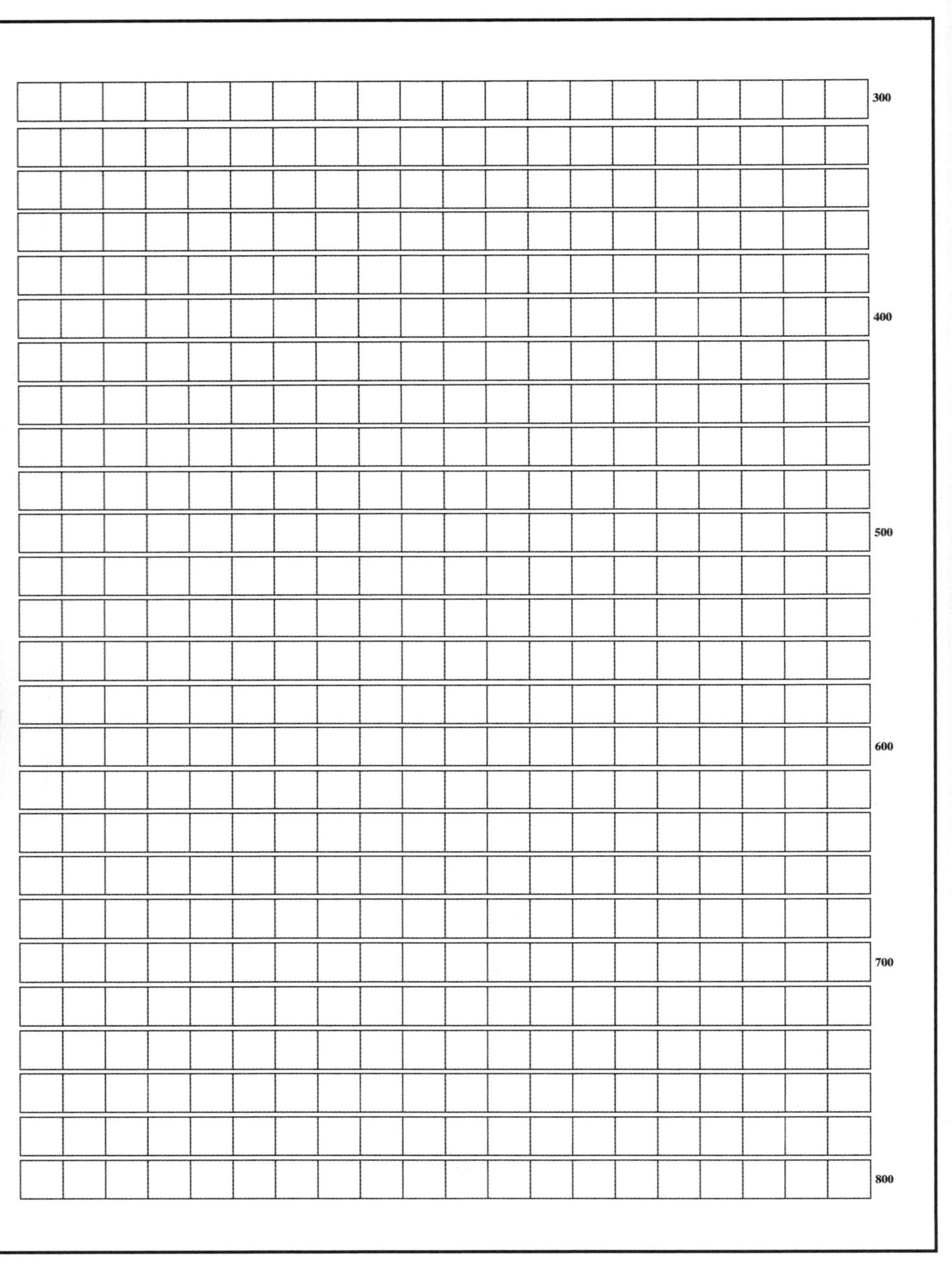
300
400
500
600
700
800

考生姓名：

600

700

作文57

100

200

考生信息条形码粘贴处

试题信息条形码

作文56

100

200

300

400

500

全国硕士研究生入学统一考试
管理类专业学位联考综合能力答题卡（199）

报考单位
姓　名

考生编号（左对齐）

[0]	[0]	[0]	[0]	[0]	[0]	[0]	[0]	[0]	[0]	[0]	[0]	[0]	[0]	[0]
[1]	[1]	[1]	[1]	[1]	[1]	[1]	[1]	[1]	[1]	[1]	[1]	[1]	[1]	[1]
[2]	[2]	[2]	[2]	[2]	[2]	[2]	[2]	[2]	[2]	[2]	[2]	[2]	[2]	[2]
[3]	[3]	[3]	[3]	[3]	[3]	[3]	[3]	[3]	[3]	[3]	[3]	[3]	[3]	[3]
[4]	[4]	[4]	[4]	[4]	[4]	[4]	[4]	[4]	[4]	[4]	[4]	[4]	[4]	[4]
[5]	[5]	[5]	[5]	[5]	[5]	[5]	[5]	[5]	[5]	[5]	[5]	[5]	[5]	[5]
[6]	[6]	[6]	[6]	[6]	[6]	[6]	[6]	[6]	[6]	[6]	[6]	[6]	[6]	[6]
[7]	[7]	[7]	[7]	[7]	[7]	[7]	[7]	[7]	[7]	[7]	[7]	[7]	[7]	[7]
[8]	[8]	[8]	[8]	[8]	[8]	[8]	[8]	[8]	[8]	[8]	[8]	[8]	[8]	[8]
[9]	[9]	[9]	[9]	[9]	[9]	[9]	[9]	[9]	[9]	[9]	[9]	[9]	[9]	[9]

注意事项：

1、填（书）写必须使用黑色字迹签字笔，笔迹工整，字迹清楚，涂写必须使用2B铅笔。
2、选择题必须用2B铅笔涂在答题卡指定题号，非选择题必须用黑色签字笔在指定区域作答。不在指定区域作答、在草稿纸上、试题本上作答无效。
3、请保持答题卡清洁，请勿做任何标记，否则按无效卷处理。
4、请必须将试题本上的试题信息条形码贴在答题卡标有“试题信息条形码”的框内。

正确填涂 ▬	错误填涂
缺考标志 ▭	缺考考生信息由监考员填涂并加盖缺考章，盖章不要遮盖考生信息。

选择题答题区域

1 [A] [B] [C] [D] [E]	16 [A] [B] [C] [D] [E]	31 [A] [B] [C] [D] [E]	46 [A] [B] [C] [D] [E]
2 [A] [B] [C] [D] [E]	17 [A] [B] [C] [D] [E]	32 [A] [B] [C] [D] [E]	47 [A] [B] [C] [D] [E]
3 [A] [B] [C] [D] [E]	18 [A] [B] [C] [D] [E]	33 [A] [B] [C] [D] [E]	48 [A] [B] [C] [D] [E]
4 [A] [B] [C] [D] [E]	19 [A] [B] [C] [D] [E]	34 [A] [B] [C] [D] [E]	49 [A] [B] [C] [D] [E]
5 [A] [B] [C] [D] [E]	20 [A] [B] [C] [D] [E]	35 [A] [B] [C] [D] [E]	50 [A] [B] [C] [D] [E]
6 [A] [B] [C] [D] [E]	21 [A] [B] [C] [D] [E]	36 [A] [B] [C] [D] [E]	51 [A] [B] [C] [D] [E]
7 [A] [B] [C] [D] [E]	22 [A] [B] [C] [D] [E]	37 [A] [B] [C] [D] [E]	52 [A] [B] [C] [D] [E]
8 [A] [B] [C] [D] [E]	23 [A] [B] [C] [D] [E]	38 [A] [B] [C] [D] [E]	53 [A] [B] [C] [D] [E]
9 [A] [B] [C] [D] [E]	24 [A] [B] [C] [D] [E]	39 [A] [B] [C] [D] [E]	54 [A] [B] [C] [D] [E]
10 [A] [B] [C] [D] [E]	25 [A] [B] [C] [D] [E]	40 [A] [B] [C] [D] [E]	55 [A] [B] [C] [D] [E]
11 [A] [B] [C] [D] [E]	26 [A] [B] [C] [D] [E]	41 [A] [B] [C] [D] [E]	
12 [A] [B] [C] [D] [E]	27 [A] [B] [C] [D] [E]	42 [A] [B] [C] [D] [E]	
13 [A] [B] [C] [D] [E]	28 [A] [B] [C] [D] [E]	43 [A] [B] [C] [D] [E]	
14 [A] [B] [C] [D] [E]	29 [A] [B] [C] [D] [E]	44 [A] [B] [C] [D] [E]	
15 [A] [B] [C] [D] [E]	30 [A] [B] [C] [D] [E]	45 [A] [B] [C] [D] [E]	

阴影部分请勿作答或做任何标记

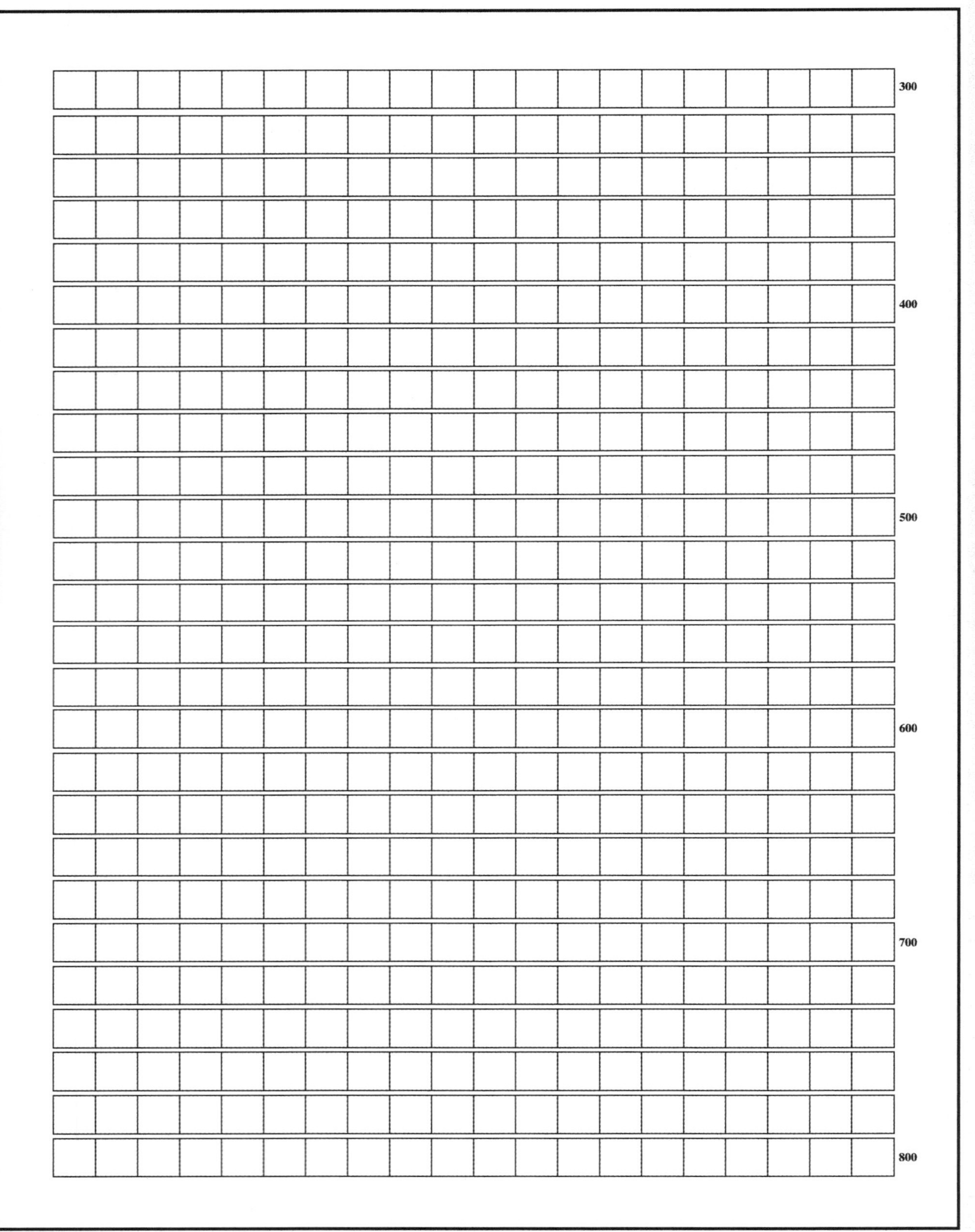
300
400
500
600
700
800

考生姓名：____________

600

700

作文57

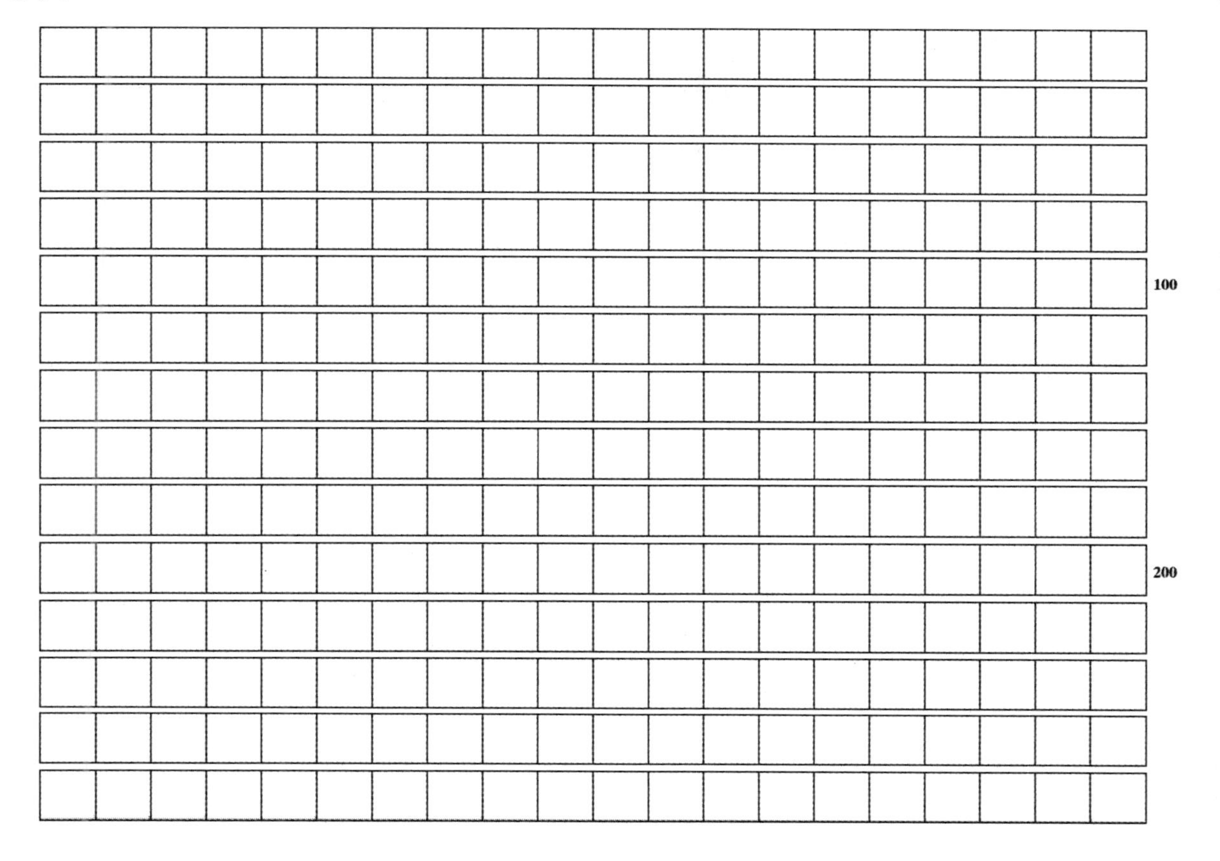

考生信息条形码粘贴处

试题信息条形码

作文56

100

200

300

400

500

全国硕士研究生入学统一考试
管理类专业学位联考综合能力答题卡（199）

报考单位
姓　名

考生编号（左对齐）

[0]	[0]	[0]	[0]	[0]	[0]	[0]	[0]	[0]	[0]	[0]	[0]	[0]	[0]	[0]
[1]	[1]	[1]	[1]	[1]	[1]	[1]	[1]	[1]	[1]	[1]	[1]	[1]	[1]	[1]
[2]	[2]	[2]	[2]	[2]	[2]	[2]	[2]	[2]	[2]	[2]	[2]	[2]	[2]	[2]
[3]	[3]	[3]	[3]	[3]	[3]	[3]	[3]	[3]	[3]	[3]	[3]	[3]	[3]	[3]
[4]	[4]	[4]	[4]	[4]	[4]	[4]	[4]	[4]	[4]	[4]	[4]	[4]	[4]	[4]
[5]	[5]	[5]	[5]	[5]	[5]	[5]	[5]	[5]	[5]	[5]	[5]	[5]	[5]	[5]
[6]	[6]	[6]	[6]	[6]	[6]	[6]	[6]	[6]	[6]	[6]	[6]	[6]	[6]	[6]
[7]	[7]	[7]	[7]	[7]	[7]	[7]	[7]	[7]	[7]	[7]	[7]	[7]	[7]	[7]
[8]	[8]	[8]	[8]	[8]	[8]	[8]	[8]	[8]	[8]	[8]	[8]	[8]	[8]	[8]
[9]	[9]	[9]	[9]	[9]	[9]	[9]	[9]	[9]	[9]	[9]	[9]	[9]	[9]	[9]

注意事项：
1、填（书）写必须使用黑色字迹签字笔，笔迹工整，字迹清楚，涂写必须使用2B铅笔。
2、选择题必须用2B铅笔涂在答题卡指定题号，非选择题必须用黑色签字笔在指定区域作答。不在指定区域作答、在草稿纸上、试题本上作答无效。
3、请保持答题卡清洁，请勿做任何标记，否则按无效卷处理。
4、请必须将试题本上的试题信息条形码贴在答题卡标有“试题信息条形码”的框内。

正确填涂 ▬	错误填涂
缺考标志 ▭	缺考考生信息由监考员填涂并加盖缺考章，盖章不要遮盖考生信息。

选择题答题区域

1 [A] [B] [C] [D] [E]	16 [A] [B] [C] [D] [E]	31 [A] [B] [C] [D] [E]	46 [A] [B] [C] [D] [E]
2 [A] [B] [C] [D] [E]	17 [A] [B] [C] [D] [E]	32 [A] [B] [C] [D] [E]	47 [A] [B] [C] [D] [E]
3 [A] [B] [C] [D] [E]	18 [A] [B] [C] [D] [E]	33 [A] [B] [C] [D] [E]	48 [A] [B] [C] [D] [E]
4 [A] [B] [C] [D] [E]	19 [A] [B] [C] [D] [E]	34 [A] [B] [C] [D] [E]	49 [A] [B] [C] [D] [E]
5 [A] [B] [C] [D] [E]	20 [A] [B] [C] [D] [E]	35 [A] [B] [C] [D] [E]	50 [A] [B] [C] [D] [E]
6 [A] [B] [C] [D] [E]	21 [A] [B] [C] [D] [E]	36 [A] [B] [C] [D] [E]	51 [A] [B] [C] [D] [E]
7 [A] [B] [C] [D] [E]	22 [A] [B] [C] [D] [E]	37 [A] [B] [C] [D] [E]	52 [A] [B] [C] [D] [E]
8 [A] [B] [C] [D] [E]	23 [A] [B] [C] [D] [E]	38 [A] [B] [C] [D] [E]	53 [A] [B] [C] [D] [E]
9 [A] [B] [C] [D] [E]	24 [A] [B] [C] [D] [E]	39 [A] [B] [C] [D] [E]	54 [A] [B] [C] [D] [E]
10 [A] [B] [C] [D] [E]	25 [A] [B] [C] [D] [E]	40 [A] [B] [C] [D] [E]	55 [A] [B] [C] [D] [E]
11 [A] [B] [C] [D] [E]	26 [A] [B] [C] [D] [E]	41 [A] [B] [C] [D] [E]	
12 [A] [B] [C] [D] [E]	27 [A] [B] [C] [D] [E]	42 [A] [B] [C] [D] [E]	
13 [A] [B] [C] [D] [E]	28 [A] [B] [C] [D] [E]	43 [A] [B] [C] [D] [E]	
14 [A] [B] [C] [D] [E]	29 [A] [B] [C] [D] [E]	44 [A] [B] [C] [D] [E]	
15 [A] [B] [C] [D] [E]	30 [A] [B] [C] [D] [E]	45 [A] [B] [C] [D] [E]	

阴影部分请勿作答或做任何标记

300

400

500

600

700

800

考生姓名：＿＿＿＿＿＿

600

700

作文57

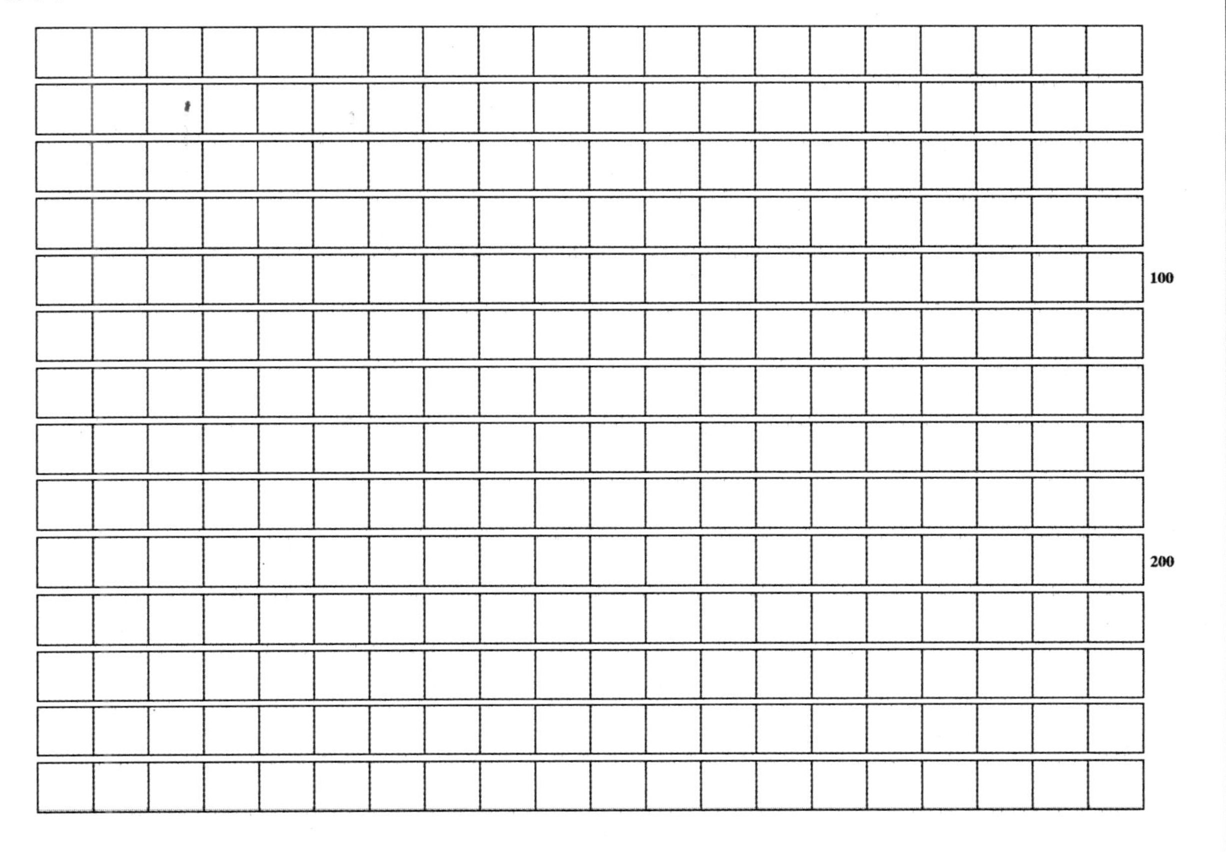

考生信息条形码粘贴处

试题信息条形码

作文56

100

200

300

400

500

全国硕士研究生入学统一考试

管理类专业学位联考综合能力答题卡（199）

报考单位
姓　　名

考生编号（左对齐）

[0]	[0]	[0]	[0]	[0]	[0]	[0]	[0]	[0]	[0]	[0]	[0]	[0]	[0]	[0]
[1]	[1]	[1]	[1]	[1]	[1]	[1]	[1]	[1]	[1]	[1]	[1]	[1]	[1]	[1]
[2]	[2]	[2]	[2]	[2]	[2]	[2]	[2]	[2]	[2]	[2]	[2]	[2]	[2]	[2]
[3]	[3]	[3]	[3]	[3]	[3]	[3]	[3]	[3]	[3]	[3]	[3]	[3]	[3]	[3]
[4]	[4]	[4]	[4]	[4]	[4]	[4]	[4]	[4]	[4]	[4]	[4]	[4]	[4]	[4]
[5]	[5]	[5]	[5]	[5]	[5]	[5]	[5]	[5]	[5]	[5]	[5]	[5]	[5]	[5]
[6]	[6]	[6]	[6]	[6]	[6]	[6]	[6]	[6]	[6]	[6]	[6]	[6]	[6]	[6]
[7]	[7]	[7]	[7]	[7]	[7]	[7]	[7]	[7]	[7]	[7]	[7]	[7]	[7]	[7]
[8]	[8]	[8]	[8]	[8]	[8]	[8]	[8]	[8]	[8]	[8]	[8]	[8]	[8]	[8]
[9]	[9]	[9]	[9]	[9]	[9]	[9]	[9]	[9]	[9]	[9]	[9]	[9]	[9]	[9]

注意事项：

1、填（书）写必须使用黑色字迹签字笔，笔迹工整，字迹清楚，涂写必须使用2B铅笔。

2、选择题必须用2B铅笔涂在答题卡指定题号，非选择题必须用黑色签字笔在指定区域作答。不在指定区域作答、在草稿纸上、试题本上作答无效。

3、请保持答题卡清洁，请勿做任何标记，否则按无效卷处理。

4、请必须将试题本上的试题信息条形码贴在答题卡标有“试题信息条形码”的框内。

正确填涂 ▬	错误填涂
缺考标志 ▭	缺考考生信息由监考员填涂并加盖缺考章，盖章不要遮盖考生信息。

选择题答题区域

题号					
1	[A]	[B]	[C]	[D]	[E]
2	[A]	[B]	[C]	[D]	[E]
3	[A]	[B]	[C]	[D]	[E]
4	[A]	[B]	[C]	[D]	[E]
5	[A]	[B]	[C]	[D]	[E]
6	[A]	[B]	[C]	[D]	[E]
7	[A]	[B]	[C]	[D]	[E]
8	[A]	[B]	[C]	[D]	[E]
9	[A]	[B]	[C]	[D]	[E]
10	[A]	[B]	[C]	[D]	[E]
11	[A]	[B]	[C]	[D]	[E]
12	[A]	[B]	[C]	[D]	[E]
13	[A]	[B]	[C]	[D]	[E]
14	[A]	[B]	[C]	[D]	[E]
15	[A]	[B]	[C]	[D]	[E]
16	[A]	[B]	[C]	[D]	[E]
17	[A]	[B]	[C]	[D]	[E]
18	[A]	[B]	[C]	[D]	[E]
19	[A]	[B]	[C]	[D]	[E]
20	[A]	[B]	[C]	[D]	[E]
21	[A]	[B]	[C]	[D]	[E]
22	[A]	[B]	[C]	[D]	[E]
23	[A]	[B]	[C]	[D]	[E]
24	[A]	[B]	[C]	[D]	[E]
25	[A]	[B]	[C]	[D]	[E]
26	[A]	[B]	[C]	[D]	[E]
27	[A]	[B]	[C]	[D]	[E]
28	[A]	[B]	[C]	[D]	[E]
29	[A]	[B]	[C]	[D]	[E]
30	[A]	[B]	[C]	[D]	[E]
31	[A]	[B]	[C]	[D]	[E]
32	[A]	[B]	[C]	[D]	[E]
33	[A]	[B]	[C]	[D]	[E]
34	[A]	[B]	[C]	[D]	[E]
35	[A]	[B]	[C]	[D]	[E]
36	[A]	[B]	[C]	[D]	[E]
37	[A]	[B]	[C]	[D]	[E]
38	[A]	[B]	[C]	[D]	[E]
39	[A]	[B]	[C]	[D]	[E]
40	[A]	[B]	[C]	[D]	[E]
41	[A]	[B]	[C]	[D]	[E]
42	[A]	[B]	[C]	[D]	[E]
43	[A]	[B]	[C]	[D]	[E]
44	[A]	[B]	[C]	[D]	[E]
45	[A]	[B]	[C]	[D]	[E]
46	[A]	[B]	[C]	[D]	[E]
47	[A]	[B]	[C]	[D]	[E]
48	[A]	[B]	[C]	[D]	[E]
49	[A]	[B]	[C]	[D]	[E]
50	[A]	[B]	[C]	[D]	[E]
51	[A]	[B]	[C]	[D]	[E]
52	[A]	[B]	[C]	[D]	[E]
53	[A]	[B]	[C]	[D]	[E]
54	[A]	[B]	[C]	[D]	[E]
55	[A]	[B]	[C]	[D]	[E]

阴影部分请勿作答或做任何标记

考生信息条形码粘贴处

试题信息条形码

作文56

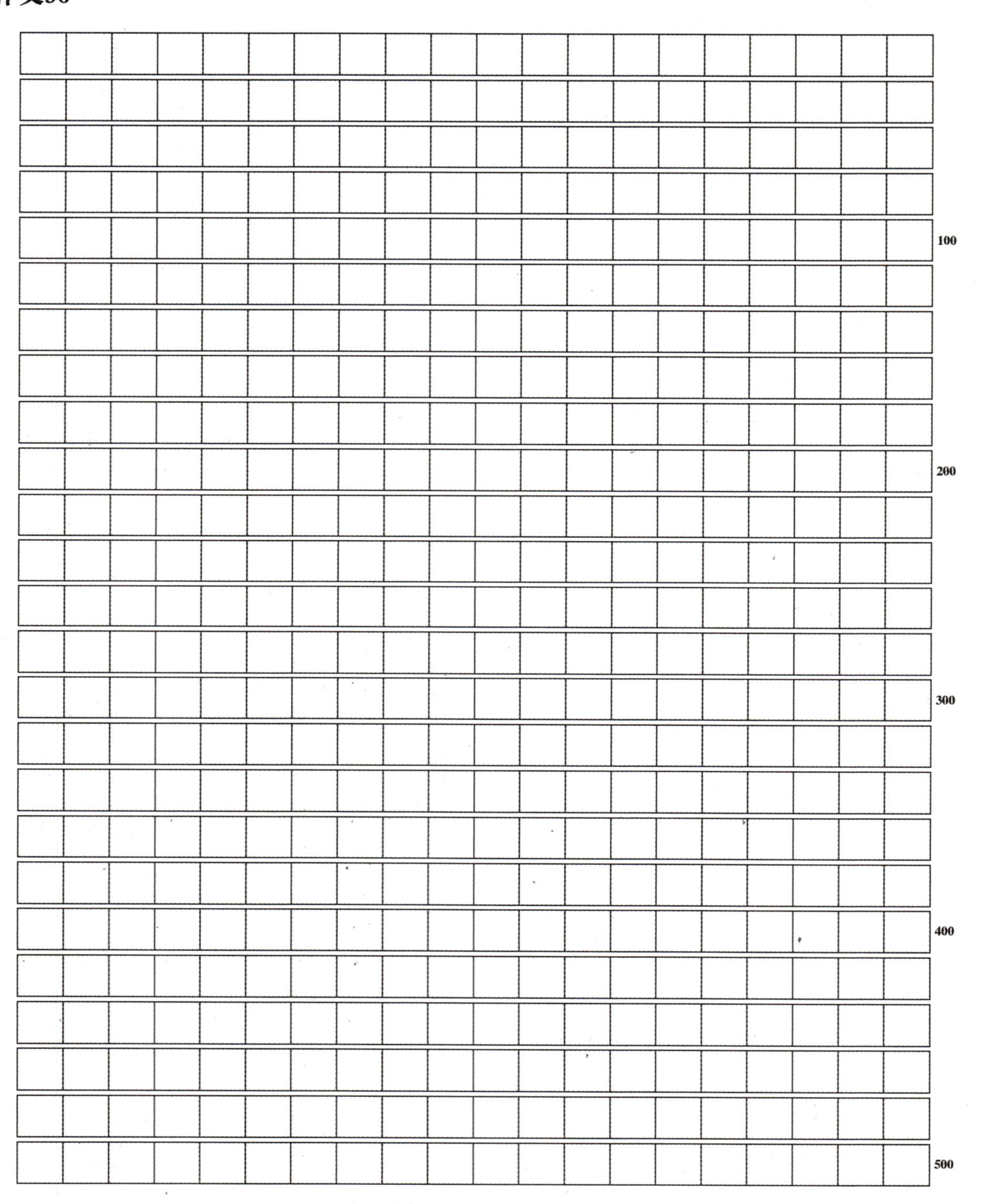